四川省"十四五"职业教育省级规划立项教材
职业教育国家在线精品课程《会计基础》配套教材

会 计 基 础

主编 曾海帆 黄 友

中国财经出版传媒集团
经济科学出版社
·北京·

图书在版编目（CIP）数据

会计基础／曾海帆，黄友主编． -- 北京：经济科学出版社，2025.8．--（四川省"十四五"职业教育省级规划立项教材）（职业教育国家在线精品课程《会计基础》配套教材）． -- ISBN 978 - 7 - 5218 - 7113 - 5

Ⅰ．F230

中国国家版本馆 CIP 数据核字第 20259G5J24 号

责任编辑：白留杰　凌　敏
责任校对：齐　杰
责任印制：张佳裕

会计基础

KUAIJI JICHU

主编　曾海帆　黄　友

经济科学出版社出版、发行　新华书店经销
社址：北京市海淀区阜成路甲 28 号　邮编：100142
教材分社电话：010 - 88191309　发行部电话：010 - 88191522
网址：www.esp.com.cn
电子邮箱：bailiujie518@126.com
天猫网店：经济科学出版社旗舰店
网址：http://jjkxcbs.tmall.com
北京季蜂印刷有限公司印装
787×1092　16 开　15.75 印张　350000 字
2025 年 8 月第 1 版　2025 年 8 月第 1 次印刷
ISBN 978 - 7 - 5218 - 7113 - 5　定价：59.00 元
（图书出现印装问题，本社负责调换。电话：010 - 88191545）
（版权所有　侵权必究　打击盗版　举报热线：010 - 88191661
QQ：2242791300　营销中心电话：010 - 88191537
电子邮箱：dbts@esp.com.cn）

前言

会计，是商业世界的通用语言。从古老的结绳记事到今日的数字云端，会计始终以其独特的严谨与灵动，在时光的长河中记下文明的刻度。当今时代，信息技术的浪潮正以前所未有的速度重塑各行各业，会计领域亦如春江之水，既有传统智慧的深沉积淀，又涌动着技术革新的澎湃生机。

本教材是四川省"十四五"职业教育省级规划教材，是财经类专业基础课程教材，可供高等职业院校以及中高职贯通培养学校使用。在教材编写中，坚持传承，守护会计学科的核心脉络——那些历经数百年淬炼的基本理论、基本知识和基本方法，是会计人安身立命的根基；坚持创新，全面反映信息技术带来的变革——大数据、人工智能等新兴技术，正为会计工作注入效率与智慧的能量；坚持铸魂，在知识传授中厚植家国情怀与职业信仰——让诚信的基因融入血脉，使法治的精神扎根心田，将服务社会经济的责任扛于肩头。三者如同鼎之三足，唯有并重，方能托起新时代会计人的精神脊梁。

本教材遵循职业教育教学规律，与四川财经职业学院职业教育国家在线精品课程《会计基础》高度融合，构建了立体化的教学资源库，为教师教学和学生学习提供全方位资源支持；教材中的"职业能力训练"板块目的是强化学生对会计基本理论、基础知识的掌握，与配套教材《会计基础实训》强化对基本技能的训练相互配合，助力全面提高学生职业能力。

本教材由八个项目构成，除项目一企业会计工作总体认知外，其余七个项目均以会计工作任务来表现教学内容。每个项目均划分为项目导航、任务描述、综合知识、任务设计、思政案例、职业能力训练等板块，并根据教学内容穿插设置了"提示""请注意""动脑动手""知识与能力拓展"等小栏目。

本教材由四川路桥集团财务部经理冯静担任主审，四川省会计高端人才、四川财经职业学院曾海帆副教授,以及享受国务院政府特殊津贴专家、四川省学术和技术带头人、四川省会计学会会长黄友教授共同担任主编。项目一中任务1由黄友编写;项目一中任务2至任务5和项目二由曾海帆编写;项目三由四川财经职业学院喻婷编写;项目四由四川财经职业学院田云编写;项目五和项目六由四川财经职业学院何敏编写;项目七由四川财经职业学院谢芬芬编写;项目八由四川财经职业学院党爱编写。

  在编写过程中,得到经济科学出版社领导大力支持和指导,提出了许多宝贵的意见和建议,在此表示真诚的感谢。

  由于时间仓促和编者水平有限,书中难免存在错误和疏漏之处,期待读者批评指正,以便不断修改和完善。

编者
2025 年 5 月

目录

项目一 企业会计工作总体认知 ·· 1

  任务 1 企业与会计 ·· 1

  任务 2 会计核算的基本前提和基础 ·· 15

  任务 3 会计信息质量要求 ·· 19

  任务 4 会计核算工作的基本内容、程序和方法 ·· 23

  任务 5 会计要素与会计等式 ·· 29

项目二 会计账户的设置与复式记账法的应用 ································· 50

  任务 1 会计账户的设置 ·· 50

  任务 2 复式记账法的应用 ·· 60

项目三 企业主要经济业务的核算 ·· 74

  任务 1 筹资业务的核算 ·· 74

  任务 2 固定资产业务的核算 ·· 80

  任务 3 供应过程业务的核算 ·· 88

  任务 4 生产过程业务的核算 ·· 97

  任务 5 销售过程业务的核算 ·· 111

  任务 6 相关费用与营业外收支业务的核算 ·· 118

  任务 7 利润形成及分配业务的核算 ··· 124

项目四 会计凭证的填制与审核 ·· 133

  任务 1 原始凭证的填制与审核 ··· 133

  任务 2 记账凭证的填制与审核 ··· 147

  任务 3 会计凭证的传递与保管 ··· 152

项目五 会计账簿的设置与登记 ·· 156

  任务 1 日记账簿的设置与登记 ··· 156

  任务 2 分类账簿的设置与登记 ………………………………………… 163
  任务 3 对账与结账 ………………………………………………………… 172
  任务 4 账簿启用与登记规则及错账更正 ……………………………… 180
  任务 5 会计账簿的更换与保管 ………………………………………… 187

项目六 财产清查 ……………………………………………………………… 189
  任务 1 货币资金的清查 ………………………………………………… 190
  任务 2 往来款项的清查 ………………………………………………… 197
  任务 3 存货的清查 ………………………………………………………… 200

项目七 会计报表的编制 ……………………………………………………… 208
  任务 1 资产负债表的编制 ……………………………………………… 208
  任务 2 利润表的编制 …………………………………………………… 219

项目八 账务处理程序的应用 …………………………………………………… 225
  任务 1 记账凭证账务处理程序的应用 ……………………………… 226
  任务 2 科目汇总表账务处理程序的应用 ……………………………… 228

参考文献 …………………………………………………………………………………… 244

项目一　企业会计工作总体认知

📖 项目导航

著名会计学家杨时展教授言："天下未乱计先乱，天下欲治计乃治。"意即：会计乱，必然导致天下乱，因会计治理不力，势必管理混乱，贪污盗窃成灾，必然导致天下乱。故统治者欲治理天下，应先治理会计。中国历史上还没有什么时候让会计变得如此重要。当在转型经济中，社会主义市场经济逐步建立时，诚实正直的道德观和价值观似乎成为一种易碎品，而会计此时承载了太多的功能——匡正信息失真、捍卫公众利益、履行反腐义务、播种诚信法则。

会计是通用的国际商业语言，它是适应社会生产的发展和经济管理需要而产生和发展的。"经济越发展，会计越重要。"经济的发展、企业规模的扩大，越来越依赖会计信息，从而也促进了会计理论、社会和技术的进步。会计方法、技术的发展又推动了社会文明的进程，推动经济的进一步发展。

会计是一个职业，是一项工作。那么，什么是会计？会计是一个怎样的职业，是怎样进行工作的？本项目主要以工业企业为背景，为初学者从总体上勾勒有关会计职业、会计工作的基本轮廓，主要内容包括对企业与会计，会计工作的对象、基本内容、程序、方法、基本前提与基础等会计基本理论、知识与方法的总体认知，为学习本门课程的后续内容及后续专业课程打好基础。学习时要着重理解和把握会计工作的对象、基本内容、程序、方法、基本前提与基础等内容。

任务1　企业与会计

一、企业

(一) 什么是企业

企业是一个有效的契约组织，并且是以盈利为目的的经济组织。企业是由各种资源投入者依法自愿联合起来，缔结委托契约代理关系而组成，具有法人资格和地位的组织。企业集合了一定的生产资料和劳动力，按市场需求，以盈利为目的，从事产品的生产、流通或者服务的活动，向社会提供商品或劳务，实行自主经营、独立核算、自负盈亏，谋求经济效益。

企业具有以下特征：(1)企业是经济组织；(2)企业在经营上是独立的；(3)企业是以盈利为目的；(4)企业具有法人资格，独立承担民事责任和义务；(5)企业具有完整的组织结构。

企业的表现形式主要有个体企业、合伙企业和公司。公司又包括有限责任公司和股份有限公司。

企业在经营过程中要与很多方面发生各种各样的经济联系和利益关系，这些与企业存在着经济联系和利益关系的各个方面称为企业的利益相关者。企业的利益相关者一般包括股东、债权人与债务人、员工、顾客、供应商、国家机关等。

股东是企业的投资者，其投入的资金形成企业的资本金，是企业的重要资金来源，一个企业是由一个投资者或多个投资者投资组成的。企业向金融机构借入资金，以扩大生产，这种借入的资金也是企业的主要资金来源。企业为扩大销售，常常向消费者或下游企业提供赊销，从而形成企业自身的债权。员工是企业的主要劳动者，既包括管理人员，也包括一般的工作人员。顾客是企业的服务对象，是企业产品的销售对象。供应商是企业原材料、设备等生产资料的提供者，企业可以从供应商处通过赊购方式融得一部分短期资金。企业应向国家缴纳税金，国家宏观政策的调整也会影响企业的生产经营。

企业以盈利为目的，生产经营者必须实行有效的企业管理，正确地分配劳动时间，力求节约劳动耗费，以提高劳动效率和实现资源的保值增值，保证经济结果的实现和披露。

（二）企业组织机构设置

企业应按国家有关法律法规和经营管理的需要设置组织机构。以有限责任公司为例，《中华人民共和国公司法》对其机构设置有明确要求。有限责任公司是指股东以其认缴的出资额为限对公司承担责任，公司以其全部财产对公司的债务承担责任的法人企业。

知识与能力拓展：公司设立条件

有限责任公司一般需设立以下组织机构及领导职位：

1. 股东会。股东会由全体股东组成，是公司的权力机构，决定有关公司经营发展的重大问题和事项。

2. 董事会。董事会是公司的常设权力机构和领导管理、经营决策机构，对股东会负责，决定有关公司经营管理的重大问题和事项。董事会实行集体领导，董事长为公司法定代表人。

3. 监事会。监事会是公司股东会领导下的常设监督机构,执行监督职能。监事会与董事会并立,独立地行使对董事会、董事、高级管理人员及整个公司管理的监督权。

4. 总经理。总经理是公司日常经营和管理的领导人,全面负责公司的日常经营和管理,由董事会聘任或者解聘,并对董事会负责。

5. 副总经理。副总经理是总经理的助手,在总经理领导下分工负责一定范围的日常经营和管理工作。

6. 职能管理部门。职能管理部门是在总经理和副总经理领导下从事相关范围日常经营和管理工作的专门机构。例如,工业企业的生产部、销售部、财务部等。

7. 业务部门。业务部门是公司从事具体业务活动的机构。例如,工业企业的生产车间、仓库等。

在公司制下,一般工业企业的组织机构如图1-1所示。

提示：不同业务性质和规模的企业,组织机构设置不尽一致。

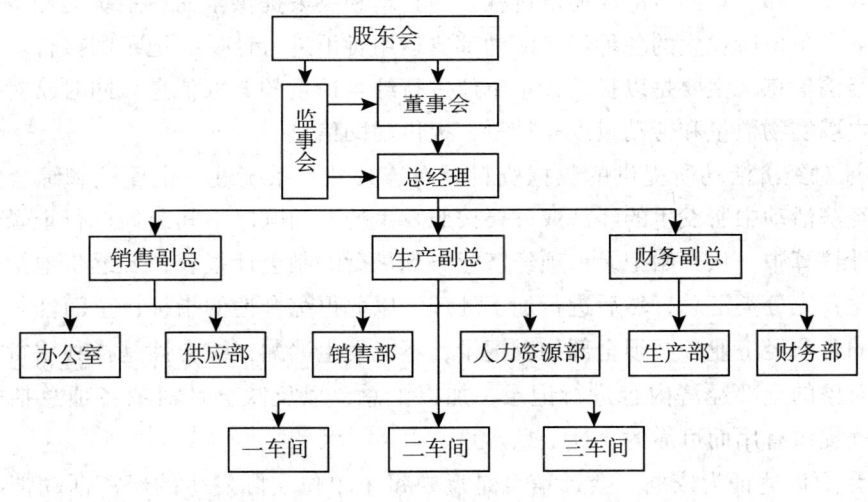

图1-1 一般工业企业组织机构

二、会计

(一) 什么是会计

任何一个组织都需要会计,企业更不例外。每个企业都要从事生产经营活动,而生产经营活动的情况和结果,企业所有者、管理者以及与该企业管理工作或经济利益的相关者都希望及时了解,以供其管理和决策之用。各个企业的生产经营活动情况和结果,主要是通过会计来收集、分类、记录、加工处理,形成系统的会计信息并提供出来的。利益相关者通过这个企业的会计信息,可以了解企业的生产经营活动情况及其结果,并据以作出相关的判断、评价和决策。比如,通过会计信息,企业管理者可以掌握生产经营情况,知道哪些地方做得好,应当继续坚持,哪些地方存在不足,需采取措施加以解决;通过会计信息,供应商能够了解企业的财务状况,据以确定是否向这个企业销售货物和提供信用;通过会计信息,投资人能够评估自己的投资效果,据以确定是否继续保持对这个企业的投资;通过会计信息,银行等金融机构能够知道这个企业财务状况和经营情况的好坏,据以确定是否向这个企业提供贷款,等等。因此,会计工作是一项基础性的至关重要的经济管理工作。任何企业、任何单位都离不开会计。那么,什么是会计呢?

会计是以货币为主要计量单位,以凭证为依据,采用专门的程序与方法,对特定单位的经济活动情况及其结果进行连续、系统、全面、综合的反映和监督,并向有关各方提供管理和决策所需要的经济信息,以提高经济效益为目的的一种管理活动。

提示:会计所提供的经济信息也称会计信息。

由会计的定义可知,会计具有以下特点:

1. 会计以货币为主要计量单位。原始的会计只是简单地用实物数量和劳动量度对经济活动进行计量和记录。随着社会经济的日益发展,会计逐步发展成为以货币为主要计量单位来综合反映和监督经济活动的全过程,为管理和决策提供全面、系统的经济信息。在货币计量下,单位所发生的各种经济活动都要运用货币进行计量、记录和报告。现代会计所提供的经济信息,主要是以货币计量单位进行综合计量的金额信息,同时,对一些经济活动也辅之以实物数量和劳动量度来计量,提供辅助信息。

2. 会计对经济活动所提供的数据资料具有连续性、系统性、全面性和综合性。连续性是指对经济活动中所发生的经济业务要按照发生的时间顺序不间断地进行记录;系统性是指在会计核算中,从开始记录一项经济业务到最后编制会计报表,要逐步地把会计资料加以系统化,先分类汇总,然后进行加工处理,以取得综合性的指标;全面性是指对属于会计对象的各项经济业务必须全部加以记录,不能发生遗漏;综合性是指利用货币计量尺度把会计对象的全部经济内容进行记录,加以汇总,以反映会计对象各项总括的价值指标,为管理提供有用而可靠的会计信息。

3. 会计要以凭证为依据。会计信息是反映每个单位实际发生的经济活动情况和结果的经济信息。每个单位发生经济活动时,都必须取得或填制记载经济活动内容的原始凭证,这些原始凭证按照相应的流程传递到会计部门,会计部门据以进行会计确认、计量、记录和报告。

4. 会计具有专门的程序和方法。会计工作,尤其是会计核算工作是按照规范的程序、采用专门的方法进行的,形成了会计特有的程序和方法体系。

5. 会计以提高经济效益为目的,其本质是管理。会计产生于人们管理经济活动、降低物质消耗、提高劳动效率和经济效益的需要。会计不但提供现实经济活动的经济信息,而且能够利用这些经济信息进行预测分析,提出改善经营管理的意见、建议和措施,参与经营决策,引导本单位的经济活动向着既定目标,以更加优化的方式和途径运行,使经济效益得到不断提高。所以,会计的本质是管理,会计工作是管理工作不可或缺的重要组成部分。

提示:对会计本质的表述有不同的观点,另一种代表性观点是信息系统论。

知识与能力拓展：开启会计之门

（二）会计机构

会计机构是单位内部直接组织和从事会计工作的职能机构。建立健全会计机构，是保证会计工作顺利进行的重要保障。为了科学合理地组织会计工作，各单位原则上都需要设置专门从事会计工作的职能部门——会计机构。但是，由于经营业务的规模大小和会计业务的繁简程度不同，各单位可以而且有权根据业务需要依法决定是否设置专门的会计机构。

《中华人民共和国会计法》（以下简称《会计法》）第三十四条规定，各单位应当根据会计业务的需要，依法采取下列一种方式组织本单位的会计工作：（1）设置会计机构；（2）在有关机构中设置会计岗位并指定会计主管人员；（3）委托经批准设立从事会计代理记账业务的中介机构代理记账；（4）国务院财政部门规定的其他方式。这是国家对设置会计机构的法律规定。

从国务院财政主管部门的管理要求和各地各行业的实践情况看，通常实行独立核算的大中型企业，以及财务收支数额较大、会计业务较多的机关团体、事业单位和其他组织，都要设置由本单位领导人直接领导的财务会计机构。而财务收支数额不大、单位业务形式比较简单、会计核算不太复杂的单位，可以不设置专门的会计机构。无论是单独设置会计机构，还是在有关机构中设置会计人员，或者是委托中介机构代理记账，每一个单位都必须依法开展会计工作。

会计机构要建立健全稽核制度，对会计凭证、账簿、报表等会计资料的真实性和可靠性进行控制，包括账证、账账、账实核对的控制，财产物资采购、验收、盘点的控制和现金管理等方面的控制等。同时，还要加强内部牵制制度，坚持钱、账分管的原则，会计与出纳分管，经办与审批分管，加强会计人员之间的相互制约、相互核对、相互监督，提高会计核算工作质量，防止会计事务处理过程中发生失误、差错和营私舞弊等行为。

提示：按照《会计法》规定，出纳人员不得兼任稽核，会计档案保管和收入、支出、费用、债权债务账目的登记工作。

会计机构内部要建立健全岗位责任制，进行合理的分工，定岗定员，明确责任，各司其职。一般来说，会计机构应设置会计机构负责人或会计主管、财产物资核算、工资核算、成本费用核算、资金核算、往来核算、总账报表、出纳、稽核、档案管理等岗位。这些岗位可以一人一岗、一人多岗或者一岗多人，但必须符合单位内部会计控制的要求。

会计机构是一个综合性经济管理部门，它和单位内部其他各职能部门、各生产部门、经营业务单位有着十分密切的联系，会计机构要主动为各职能部门和业务部门服务，并依靠各职能部门和业务部门共同做好会计工作。

会计机构要接受国家财政、税务和审计等政府部门及上级管理机构的指导与监督，并按规定向其报送会计报表及相关资料。

提示：因为会计工作与财务工作的联系非常紧密，所以，在实际工作中，很多单位的会计机构与财务机构是合并设置的，并以"财务"命名，如财务部、财务处、财务科等。

（三）会计人员

配备适当的会计人员是会计工作得以正常进行的重要条件。会计人员按照职责不同可分为总会计师、会计主管、一般会计人员等；按专业技术职务不同可分为高级会计师（分为正高级和副高级）、会计师、助理会计师等。单位可根据本单位的实际情况，依法合理配备会计人员，保证会计工作的顺利开展。

1. 会计人员的专业技术职务。我国现行会计人员的专业技术职务包括助理会计师、会计师和高级会计师（分为正高级和副高级）三个级别。会计人员要晋升专业技术职务，须取得相应的专业技术资格。会计专业技术资格划分为初级、中级和高级三个级别。取得初级会计专业技术职务者可以聘任助理会计师；取得中级会计专业技术职务者可以聘任会计师；取得高级会计专业技术职务者可以聘任高级会计师。会计专业技术资格的取得实行考试制度，全国统考，每年举行一次，初级考试科目为初级会计实务和经济法基础两科，中级考试科目为中级会计实务、财务管理和经济法三科，（副）高级资格考试科目为高级会计实务。（副）高级资格考试合格者还要通过评审，评审合格者方可聘任（副）高级会计师职务。（正）高级资格不需要考试，评审通过后可聘为（正）高级会计师职务。

2. 会计人员的管理。我国现行会计人员管理实行"双重管理"体制，即由单位自行任免本单位的会计人员，负担会计人员薪酬待遇，并决定其职务晋升与否；财政部门负责会计资格评定审查及会计工作的考核，从客观上保证会计人员的从业水平和良好的职业道德情操。同时，通过在全国范围内推行严格的会计专业技术资格考试制度、总会计师制度、会计人员继续教育制度等一系列具有中国特色的会计人员管理办法，以进一步丰富会计管理的内容，提高会计人员的业务素质。财政部建立了"全国会计人员统一服务管理平台"，会计专业技术资格考试、会计人员继续教育登记、会计人员属地关系调转、会计人员奖惩记录、会计法规制度学习等事项在该平台上完成。

知识与能力拓展：全国会计人员统一服务管理平台

3. 会计人员的职业道德。会计职业道德，是指会计职业活动中应当遵循的、体现会计职业特征的，调整会计职业关系的职业行为准则和规范。

财政部印发的《会计人员职业道德规范》明确了我国会计人员职业道德规范，概括为"三坚三守"：坚持诚信，守法奉公；坚持准则，守责敬业；坚持学习，守正创新。其中，(1)"坚持诚信，守法奉公"要求会计人员牢固树立诚信理念，以诚立身、以信立业，严于律己、心存敬畏。同时，要学法知法守法，公私分明、克己奉公，树立良好职业形象，维护会计行业声誉。(2)"坚持准则，守责敬业"要求会计人员严格执行准则制度，保证会计信息真实完整。要勤勉尽责、爱岗敬业，忠于职守、敢于斗争，自觉抵制会计造假行为，维护国家财经纪律和经济秩序。(3)"坚持学习，守正创新"要求会计人员始终秉持专业精神，勤于学习、锐意进取，持续提升会计专业能力。还要不断适应新形势新要求，与时俱进、开拓创新，努力推动会计事业高质量发展。

会计行业作为市场经济活动的一个重要领域，主要为社会提供会计信息，其服务质量的好坏直接影响着经营者、投资者和社会公众的利益，进而影响着整个社会的经济秩序。会计工作者在提供信息的过程中，除了必须将本职工作置于法律、法规的约束和规范之下以外，还必须具备与其职能相适应的职业道德水准。市场经济越发展，对会计工作的职业道德水准要求越高。所有从事会计工作的人员，在会计岗位上，都必须恪守职业道德，履行自身所承担的工作职责，完成会计工作任务。

知识与能力拓展：会计，"要德"

（四）会计工作目标

会计工作目标即会计工作所要达到或实现的目标，也叫作会计目标，是指在一定的客观环境和经济条件下，会计人员通过会计实践活动期望达到的结果。会计工作目标也是检查会计工作的标准和依据。

会计工作是一种主观的、有目的的管理活动。进行这种活动，必须确定活动的目标，并根据目标的要求规划自己的行动。会计目标是会计工作的内在规定性，它决定着会计活动的方向，会计工作受会计目标的制约，又是会计目标的实现方式。

在人类社会中，由于存在着物质资源的有限性和社会需要的无限性之间的矛盾，客观上要求节约劳动资源和合理分配劳动资料。这就决定了会计必须对经济活动过程进行计量与计算，并对计量与计算的结果进行分析、对比，挖掘节约劳动消耗潜力，提出合理配置劳动资源的方案，提高经济效益。因此，讲求和提高经济效益是会计工作的总目标或终极目标，它与经济管理的总体目标是一致的。

会计总目标的实现必须在做好各项工作,完成各个具体目标的基础上才能达到。会计具体目标包括:

1. 提供会计信息。每个单位都要建立收集、加工处理、传递和储存会计信息的程序、方法和制度,开展会计核算,并在全面提供经济活动情况和结果的基本信息的基础上,加强调查研究,收集整理国内、国际市场有关经济效益的信息资料,以便及时、正确、全面、系统地向各利益相关方和本单位提供会计信息。

2. 反映受托经济责任的履行情况。实行公司制的企业,总经理及其领导的经营管理团队是受企业股东委托进行企业的经营管理。其从事经营管理的业绩如何、受托责任的履行情况怎么样,都会直接或间接地反映在会计核算信息中,会计部门要以会计核算提供的基本信息为基础,结合其他相关资料,反映受托者受托责任的履行情况,评估受托者的经营业绩。

3. 参与经营管理,提高经济效益。会计工作是单位内部管理工作的重要组成部分,会计部门要充分利用熟悉经营过程中各个方面、各个环节经济活动情况的特征和优势,主动参与经营管理,建立健全管理制度,做好管理基础工作,加强会计监督和控制,开展会计分析、预测、决策和考核,为改善经营管理、提高管理效益和管理水平提出合理化建议和切实可行的措施,通过加深"业财融合"不断提高本单位的经济效益。

(五)会计工作的构成内容

会计工作具有很强的政策性、规范性和技术性。不论是国家机关、社会团体,还是企事业单位,都要按照会计法律法规的规定,依法开展会计工作,提供会计信息,实施会计监督。会计工作按其特点可以分为会计核算、会计监督、会计控制、会计预测、会计决策和会计分析、会计考核等各有侧重而又相互联系的工作内容。

1. 会计核算。会计核算是以货币为主要计量单位,运用专门的方法和程序,对会计主体实际发生的经济活动及其结果进行确认和计量,并进行连续、系统、全面的记录、分类和计算,定期以会计报告的形式提供会计信息的会计工作。

会计核算包括会计确认、会计计量、会计记录、会计报告等基本工作程序和内容。人们通常所说的记账、算账和报账,主要就是指过去的会计核算,但不是现代会计核算的全部。在比较发达的市场经济条件下,会计确认与会计计量不但发展成为现代会计核算的构成程序和内容,而且越来越凸显出其重要的地位和作用。

在会计工作中,会计核算最具政策性、规范性和技术性。它要求会计机构和会计人员必须遵守会计法律法规的规定,按照会计准则和会计制度的要求,以会计基础工作规范等制度为指南,采用合理的账务处理程序,规范地处理会计业务,提供会计信息。在实际工作中,会计法规、会计准则、会计制度和会计基础工作规范等,主要是为了规范会计核算行为、保证会计核算质量而制定的。

会计核算工作是最基本的会计工作,是其他会计工作的基础。企事业单位内部的会计预测、会计决策、会计控制、会计分析都是在会计核算的基础上进行的。会计核算所提供的会计信息是基础性的会计信息,是进行会计预测、会计决策、会计控制和会计分析的主要依据。企事业单位向外部有关方面提供的会计信息主要是会计核算信息。

会计核算所提供的会计信息是最基本、最重要的会计信息，必须要做到真实可靠。《会计法》第九条规定，各单位必须根据实际发生的经济业务事项进行会计核算，填制会计凭证，登记会计账簿，编制财务会计报告。任何单位不得以虚假的经济业务事项或者资料进行会计核算。所有单位都必须依法开展会计核算工作，提供真实可靠的会计信息。

2. 会计监督。会计监督包括内部会计监督和财政部门对单位会计核算的监督两个方面。单位内部会计监督是基础，财政部门的会计监督是对单位内部会计监督实施的再监督。

内部会计监督是企事业单位会计机构和会计人员在处理日常会计事项的过程中，依据国家法律法规和制度的规定，对本单位的经济活动过程和单位成员办理经济业务事项的过程进行审查、约束和限制，使其符合国家法律法规和制度的要求。

会计监督具有强制性、严肃性和权威性。实行会计监督是国家法律法规的要求，是法律赋予会计机构和会计人员的重要职权和责任。《会计法》第二十五条规定，各单位应当建立、健全本单位内部会计监督制度，并将其纳入本单位内部控制制度。任何单位的会计机构和会计人员都必须依法履行职责，严格实行会计监督，单位的任何人员都必须自觉地接受会计监督。

同会计核算一样，会计监督也是会计的一项基本工作，而且二者通常是密切结合进行的。实行会计监督的目的主要包括三个方面：一是保证单位经济活动的合法性；二是保证单位会计核算行为的合法性和合规性；三是保证会计信息的真实性和可靠性。没有会计监督或会计监督不力，单位经济活动的合法性和会计核算的合法性、合规性，以及会计信息的真实性、可靠性就得不到有效的保证，就会给国家、单位和社会造成经济损失。国家法律法规对单位进行会计核算和实行会计监督都作了专门的规定，《会计法》第五条规定，会计机构、会计人员依照本法规定进行会计核算，实行会计监督。

3. 会计控制。会计控制是指为了实现单位的工作目标，按照管理要求和数量控制标准，揭示单位经济活动过程中出现的差异，分析产生差异的原因，并提出消除不利差异的措施及协助消除不利差异，以保证单位工作目标的顺利实现。

实行会计控制的目的主要是降低消耗和费用，提高经济效益。会计控制主要包括制定控制标准、揭示差异、分析原因、提出消除不利差异的措施及协助消除不利差异等工作内容和工作环节。

4. 会计预测。会计预测主要是利用会计核算资料，并结合其他相关资料，对单位过去和现在的经济活动情况进行总结和分析，寻求经济活动的内在联系和发展的规律性，并以此为根据，对经济活动未来的发展趋势或状态进行预计和测算。会计预测是在会计核算的基础上进行的，它可以提供更多、更高级的会计信息。通过会计预测，可以从总体上认识经济活动的内在联系和发展的规律性，把握经济活动过程的未来发展趋势，在一定程度上预见未来经济活动过程中的一些不确定因素和未知因素，为会计决策和经营决策以及会计控制、会计分析提供依据和有用的信息资料。

5. 会计决策。会计决策是在会计预测的基础上，结合相关信息资料，对未来一定时期经济活动可供选择的各种备选方案，进行对比分析，权衡利弊得失，选择出最优方案。会计决策包括直接决策和参与决策两种情况。直接决策是指由会计机构和会计人员独立进行或以会计机构和会计人员为主体进行的决策，主要是对会计职责范围内的、以单位内部管理为主的事项所作的决策，如各项费用消耗定额或标准的确定、产品成本控制标准的确定、资金需要量的确定等。参与决策是指在会计机构和会计人员参与下所进行的决策，主要是对涉及单位生产经营的重大活动所作的决策，如对企业单位生产什么产品、生产多少、按什么价格销售等事项的决策，以及对设备更新的决策、对重大投资活动的决策等。

6. 会计分析。会计分析是指以计划、预算、定额为主要标准，以会计核算提供的会计信息为主要依据，对单位的经济活动情况及其结果进行比较、分析和评价，总结经验教训，肯定成绩、找出问题，以促进单位改进工作，提高效益。会计分析能够提供更综合、更有效的会计信息。

7. 会计考核。会计考核是指定期将内部各责任单位实际完成各项责任工作任务和指标的结果（也就是通常所说的绩效）与其应当完成的各项责任工作任务和指标进行对比，评价各项任务和指标的完成情况，并按照奖惩办法的规定，确定各责任单位经济利益的奖惩结果。进行会计考核，是适应企事业单位内部管理的要求开展的会计工作。

一些规模比较大的企业推行了责任会计，对内部各责任单位规定责任工作任务和指标，并将责任工作任务和指标的完成情况与经济利益挂钩，实行绩效考核、奖优罚劣的制度。在这样的企业里，会计考核是责任会计的重要内容。

知识与能力拓展：

在会计理论体系中，上述会计工作的构成内容称为会计职能，会计核算（或反映）和会计监督（或控制）称为基本职能。

提示： 会计工作的目标就是通过这些工作来实现的。

随着社会经济的发展，企事业单位内部管理的要求将不断地拓展和提高，由此对会计信息的需要提出新的要求，会计工作还会增加新的工作内容。

（六）会计法规体系

会计法规体系是由国家机关或其授权机构制定的，用来规范会计核算实务、会计基础工作、会计主体和相关会计人员职责，调整经济活动中各种会计关系的规范性文件的总和。目前，我国基本形成了以《会计法》为核心的比较完整的会计法规体系，主要包括会计法律、会计行政法规、会计部门规章和地方性会计法规四个层次。

1. 会计法律。会计法律是指由全国人大及其常委会经过一定立法程序制定的有关会计工作的法律，是调整我国经济生活中会计关系的法律总规范。我国现行的《会计法》是2024年6月28日十四届全国人大常委会第十次会议修改通过、自2000年7月1日起施行的会计法律。它是会计法规制度体系中层次最高的法律规范，是制定其他会计法规的依据，是指导会计工作的最高准则。

2. 会计行政法规。会计行政法规是指由国务院制定发布或者国务院有关部门拟订、经国务院批准发布，调整经济生活中某些方面会计关系的法律规范。会计行政法规的制定依据是《会计法》，如2000年6月21日国务院发布的《企业财务会计报告条例》等就属于会计行政法规。

3. 会计部门规章。会计部门规章是指由财政部根据会计法律和行政法规制定的关于会计核算、会计监督、会计机构和会计人员以及会计工作管理的规章制度，包括规章和规范性文件。其中，有关会计核算的会计部门规章主要包括：

（1）会计准则。会计准则是指由财政部制定的用来规范会计确认、计量和信息披露的会计专业性规范。会计准则按其适用范围分为企业会计准则、政府及非营利组织会计准则制度。企业会计准则体系由基本准则、具体准则和应用指南构成。2006年起，财政部相继发布了43项会计准则，包括基本准则和42项具体准则，以及若干企业会计准则解释，这标志着我国已经建立起了既与国际财务报告准则趋同，又具有我国特色的比较完备的企业会计准则体系。政府会计准则体系包括从2017年1月1日开始执行的基本准则，以及10项具体准则和若干准则解释。

知识与能力拓展：财政部会计准则委员会

（2）小企业会计准则。2011年，财政部发布《小企业会计准则》，要求相关小企业自2013年1月1日起执行，2004年发布的《小企业会计制度》同时废止。该准则适用于在中华人民共和国境内依法设立的、符合《中小企业划型标准规定》所规定的小型企业标准的企业。下列三类小企业除外：第一，股票或债券在市场上公开交易的小企业；第二，金融机构或其他具有金融性质的小企业；第三，企业集团内的母公司和子公司。

知识与能力拓展：

小企业是指不公开发行股票或债券，符合原国家经济贸易委员会、原国家发展计划委员会、财政部、国家统计局于2003年制定的《中小企业标准暂行规定》中界定的小企业，不包括以个人独资及合伙形式设立的小企业。

（3）会计制度。这里的会计制度指国家统一的会计制度，即财政部根据会计法律和行政法规制定的会计核算制度。在新中国成立以后的很长时间里，我国都实行统一的会计制度，并形成了比较完善的会计制度体系。自20世纪90年代开始实施会计准则以后，逐渐以会计准则代替了统一的会计制度。目前，我国企业尚在继续执行的统一会计制度主要有财政部发布的《村集体经济组织会计制度》《民间非营利组织会计制度》和学校、医院相关行业或特殊业务会计制度等，分别在相对应的适用范围内施行。

（4）会计基础工作规范。会计基础工作规范是指由财政部根据会计法律和行政法规制定的关于会计机构和会计人员、会计核算、会计监督以及会计内部管理等基础性工作的具体规定。目前执行的是财政部于1996年6月17日颁布实施，2019年3月14日修订的《会计基础工作规范》，适用于所有的会计主体。不论是国家机关、社会团体、企事业单位，还是个体工商户及其他各种组织，都必须按照《会计基础工作规范》的规定做好会计基础工作，保证会计工作依法有序地进行。2024年7月26日，财政部颁布了《会计信息化工作规范》，国家机关、社会团体、公司、企业、事业单位和其他组织（以下统称单位）开展会计信息化工作，适用本规范。

4. 地方性会计法规。地方性会计法规是指省、自治区、直辖市的人大及其常委会在与宪法、法律和行政法规不相抵触的前提下，根据本地区情况制定、发布的会计规范性文件。

（七）会计工作的组织形式

企业会计工作的组织形式主要有集中核算和非集中核算两种。

1. 集中核算。集中核算是指会计核算工作集中在企业会计部门统一进行，企业内部的下属部门不进行会计核算，只定期提供原始资料。在实际工作中，经济业务发生时，各生产车间、职能部门等只进行原始记录，办理原始凭证手续，对有关的原始凭证进行汇总，并定期将原始凭证和汇总原始凭证送交会计部门，由会计部门进行总分类核算和明细分类核算。

集中核算的主要优点是可以减少核算环节，简化核算手续，有利于及时反映企业全面的生产经营情况，还有利于合理配置和精简会计人员。

知识与能力拓展：财务共享服务中心

财务共享服务中心是一种新型的会计核算形式，它把企业在不同国家、地点实体的会计业务拿到一个共享服务中心来记账和报告，这样做的好处是保证了会计记录和报告的规范、结构统一，而且由于不需要在每个公司和办事处都设会计，节省了系统和人工成本。这种形式适合跨国公司及规模较大的企业。

2. 非集中核算。非集中核算，也叫分散核算或分级核算，是指会计核算工作分别由企业会计部门与各生产车间、职能部门共同进行，企业会计部门主要进行总分类核算和编制财务会计报告，各生产车间和职能部门进行与本车间、本部门有关的明细分类核算。在这种组织形式下，会计机构需要设置分支机构，如工业企业，一般在总厂设置财务处，分厂设置财会科，车间设置财会组，实行分级核算，生产车间、职能部门定期将会计核算资料上报分厂财会科，分厂财会科再汇总上报总厂财务处，最后由总厂财务处汇总，编制财务会计报告。

非集中核算的主要优点是会计工作与业务工作联系紧密，有利于业务部门负责人及时掌握业务活动情况，及时发现和解决工作中的问题，提高工作效率，也有利于开展责任会计核算。

一个单位实行集中核算还是非集中核算,应视企业规模的大小和经营管理的要求来决定。

(八) 会计信息化

随着大数据、人工智能、云计算等各种信息技术的迅猛发展和及时应用于会计领域,一方面极大地提升了会计核算工作效率,为会计职能向决策支持和价值创造提供了基础;另一方面也对传统会计岗位产生巨大的冲击,对会计人员提出了更高的技术要求。

我国的会计实务正在从会计电算化时代向会计智能化时代转变。会计电算化是将以电子计算机为主的现代电子和信息技术应用到会计工作领域的总称,也可以说是将IT(Information Technology)应用于会计工作领域的总称。它是集会计管理软件系统的研发生产、推广配置、运用与维护保障等技术经济活动与环节为一体的社会经济活动体系,是会计管理软件系统在会计主体会计工作中的具体应用。其直接的主要表现是以电子计算机和会计管理软件的应用替代了传统的人工记账、算账、报账,以及替代了部分过去由人脑完成的对会计信息的处理、分析和判断过程,会计人员通过操作电子计算机和会计管理软件系统,输入原始业务信息,软件系统经过加工处理,自动生成、储存和输出会计信息。

目前关于智能会计的说法莫衷一是,但都有一个共同的认识,就是传统会计核算职能将由各类叠加的技术手段实现,从而代替传统会计人员在会计核算中的作用。上海国家会计学院近些年持续联合相关企业,发布影响中国会计行业的十大信息技术,以2025年为例,包括会计大数据分析与处理、流程自动化(RPA和IPA)、数据治理、数据挖掘等技术。可以看出,会计职能重心正在从会计核算向决策支持转变,会计边界正在从财务内部向业务场景转变,会计目标正在从记录价值向直接创造价值转变。

【思政案例】世界会计史学家大会中的中国会计辉煌历史

2024年6月25日,由中南财经政法大学承办的第16届世界会计史学家大会在武汉开幕,这是全球会计史学界最高级别的国际性学术会议首次在中国举办。大会以"会计、科技与人类文明"为主题,郭道扬教授、伦敦政治经济学院名誉会计教授理查德·麦克菲、新加坡国立大学李真教授、意大利会计史学家学会主席马西姆·萨基亚科姆教授分别以历史悠久而光辉灿烂的中国古代会计文化、The Necessity for Interdisciplinary Collaboration in Accounting History Research、三国时期吴国的复式记账、Accounting and Disasters in the History of Human Civilization为题作主旨报告,面向全球展示包括中华会计在内的世界会计文明成果。

请查阅资料，了解本次大会的具体情况，思考如何续写中国会计的辉煌历史，并进一步发扬光大。

【职业能力训练】

一、单项选择题（下列答案中只有一项是正确的，请将正确答案前的英文字母填入括号内）

1. 会计的主要计量单位是（　　）。
   A. 货币　　　　　　B. 实物　　　　　　C. 劳动量　　　　　　D. 工作量
2. 下列选项中，属于会计基本职能的是（　　）。
   A. 会计核算　　　　　　　　　　　　B. 参与经济决策
   C. 预测经济前景　　　　　　　　　　D. 评价经营业绩
3. 现代会计的两大分支是管理会计和（　　）。
   A. 财务会计　　　　　　　　　　　　B. 环境会计
   C. 社会责任会计　　　　　　　　　　D. 法务会计
4. 我国会计法律制度中居于最高层次的法律规范是（　　）。
   A. 总会计师条例　　　　　　　　　　B. 企业财务会计报告条例
   C. 中华人民共和国会计法　　　　　　D. 企业会计准则
5. 财政部颁布的《会计基础工作规范》属于会计法规体系中的（　　）。
   A. 会计法律　　　　　　　　　　　　B. 会计行政法规
   C. 会计部门规章　　　　　　　　　　D. 地方性会计法规

二、多项选择题（下列答案中至少两项是正确的，请将正确答案前的英文字母填入括号内）

1. 下列各项中，属于会计特点的有（　　）。
   A. 以货币为主要计量单位
   B. 具有专门的确认、计量及报告方法
   C. 基本工作是决策和监督
   D. 主要任务是对外提供业务信息
2. 会计工作的组织形式主要包括（　　）。
   A. 集中核算　　　　B. 汇总核算　　　　C. 分散核算　　　　D. 分厂核算
3. 会计监督主要包括（　　）。
   A. 会计部门的会计监督　　　　　　　B. 财政部门的会计监督
   C. 社会公众的监督　　　　　　　　　D. 会计师事务所的社会监督
4. 会计的目标有（　　）。
   A. 向财务会计报告使用者提供与企业财务状况、经营成果和现金流量等有关的会计信息

B. 反映企业受托责任的履行情况
C. 支付工资和缴纳税金
D. 资金运动

5. 以下各项，属于会计核算具体内容的有（　　）。
A. 资产的增减和使用
B. 负债、净资产（所有者权益）的增减
C. 收入、支出、费用、成本的增减
D. 财务成果的计算和处理

三、判断题（正确的在括号里打"√"，错误的打"×"）
1. 会计职业道德完全不具有强制性。（　）
2. 会计不需要反映企业管理层受托责任的履行情况。（　）
3. 会计岗位的设置可以"一岗多人"，但不能"一人多岗"。（　）
4. 单位会计机构的设置，各单位可根据实际情况自行确定，既可单独设置会计机构，也可在有关机构中设置会计人员并指定会计主管人员。（　）
5. 会计监督职能又称会计反映职能。（　）

任务2　会计核算的基本前提和基础

一、会计核算基本前提

在会计核算中，经常会遇到一些涉及未来而具有不确定性的问题，需要会计人员作出合理的判断和会计处理。要作出合理的专业判断，就需要有一定的前提条件或者合乎情理的基本假定。这种前提条件或者假定就是会计核算的基本前提。如果会计核算没有合理的基本前提，会计人员对一些比较复杂的经济业务就难以作出恰当的会计处理。会计核算的基本前提包括会计主体、持续经营、会计分期、货币计量。

（一）会计主体

会计主体是指会计工作赖以存在和进行的特定单位或组织。

在现实生活中，会计工作总是在一个特定的单位或组织中进行的，并对这个特定单位或组织的经济活动进行核算、监督和控制，不是这个单位或组织的经济活动或事项，就不属于这个单位或组织的会计工作范围。会计人员不论是确认资产、负债、所有者权益，还是确认收入、费用和利润，都是以本单位为主体来进行的，只对本单位发生的交易或者事项进行会计确认、计量、记录和报告。会计主体界定了进行会计确认、计量、记录和报告的空间范围。

会计主体一般可划分为独立会计主体和非独立会计主体两类。独立会计主体主要是指具有独立的法人资格的会计主体。按照我国《会计法》规定，任何一个这样的单位都必须建立会计账簿，进行会计核算和实行会计监督，所以每一个独立的法人单位都是一个独立的会计主体。

非独立会计主体主要是指开展内部会计核算的独立会计主体的内部机构。在实际工作中，许多规模比较大的单位，为了加强内部管理，提高经济效益，实行了责任会计，以所属的各个职能部门或人员作为会计核算单位，对这些职能部门或人员的业务活动及其绩效进行单独的核算和考核。这些独立会计单位内部作为会计核算单位的各个职能部门或人员，就是非独立的会计主体。非独立会计主体不具有法人资格，不能以自己的名义独立地对外发生联系，但在单位内部具有管理上的重要意义。

请注意： 会计主体与法律主体并非对等的概念。一般来说，法律主体必然是一个会计主体，而会计主体不一定是一个法律主体。

（二）持续经营

持续经营是指在可以预见的将来，会计主体将会按当前的规模和状态继续经营下去，不会停业，也不会大规模削减业务。持续经营是相对于非持续经营而言的，在持续经营前提下，会计核算应当以企业持续、正常的生产经营活动为前提。

会计主体是否持续经营，在会计原则、会计方法的选择上有很大差别。一般情况下，应当假定会计主体能够而且将要持续经营下去。明确这个基本前提，就意味着会计主体将按照既定的用途使用资产，依据既定的合约条件清偿债务，会计人员就可以在此基础上选择会计原则和会计方法。

知识与能力拓展：

任何会计主体都存在破产、清算的风险，也就是说会计主体不能持续经营的可能性总是存在的。为此，需要定期对其持续经营前提作出分析和判断。如果判断会计主体不会持续经营，就应当改变会计核算的原则和方法，并在会计报告中作相应披露。如果一个会计主体在不能持续经营时还假定其能够持续经营，并仍按持续经营的基本前提选择会计核算的原则和方法，就不能客观地反映其财务状况、经营成果和现金流量，就会误导会计信息使用者的经济决策。如果企业确实要终止经营，应当采用清算的会计政策和程序。

请注意： 作为会计核算基本前提的持续经营假设，与现实交易中对客户持续经营前景和能力的预测和判断是完全不同的两回事，不能混为一谈。

（三）会计分期

会计分期是指在持续经营的前提下，将会计主体的持续经营过程人为地划分为相互衔接的会计期间。

会计分期的目的，在于通过会计期间的划分，将持续经营的生产经营活动划分成连续、相等的期间，据以结算盈亏，按期编制财务会计报告，及时向各方面提供有关企业财务状况、经营成果和现金流量的会计信息。

在会计分期前提下，企业应当划分会计期间，分期结算账目和编制财务会计报告。会计期间分为年度和中期，我国会计期间的划分采用公历制，会计年度和中期均按公历起讫日期确定。中期是指短于一个完整的会计年度的报告期间，如半年度、季度和月度。

会计分期对会计核算有着重要影响，由于会计分期，产生了当期与其他期间的区分和衔接，出现了折旧、摊销等会计处理方法。

（四）货币计量

货币计量是指会计以货币计量单位来对会计主体的经济活动进行会计确认、计量、记录和报告。

在货币计量前提下，我国境内会计主体的会计核算以人民币作为记账本位币。业务收支以人民币以外的货币为主的会计主体，可以选定其中一种货币作为记账本位币，但是编制的会计报表应当折算为人民币。

知识与能力拓展：

会计核算之所以选择货币作为计量单位，是由货币的本身属性决定的。货币是商品的一般等价物，是衡量一般商品价值的共同尺度，而其他的计量单位，如重量、长度、容积等，只能从一个侧面反映会计主体的生产经营情况，无法在量上进行汇总和比较，不便于实物管理和会计计量。所以，为全面反映会计主体的生产经营活动和有关交易、事项，会计核算就选择了货币作为计量单位。

二、会计核算基础

在会计主体的经济活动中，收入、费用的发生时间与货币的收支时间不是完全一致的，例如，销售商品时商品已经交付对方但货款还没有收到；发生费用时费用已经发生但款项还没有支付，等等。在这种情况下，会计人员就需要根据会计准则或制度规定的会计核算基础，选择一个恰当的时间来确认、记录、报告收入和费用。会计核算基础有权责发生制和收付实现制两种。

（一）权责发生制

权责发生制也叫应收应付制，是指以收入和费用的发生时间为标准来确认收入和费用的一种会计核算基础。按照权责发生制，凡是当期已经实现的收入和已经发生或应当负担的费用，无论款项是否收付，都应作为当期的收入和费用；凡是不属于当期的收入和费用，即使款项已在当期收付，也不应当作为当期的收入和费用。例如，某企业20×4年10月25日向客户销售商品一批，11月4日收到货款，按照权责发生制，企业应在10月25日确认销售收入。

按照《企业会计准则——基本准则》规定，企业应当以权责发生制为基础进行会计核算。

（二）收付实现制

收付实现制也叫实收实付制，是与权责发生制相对应的一种会计核算基础，是指以收入和费用款项的实际收付时间为标准来确认收入和费用的一种会计核算基础。按照收付实现制，凡是当期已经收到和付出款项，无论收入和费用是否在当期发生，都应作为当期的收入和费用；凡是当期没有收到和付出款项，即使收入和费用已在当期发生，也不应当作为当期的收入和费用。例如，上例，按照收付实现制，企业应在11月4日确认销售收入。

我国政府会计准则制度规定，政府财务会计采用权责发生制、政府预算会计采用收付实现制进行会计核算。

动脑动手：采用不同的会计核算基础对核算结果有什么影响？

【职业能力训练】

一、单项选择题（下列答案中只有一项是正确的，请将正确答案前的英文字母填入括号内）

1. 下列不属于会计核算基本前提的是（　　）。
   A. 持续经营　　　B. 会计分期　　　C. 会计主体　　　D. 权责发生制
2. 下列会计核算基本前提中属于空间范围前提的是（　　）。
   A. 持续经营　　　B. 会计分期　　　C. 会计主体　　　D. 货币计量
3. 甲企业向乙企业赊购原材料，甲企业确认为应付账款，乙企业确认为应收账款，体现的会计核算基本前提是（　　）。
   A. 持续经营　　　B. 会计分期　　　C. 会计主体　　　D. 货币计量
4. 产生权责发生制和收付实现制两种记账基础的基本前提是（　　）。
   A. 持续经营　　　B. 会计分期　　　C. 会计主体　　　D. 货币计量
5. 权责发生制也被称为（　　）。
   A. 现金制　　　　　　　　　　　　B. 实收实付制
   C. 应收应付制　　　　　　　　　　D. 永续盘存制

二、多项选择题（下列答案中至少两项是正确的，请将正确答案前的英文字母填入括号内）

1. 会计核算的基本前提包括（　　）。
   A. 持续经营　　　B. 会计分期　　　C. 会计主体　　　D. 货币计量
2. 会计中期包括（　　）。
   A. 月度　　　　　B. 半年度　　　　C. 季度　　　　　D. 年度
3. 下列关于会计基本假设的表述中，正确的有（　　）。
   A. 会计主体确立了会计核算的空间范围
   B. 持续经营与会计分期确立了会计核算的时间范围
   C. 货币计量为会计核算提供了必要手段
   D. 没有会计主体，就不会有持续经营，没有持续经营就不会有会计分期，没有货币

计量就不会有现代会计

4. 下列能够作为会计主体的有（　　）。
 A. 母公司　　　　　B. 子公司　　　　　C. 分公司　　　　　D. 事业部
5. 会计分期的意义有（　　）。
 A. 便于分期结算账目　　　　　　B. 便于编制财务会计报告
 C. 便于分期反映企业经营绩效　　D. 持续经营的前提

三、判断题（正确的在括号里打"√"，错误的打"×"）
1. 会计主体一定是法律主体，但法律主体不一定是会计主体。（　　）
2. 我国企业的会计核算，只能选择人民币作为记账本位币。（　　）
3. 公立学校等国家拨款的事业单位，会计核算应当收付实现制为主。（　　）
4. 企业可以根据实际需要，选择会计确认、计量和报告的基础，既可以选择权责发生制，也可以采用收付实现制。（　　）
5. 会计主体假设要求 A 企业只能核算 A 企业的经济业务，不能把 A 企业股东个人的收入、费用作为 A 企业的收入、费用核算。（　　）

任务3　会计信息质量要求

一、会计信息质量要求概述

会计信息的质量要求，也称会计核算一般原则，是有关会计核算的原则性规定和基本要求，用以在总体上指导、约束和规范会计核算行为，保证会计信息的质量。会计信息质量是会计的生命，每一个会计主体都必须按照会计信息的质量要求进行会计核算，确保会计信息的质量。

二、企业会计信息质量要求内容

企业会计信息质量的要求包括可靠性、相关性、可理解性、可比性、实质重于形式、重要性、谨慎性、及时性。

1. 可靠性。可靠性是指企业应当以实际发生的交易或者事项为依据进行会计确认、计量、记录和报告，如实反映符合确认和计量要求的各项会计要素及其他相关信息，保证会计信息真实可靠、内容完整。

可靠性是对会计工作的基本要求。会计工作提供信息的目的是满足会计信息使用者的决策和管理需要，因此，就应做到内容真实、数字准确、资料可靠。在会计核算工作中坚持可靠性原则，就应当在会计核算时如实客观地反映企业的财务状况、经营成果和现金流量，保证会计信息的真实性；应当正确运用会计原则和方法，准确反映企业的实际情况；

会计信息应当能够经受验证，以核实其是否真实。

如果企业的会计核算不是以实际发生的交易或事项为依据，没有如实地反映企业的财务状况、经营成果和现金流量，会计工作就失去了存在的意义，甚至会误导会计信息使用者，导致决策的失误。

2. 相关性。相关性是指企业提供的会计信息应当与财务报告使用者的经济决策需要相关，有助于财务报告使用者对企业过去、现在或者未来的情况作出评价、预测。

会计信息与信息使用者之间是否有相关性，取决于这些信息是否有预测价值和反馈价值。信息的价值在于其与决策相关，有助于决策。相关的会计信息能够有助于会计信息使用者评价过去的决策，证实或修正某些预测，从而具有反馈价值；有助于会计信息使用者作出预测、决策，从而具有预测价值。在会计核算工作中坚持相关性原则，就要求在收集、加工、处理和提供会计信息过程中，充分考虑会计信息使用者的信息需求。对于特定用途的会计信息，不一定都能通过财务会计报告来提供，而可以采用其他形式加以提供。

如果会计信息提供以后，没有满足会计信息使用者的需要，对会计信息使用者的决策没有什么作用，就不具有相关性。

3. 可理解性。可理解性是指企业提供的会计信息应当清晰明了，便于财务报告使用者理解和使用。

提供会计信息的目的在于使用，要使用会计信息必须了解会计信息的内涵，弄懂会计信息的内容，这就要求会计核算和财务报告必须清晰明了。在会计核算工作中坚持可理解性原则，就是要求会计记录准确、清晰，填制会计凭证、登记会计账簿必须做到依据合法、账户对应关系清楚、文字摘要完整；在编制会计报表时，项目勾稽关系清楚、项目完整、数字准确。

如果企业的会计核算和编制的财务报告不能做到清晰明了、便于理解和使用，就不符合可理解性原则的要求，不能满足会计信息使用者的决策需求。

4. 可比性。可比性是指企业提供的会计信息应当具有纵向和横向的比较基础。利用会计信息对经济活动进行对比分析是常用的分析方法，进行对比分析，指标的内涵、口径等方面必须具有可比性。会计信息的可比性包括以下两个方面的内容：

一是纵向可比，即同一企业不同时期可比。企业发生的交易或事项具有复杂性和多样化，对一些交易或事项的处理可能有多种会计核算方法可以选择。例如，存货的领用和发出，可以采用先进先出法、加权平均法或者个别计价法确定其实际成本；固定资产折旧方法可以采用年限平均法、工作量法、双倍余额递减法等。对相同的经济业务选择不同的会计核算方法进行核算会使核算结果发生差异。保证会计信息可比性的前提是企业在各个会计期间应尽可能采用相同的会计政策和方法，即同一企业不同时期发生的相同或者相似的交易或事项，应当采用一致的会计政策和方法，不能随意变更。确需变更的，应当在附注中说明。

二是横向可比，即不同企业相同会计事项可比。不同的企业可能处于不同行业、不同地区，经济业务发生于不同时点，为了保证会计信息能够满足决策的需要，便于比较不同企业的财务状况、经营成果和现金流量，不同企业发生的相同或者相似的交易和事项，应当采用规定的会计政策和方法，确保会计信息口径一致、相互可比。如果对于相同或相似的交易或者事项，不同的企业或者同一企业在不同的会计期间采用不同的会计政策和方法，将不利于财务报告使用者对会计信息的理解和利用。

5. 实质重于形式。实质重于形式是指会计主体应当按照交易或事项的经济实质进行会计核算，而不应当仅仅按照它们的法律形式作为会计核算的依据。

在实际工作中，一些交易和事项的经济实质与其法律形式或者外在表现形式有时存在不完全一致的现象。按照实质重于形式原则的要求，当交易或事项的经济实质与其法律形式或者外在表现形式不相一致时，会计人员应当作出恰当的专业判断，注重经济实质进行会计核算，以保证会计信息的有用性。

6. 重要性。重要性是指会计报告在全面反映企业的财务状况和经营情况的基础上，对重要的经济业务或事项应当单独反映，对不重要的经济业务或事项可以合并反映。这里的重要性，是指会计信息对信息使用者的管理和决策产生影响的重要程度。重要性原则有利于会计信息使用者有效地利用会计信息。为了满足在会计报告中对重要的经济业务或事项进行单独反映的要求，企业需要从会计科目和账簿设置等环节做好配套工作，对重要的经济业务或事项单独设置会计科目和账户，进行单独的核算。

7. 谨慎性。谨慎性也称稳健性，是指企业对确定利润应当持保守的态度，采取谨慎、稳健的会计政策，并合理地估计可能发生的费用或损失。按照谨慎性原则，当有多种会计处理方法可供选择时，应当选择能够较少地反映利润的会计处理方法，如对固定资产折旧采用加速折旧的方法等；对一些预期可能发生的损失或费用应当予以合理的估计和核算，如预计资产减值损失等。

采用谨慎性原则，可以使企业的利润更加实在和可靠。这样，一方面可以增强企业持续经营的经济实力和发展后劲；另一方面可以减少不实在的利润信息给信息使用者的决策可能带来的负面影响。

采用谨慎性原则，必须符合企业会计准则和统一会计制度的要求，不得弄虚作假，人为地虚列成本、费用和损失，或者隐匿收入。人为地虚列成本、费用和损失或者隐匿收入，是违法违规行为，将受到法律法规的制裁。

贯彻谨慎性、重要性和实质重于形式等原则，都要求会计人员具有较高的专业判断能力，对企业发生的交易和事项作出合理的判断，进行恰当的确认、计量和报告，以提高会计信息的质量。

8. 及时性。及时性是指企业对于已经发生的交易或者事项，应当及时进行会计确认、计量、记录和报告，不得提前或者延后。

会计信息的价值在于帮助所有者或在其他方面作出经济决策，具有很强的时效性。即使是客观、可比、相关的会计信息，如果不及时提供，对于会计信息使用者不但没有任何意义，甚至可能误导会计信息使用者。

在会计核算过程中坚持及时性原则，就是要及时收集会计信息（在经济业务发生时及时填制或取得原始凭证)、及时处理会计信息（及时审核原始凭证并据以填制记账凭证和登记账簿，及时编制出财务会计报告）和及时传递会计信息（在国家规定的时限内，向信息使用者及时报送财务会计报告）。

【职业能力训练】

一、单项选择题（下列答案中只有一项是正确的，请将正确答案前的英文字母填入括号内）

1. 要求企业提供的会计信息应当做到记录准确、清晰明了，这是（　　）。
   A. 重要性　　　　B. 可比性　　　　C. 谨慎性　　　　D. 可理解性

2. 企业在会计核算中采用的会计政策或会计估计方法，一经确定，不得随意变更，体现了（　　）。
   A. 重要性　　　　B. 可比性　　　　C. 实质重于形式　　D. 权责发生制

3. "坚持准则，不做假账"主要反映了会计信息质量要求中的（　　）。
   A. 可靠性　　　　B. 相关性　　　　C. 及时性　　　　D. 可理解性

4. 会计信息要有助于财务报告使用者对企业过去和现在的情况进行评价，对未来的情况作出预测，体现的信息质量要求是（　　）。
   A. 可靠性　　　　B. 相关性　　　　C. 及时性　　　　D. 重要性

5. 企业提供的会计信息应当反映与企业财务状况、经营成果和现金流量有关的所有重要交易和事项，体现的信息质量要求是（　　）。
   A. 重要性　　　　B. 相关性　　　　C. 及时性　　　　D. 可理解性

二、多项选择题（下列答案中至少两项是正确的，请将正确答案前的英文字母填入括号内）

1. 下列属于会计信息使用者的有（　　）。
   A. 投资人　　　　B. 债权人　　　　C. 企业管理者　　D. 社会公众

2. 企业提供的会计信息应当具备可比性，包括（　　）。
   A. 行业可比　　　B. 区域可比　　　C. 横向可比　　　D. 纵向可比

3. 谨慎性原则要求（　　）。
   A. 不高估资产与收益　　　　　　　B. 不低估负债和费用
   C. 可以根据需要增加费用　　　　　D. 可以根据需要少计收入

4. 以下各项，体现了谨慎性原则的有（　　）。
   A. 计提资产减值准备　　　　　　　B. 推迟确认收入
   C. 固定资产采用加速折旧法　　　　D. 提前确认收入

5. 及时性要求企业在进行会计核算时，应该（　　）。
   A. 及时确认　　　　　　　　　　　B. 及时计量
   C. 及时报告　　　　　　　　　　　D. 及时销毁会计资料

三、判断题（正确的在括号里打"√"，错误的打"×"）

1. 重要性的判断与企业的自身生产经营活动相关，在一定程度上取决于会计人员的职业判断。相同的经济业务事项，对某企业不重要，但对另一企业则可能很重要。（   ）
2. 会计信息质量要求的可靠性，是会计工作的基本要求，企业会计核算应当做到核算内容真实、完整、可靠。（   ）
3. 重要性原则是指不重要的信息可以省略，不予核算。（   ）
4. 在进行会计确认、计量和报告时，只应以交易或事项的法律形式为依据。（   ）
5. 提前进行会计确认、计量和报告，不违背及时性的要求。（   ）

任务4　会计核算工作的基本内容、程序和方法

一、会计核算工作的基本内容

会计核算是通过价值量对经济活动进行确认、计量、记录，并进行公正报告的工作。简单地说，会计核算就是从事记账、算账和报账的工作。进行会计核算，就是按照特定的会计处理程序和方法，对经济业务进行确认、计量、记录和报告，提供会计信息。会计确认、会计计量、会计记录和会计报告构成了会计核算工作的基本内容。

（一）会计确认

会计确认是指会计人员以会计法律法规和会计准则为依据，对会计主体应进行会计计量、记录和报告的内容进行明确和认定的工作。

会计主体的经济活动发生以后，会计人员首先要做的工作就是根据原始凭证的记载进行分析判断，确定经济活动是否为经济业务，能否进入会计核算系统进行会计处理，对应该进入会计核算系统进行会计处理的经济业务要确定它涉及哪些会计要素及要素项目，应当在哪些会计账户中进行记录，以及在什么时候进行记录等事项。这就是会计确认工作。

例如，对于"2024年9月10日以转账支票100 000元支付商品广告费"这一经济活动，会计人员接到相关原始凭证后，应很快地得出这样的确认结果：这是一项经济业务，引起资产要素中的"银行存款"项目减少了100 000元，应在"银行存款"账户中进行相应的记录；同时，引起费用要素中的"销售费用"项目增加了100 000元，应在"销售费用"账户中进行相应的记录。

进行会计确认需要综合运用一整套专业标准或专业方法，要求会计人员具备相应的专业素质、专业能力及职业判断能力。会计确认包括初始确认和后续确认两种情况。初始确认是指经济活动发生或完成以后，在进行会计记录之前所进行的确认。后续确认是指当已经记录和报告的要素项目在发生变动时所进行的确认。

（二）会计计量

会计计量是指会计人员运用货币计量单位和确定的计量属性，对各会计要素项目的金额进行衡量、计算和确定的工作。会计信息主要是金额信息，经过会计确认应当进入会计核算系统进行会计处理的经济业务，要选择恰当的计量属性确定相关会计要素项目的金额。这就是会计计量工作。例如，对上述经济业务，如果采用历史成本计量属性进行计量，那么，银行存款的减少金额为100 000元，销售费用的增加金额也是100 000元。

会计计量包括初始计量和后续计量两种情况。初始计量是指根据初始确认进行会计记录时所进行的计量；后续计量是指已经记录和报告的要素项目，按所采用的计量属性计算的价值量发生变动时，进行后续确认所进行的计量。会计计量的关键在于恰当选择适合各会计要素项目的计量属性。会计计量属性主要有以下五种：

1. 历史成本。历史成本也叫实际成本，指经济业务发生或完成时所发生的实际金额。

在历史成本计量下，资产按照购置时支付的现金或者现金等价物的金额，或者按照购置资产时所付出的对价的公允价值计量。负债按照因承担现时义务而实际收到的款项或者资产的金额，或者承担现时义务的合同金额，或者按照日常活动中为偿还负债预期需要支付的现金或者现金等价物的金额计量。

提示： 历史成本具有客观性、可验证性等特点，对会计预测和决策分析具有重要作用，在会计中得到广泛应用。同时，历史成本也是一个颇有争议的计量属性。近年来，证券市场的兴起，企业投资渠道的拓展，对历史成本更是形成了空前的压力。

2. 重置成本。重置成本也叫现行成本，指现存的某项资产或者负债，按照现时的价格重新形成所需要的金额。

在重置成本计量下，资产按照现在购买相同或者相似资产所需支付的现金或者现金等价物的金额计量。负债按照现在偿付该项债务所需支付的现金或者现金等价物的金额计量。

3. 可变现净值。可变现净值也叫预期脱手价值，指某项资产现在出售可获得的现金或者现金等价物的净额。

在可变现净值计量下，资产按照其正常对外销售所能收到现金或者现金等价物的金额，扣减该资产至完工时估计将要发生的成本、估计的销售费用以及相关税费后的金额计量。

4. 现值。现值也叫资本化价值，指某项资产或者负债按照未来现金流量折算的现时金额。

在现值计量下，资产按照预计从其持续使用和最终处置中所产生的未来净现金流入量的折现金额计量。负债按照预计期限内需要偿还的未来净现金流出量的折现金额计量。

5. 公允价值。公允价值指在公平交易中，熟悉情况的交易双方自愿进行资产交换或债务清偿的金额。

在公允价值计量下，资产和负债按照在公平交易中，熟悉情况的交易双方自愿进行资产交换或者债务清偿的金额计量。

企业在对会计要素进行计量时,一般应当采用历史成本;如果采用重置成本、可变现净值、现值、公允价值计量,应当保证所确定的会计要素金额能够取得并可靠计量。

知识与能力拓展:

每种计量属性都有利弊,没有一种是绝对理想化的。在进行会计计量属性选择时,主要取决于计量的目的,即看是否服务于会计的目标,能否满足会计信息使用者的要求。由于会计信息使用者对会计信息的需求各不相同,五种计量属性都有其存在的价值。

(三)会计记录

会计记录是指会计人员对已经确认和计量的会计要素项目的数量和金额,采用规定的程序和方法进行记录的工作。会计记录主要包括审核原始凭证、填制记账凭证和登记会计账簿等具体工作内容。

提示: 在实际工作中,会计记录工作是会计人员需要大量进行的日常工作,将在项目四和项目五中进行全面深入的学习。

(四)会计报告

会计报告是指会计人员按照会计准则的要求,以规范的形式将会计记录的内容转换为会计信息并向会计信息使用者进行报告的工作。会计报告的主要工作内容是根据会计账簿记录编制出能够反映企业财务状况和经营成果的报告文件,并提供给使用者。

提示: 会计报告将在项目七中进行全面深入的学习。

二、会计核算工作的基本方法

会计核算已经形成了一套科学、严谨的方法体系。会计核算基本方法是指对会计对象进行确认、计量、记录和报告所采用的各种基本方法的总和。会计核算基本方法是由一系列特有的专门方法构成的完整的方法体系,包括设置会计账户、复式记账、填制和审核会计凭证、登记会计账簿、成本计算、财产清查和编制会计报表等。

1. 设置会计账户。设置会计账户是对会计核算对象具体内容进行分类核算和监督的一种专门方法。会计账户是用来记录经济业务内容的专门工具,是加工处理和储存会计信息的"场所"。由于会计核算对象十分复杂,为了连续地、系统地进行反映和监督,企业必须根据会计科目开设若干账户,为分别登记各项经济业务,加工处理和储存会计信息提供"场所"。

2. 复式记账。复式记账是对每一项经济业务,都以相等的金额在两个或两个以上相互联系的账户进行全面登记的一种专门方法。设置会计账户只是为记录、加工和储存会计信息提供了场所,而要将实际发生的经济业务科学、准确地记录到会计账户中,使之能够形成有用的会计信息,还必须采用复式记账的方法。

3. 填制和审核会计凭证。会计核算要以会计凭证作为记账的依据。填制和审核会计凭证是为了审查经济业务是否合理合法,保证会计记录完整、真实和可靠而采用的一种专门方法。会计凭证是交易或事项的书面证明,是登记账簿的依据,每一项交易或事项都要填制或者取得会计凭证,并经会计机构和会计人员进行严格的审核,确认无误后,才能据以登记入账,以保证会计核算的质量,并明确经济责任。

4. 登记会计账簿。登记会计账簿简称记账,是指根据审核无误的会计凭证,在会计账簿中对经济业务进行连续、系统的记录的一种专门方法。会计账簿是由若干会计账户组合而成的簿籍,按照记账方法和程序登记账簿并定期进行对账、结账,可以形成完整、系统的会计核算资料,为编制会计报表提供依据。

5. 成本计算。成本计算是按一定的成本对象,对生产、经营过程中所发生的耗费进行归类,以确定各对象的总成本和单位成本的一种专门方法。通过成本计算,可以核算和监督企业经营过程中所发生的各种耗费,掌握成本构成情况,考核成本计划的完成情况,反映生产经营活动的成果,促使企业加强核算,节约支出,提高经济效益。

6. 财产清查。财产清查是对各项财产物资进行实地盘点、账实核对,以及对各项债权资产进行查询、核对,以查明各种财产物资和债权资产实有数的一种专门方法。通过定期或不定期的财产清查,可以查明各项财产物资及债权资产的实际情况,有利于加强财产物资管理,保护财产物资的安全完整,并为正确核算损益提供正确的资料。

7. 编制会计报表。编制会计报表是定期总括地反映企业某一特定日期的财务状况和某一会计期间的经营成果以及现金流量等会计信息的一种专门方法。会计报表主要是以账簿记录为依据,经过加工整理而形成的一套完整的指标体系的书面文件。会计信息主要是通过会计报表提供出来的。编制和及时报送会计报表可以为信息使用者集中提供主要会计信息,有利于改善本单位的经营管理,并为利益相关方面的投资等决策提供依据。

会计核算的七种基本方法之间具有密切联系,它们相互结合,构成了严谨的会计核算方法体系。会计核算基本方法之间的相互关系如图1-2所示。

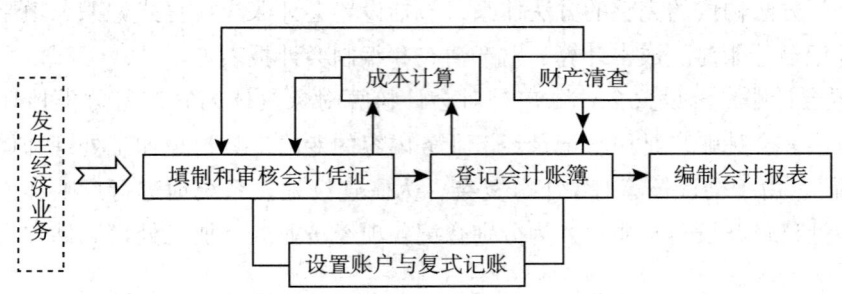

图1-2 会计核算基本方法相互关系

提示:设置账户与复式记账对会计凭证中的记账凭证和会计账簿具有基础性作用和影响;成本计算的数据有的来自会计凭证中的原始凭证,有的来自会计账簿,成本计算的结果要通过会计凭证记入账簿;财产清查的结果要与账簿记录进行核对,如果二者之间有差异,要将差异通过会计凭证记入账簿。

三、会计核算工作的基本程序

在会计工作中，会计核算工作的规范性最强，会计人员必须按照规范的程序、步骤和要求进行会计核算工作，以保证会计信息的真实性、可靠性和完整性。

在会计核算工作中，会计确认、会计计量、会计记录和会计报告四项具体工作既相对独立又相互联系，而且，从程序上看，还是四个相互连接的工作环节，它们环环相扣，构成了完整的会计核算工作过程。

会计的初始确认是整个会计核算工作的起始环节，后续确认则存在于会计记录和报告过程当中，没有会计确认，会计计量、记录和报告就会失去明确的对象和具体内容；会计确认不正确，就会影响会计计量、记录和报告的真实性。

会计计量是整个会计核算工作的第二个环节，为会计记录和报告提供量化数据，会计计量不正确和不恰当，就会影响会计记录和报告的真实性和有用性。

会计记录是整个会计核算工作的第三个环节，是对会计确认的范围和项目及会计计量的量化数据进行的记录，会计确认主要为会计记录解决了记什么要素项目的问题，会计计量主要为会计记录解决了记多少金额的问题。同时，会计记录又是将会计数据加工处理成会计信息的中心环节，为会计报告提供直接依据。

会计报告是整个会计核算工作的最终环节，也是会计确认、计量和记录的目的，即向相关方面提供或报告管理和决策所需要的会计信息。这些信息是根据会计记录的结果加工整理而成的。

会计确认、会计计量、会计记录和会计报告四个方面和环节既是一个紧密相连的整体，又各自具有相对独立的功能和特点。会计确认和会计计量具有内涵性和辨别性等特点，需要会计人员的专业判断，要求会计人员具有扎实的专业基本理论和基本知识基础；会计记录和会计报告则具有外显性和技术性等特点，主要表现为一系列会计核算方法和技术的运用，要求会计人员熟练地掌握会计核算方法和具有较强的会计核算专业技能。

会计确认、会计计量、会计记录和会计报告构成了会计核算工作的四个基本环节，其中，因为会计记录工作又包括审核原始凭证、填制记账凭证和登记会计账簿等具体工作环节，所以会计核算工作的基本程序可表述如下：

企业按规定和实际需要确定会计科目、设置会计账户和账簿，在经济业务发生后，由经办人员填制或取得原始凭证，交由会计人员审核无误后，会计人员根据专业判断进行会计确认，再按照选用的计量属性对确认的会计要素进行会计计量；然后运用复式记账方法，填制记账凭证，并在会计账簿的相关账户中进行登记，再根据账簿记录和有关资料进行成本计算，通过财产清查对账簿记录加以核实，在做到账实相符的基础上，定期编制会计报表提供会计信息。

【职业能力训练】

一、单项选择题（下列答案中只有一项是正确的，请将正确答案前的英文字母填入括号内）

1. 会计核算的起点是（　　）。
   A. 设置会计科目与账户　　　　　B. 编制会计报表
   C. 财产清查　　　　　　　　　　D. 复式记账

2. 采用对未来现金流量以恰当的折现率进行折现后的价值计量，属于考虑货币时间价值因素的一种计量属性是指（　　）。
   A. 重置成本　　B. 现值　　C. 公允价值　　D. 可变现净值

3. 下列各项中，不属于会计核算基本方法的是（　　）。
   A. 设置会计账户　　　　　　　　B. 进行资金预算
   C. 成本计算　　　　　　　　　　D. 财产清查

4. 会计核算的最终环节是（　　）。
   A. 成本分析　　　　　　　　　　B. 财产清查
   C. 编制会计报表　　　　　　　　D. 报表分析

5. 下列不是计量属性的是（　　）。
   A. 历史成本　　B. 现值　　C. 价值　　D. 可变现净值

二、多项选择题（下列答案中至少两项是正确的，请将正确答案前的英文字母填入括号内）

1. 下列各项中，属于会计核算基本方法的有（　　）。
   A. 登记账簿　　　　　　　　　　B. 财产清查
   C. 财务分析　　　　　　　　　　D. 填制和审核凭证

2. 会计计量包括（　　）。
   A. 初始计量　　B. 后续计量　　C. 中期计量　　D. 持续计量

3. 会计计量属性主要包括（　　）。
   A. 历史成本　　　　　　　　　　B. 重置成本
   C. 可变现净值　　　　　　　　　D. 现值和公允价值

4. 历史成本计量属性的主要特点在于（　　）。
   A. 具有可验证性　　　　　　　　B. 具有反馈价值，是决策的基础
   C. 具有预测价值　　　　　　　　D. 存在合法的原始凭证，具有客观性

5. 下列关于会计核算的表述中，正确的有（　　）。
   A. 会计确认主要是判断发生的经济活动属于会计核算的内容，归属于哪类性质的经济业务
   B. 会计计量解决的主要是计量金额的问题

C. 会计记录是将确认，计量的经济事项通过一定的方法记载下来的过程
D. 会计报告主要是将会计确认和计量的结果进行归纳和展示

三、判断题（正确的在括号里打"√"，错误的打"×"）

1. 会计确认是解决对企业发生的经济业务是否应当作为某一会计要素予以正式的记录并报告的问题。   （   ）
2. 会计计量的本质是表明会计确认的价值问题。   （   ）
3. 资产的可变现净值其实就是该资产的市场价值。   （   ）
4. 重置成本是指按照当前市场条件，重新取得同样一项资产所需支付的现金或现金等价物金额。   （   ）
5. 会计计量属性中的"历史成本"较其他几种计量属性更加优越。 （   ）

任务5 会计要素与会计等式

社会上的每一项工作都因客观存在的特定对象而产生、存在和发展，并因对象的不同而使一项工作与另一项工作相区别，会计工作也不例外。会计工作的对象是指会计工作所指向的客体。会计工作的对象可以划分为一般对象和具体对象。会计工作的一般对象是具体对象的现实基础，具体对象是一般对象在会计工作中的具体表现。

一、会计工作的一般对象

会计工作是会计主体的会计机构和会计人员以货币为主要计量单位对会计主体的经济活动所进行的一种管理活动，其目标是为经营决策和管理提供经济信息。在这里，"会计主体的经济活动"是会计工作的直接指向，"以货币为主要计量单位"是会计工作的特点。根据会计工作的指向和特点，会计工作的一般对象可以概括为会计主体以货币表现的经济活动。

提示：因为经济活动具体表现为现实货币和各种财产物资的运动，而现实货币和各种财产物资的货币表现称为资金，所以会计工作的一般对象也可以表述为会计主体的资金运动或价值运动。

不同类型的会计主体其经济活动的内容是不完全相同的，即使是同一类型的会计主体，其经济活动的具体内容也会存在差别。按照是否以营利为目的来划分，会计主体可以分为企业和非营利组织两大类。其中，按业务内容的不同，企业可以分为工业企业、农业企业、建筑施工企业、物流企业、商业企业、餐饮企业、房地产开发企业、金融企业及各种服务性企业等。下面，主要以工业企业的基本经济活动为基础来认识会计工作的一般对象。

企业的经济活动从企业的投资者投入资本创立企业开始，并伴随着企业的经营过程周

而复始地进行。工业企业的业务特点是对原材料进行加工,生产出物质产品并进行销售,以此实现盈利。工业企业的经营过程包括供应过程、生产过程和销售过程三个相互连接的基本阶段。供应过程是工业企业经营过程的起始阶段,其主要经济活动是企业用货币从供货单位购进生产产品所需的各种原材料,为生产做准备;生产过程处于工业企业经营过程的中间环节,其主要经济活动是生产工人在生产车间运用机器设备和其他生产工具,对原材料进行加工,生产出新的产品;销售过程是工业企业经营过程的最终环节,其主要经济活动是企业向购货单位销售产品收回货币。

工业企业的经济活动就这样沿着供应过程、生产过程和销售过程周而复始地进行。企业要开展生产经营活动,需要先期修建厂房和办公用房等生产经营场所、购置机器设备和其他生产工具。在生产经营过程中,企业要向生产工人和其他员工支付劳动报酬,发生原材料耗费及厂房、办公用房、机器设备等固定资产消耗,形成生产费用和经营管理费用,还要向国家缴纳各种税金。企业通过销售产品等经营活动所取得的各项收入扣除各项经营管理费用及费用性税金后的余额即为企业所获得的利润,企业利润需定期向投资者进行分配。此外,在经营过程中,如果经营需要,企业还可能与银行等金融机构之间发生借款、还款和支付利息等经济活动。工业企业的供、产、销活动以及围绕着供、产、销活动所发生的筹集资金、分配利润等各种经济活动,就构成了工业企业的基本经济活动,用货币计量单位加以表现,即工业企业会计工作的一般对象。工业企业的基本经济活动如图1-3所示。

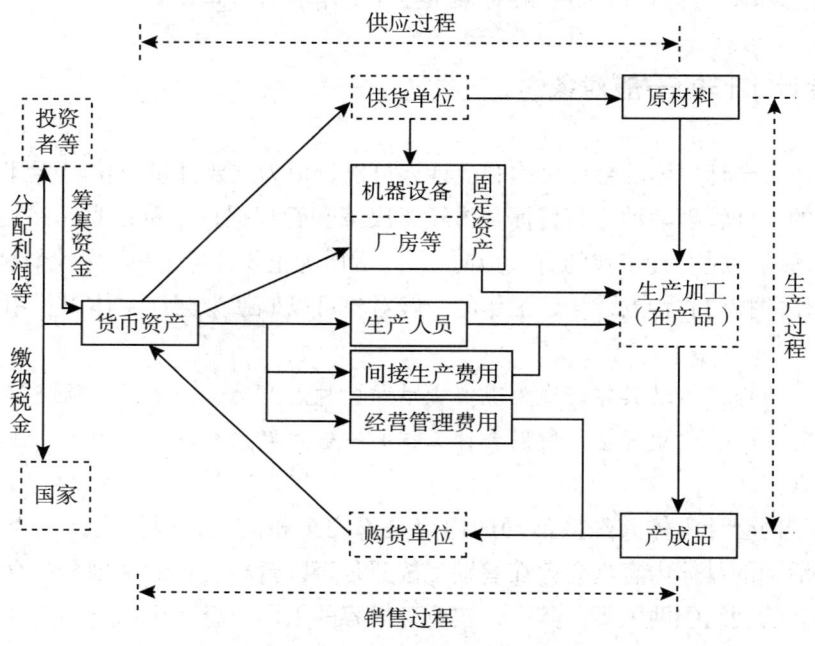

图1-3 工业企业的基本经济活动

提示：在企业类会计主体中,工业企业经济活动过程的内容和形式最为完整,最具典型性和代表性,其他类型企业的经济活动过程与工业企业相比较,要么基本相同,要么相对简单一些。

一般地，农业企业、建筑施工企业等都属于生产型企业，其经济活动过程虽各有特点，但与工业企业基本相同；而其他类型企业的经济活动则与工业企业有较大的不同，最为显著的差别就是大多没有物质产品的生产过程，它们所经营的业务基本上都可以概括为"服务"，如物流企业所经营的是运输服务，商业企业所经营的是商品买卖服务，房地产企业所经营的是房地产开发和销售服务，金融企业所经营的是货币存储和借贷服务，服务企业所经营的是劳务、咨询、技术、鉴证、代理、保险、信息服务等。这类企业通过提供服务取得收入，这些收入扣除服务过程中发生的各种费用，即为企业利润。

至于非营利组织，如国家机关、社会团体、科研教育等事业单位等，尽管它们所履行的具体职能存在着很大的差别，但在经济活动方面大多具有一个共同点，即以国家财政拨款作为主要经费来源，用以开支履行职能过程中所发生的各种费用支出。所以，对工业企业会计工作对象的认知基本上可以迁移到对各类会计主体会计工作对象的一般认知，对工业企业会计工作程序与方法的掌握基本上可以迁移到对各类会计主体会计工作程序与方法的一般掌握。

二、会计工作的具体对象：会计要素

会计工作的具体对象是对会计工作一般对象所作的归纳与分类，具体地说，就是会计主体的会计要素及其金额的增减变化与结果。会计要素是从质的方面对会计工作一般对象所做的归纳与基本分类，金额的增减变化与结果是从量的方面对会计工作一般对象所做的归纳与基本分类。

提示：也可以说，会计工作具体对象是用会计语言来更专业、更具体地描述会计工作的一般对象。会计主体所提供的直接的会计信息就是各项会计要素及其金额的增减变化与结果的信息。这些信息反映着会计主体经济活动的状况，信息使用者可以通过这些信息来判断和评价会计主体经济活动的状况并据以作出自己的决策。

按照我国《企业会计准则——基本准则》的规定，企业会计要素包括资产、负债、所有者权益、收入、费用和利润。

（一）资产

1. 资产的定义。资产是指企业过去的交易或者事项形成的、由企业拥有或者控制的、预期会给企业带来经济利益的资源。

企业的资产主要表现为各种不同实物形态的财产物资，如库存现金、银行存款、厂房、机器设备、办公场所、原材料、库存商品等，是企业从事生产经营活动的物质条件。

2. 资产的特征。根据资产的定义，资产具有以下三个特征：

（1）资产应为企业所拥有或者控制。"拥有"指资产归企业所有，企业对资产具有所有权；"控制"指资产虽然不归企业所有，但可以在一定条件下或者一定时间内由企业所控制、企业可以自主支配使用。这个特征强调资产的归属性，即资产必须归企业所有或者被企业所控制。例如，企业仓库中存放的材料物资，应当是企业购买的，或者是通过其他方式取得并且归企业所有或者企业可以控制支配的才是企业的资产，如果是他人暂时寄存在企业仓库的则不是企业的资产。

（2）资产预期会给企业带来经济利益。企业从事经济活动的目的是通过对资产的运用来获取新的更多的经济利益，所以，预期能否给企业带来经济利益是判断一项资源是不是资产的一个重要标准。这个特征强调资产的效用性，即资产必须能够在未来给企业带来经济利益。这个特征至少包括两层含义：一是预期不能给企业带来经济利益的资源不是资产；二是如果企业原来的某项资产已经不能再给企业带来经济利益，就不再是企业的资产，例如，企业已经报废不能再继续使用的机器设备等。

提示：经济利益一般指现金或者现金等价物。资产预期会给企业带来经济利益，是指资产应具有直接或者间接地导致现金或者现金等价物流入企业的潜力。例如，企业的库存现金和银行存款可以用来购买原材料和购置固定资产，原材料和固定资产可以用来生产产品，产品对外出售后可以收回货款，货款就是企业所获得的经济利益。所以，企业的库存现金、银行存款、原材料、固定资产，以及库存商品等都是企业的资产。

（3）资产是企业过去的交易或者事项形成的。资产必须是企业通过过去的交易或者事项已经形成的、当前客观存在的资源，过去的交易或者事项包括购买、生产、建造、筹资等行为以及其他交易或事项。企业的资产主要表现为现时存在的具有不同实物形态的财产物资，如存放在企业内部的库存现金、存放在银行的存款、已经购入的机器设备和原材料、使用中的厂房和办公用房、等待出售的库存商品等。这个特征表明资产的现实性，即只有过去的交易或者事项才能产生资产，企业预期在未来发生的交易或者事项不形成资产。例如，企业有购买某种原材料的计划，即使已经与供货单位签订了采购合同，但只要采购合同尚未执行，购买行为就还没有发生，就不能确认原材料资产。

3. 资产的确认条件。企业要将一项资源确认为资产，不但需要符合资产的定义，还应同时满足以下两个条件：

（1）与该资源相关的经济利益很可能流入企业。能够带来经济利益是资产的一个本质特征，但在现实生活中，由于经济环境瞬息万变，与资源有关的经济利益能否流入企业或者能够流入多少实际上带有不确定性。因此，资产的确认还应当与经济利益流入的不确定性程度的判断相结合。如果企业已经取得证据表明与某项资源相关的经济利益流入企业的可能性降低，那么该项资源就不能再作为资产或者不能再全部作为资产予以确认。例如，企业应收某客户的货款，如果该客户已经申请破产，应收该客户的货款就有可能不能收回或者不能全部收回，则该项应收账款就不能再作为资产或者只能部分作为资产予以确认。

知识与能力拓展：

企业不能收回的应收账款所形成的损失叫作坏账损失。当有证据表明企业的应收账款已经无法收回时就要确认为坏账损失。按照我国《企业会计准则》规定，企业坏账损失实行准备金制度，具体方法将在后续课程中进行学习。

(2) 该资源的成本或者价值能够可靠地计量。会计信息主要是金额信息，可计量性是所有会计要素确认的重要前提，资产的确认也是如此。只有当有关资源的成本或者价值能够可靠地计量时，资产才能予以确认。

4. 资产的内容。企业的资产按其流动性分为流动资产和非流动资产两大类。

(1) 流动资产。流动资产是指企业预计在一年以内或者长于一年的一个正常营业周期以内变现、出售或耗用的资产。主要包括货币资产、交易性金融资产、债权资产、存货资产等类别。

提示： 一个正常营业周期指企业从购买用于加工的原材料或者用于出售的商品开始，到收回现金或者现金等价物的时间，大多数企业的正常营业周期都短于一年，在一年内有多个营业周期。但也有一些企业，如飞机、大型船舶制造企业等，其营业周期往往长于一年。对于营业周期长于一年的企业，应按一个正常营业周期为标准来划分流动资产和非流动资产。

货币资产是指企业随时可以动用的现实货币，包括库存现金、银行存款和其他货币资金。库存现金是指存放在企业内部由出纳人员经管的现金。银行存款是指企业存放在银行等金融机构可随时动用的款项。其他货币资金是指企业存放在银行等金融机构但用途受到限制的款项，如信用证保证金存款等。

提示： 货币资产在会计准则和制度中一般都称为货币资金，在国外则称为现金。在我国，"现金"一词在过去很长时期通常仅指上述的库存现金，现在，也已经被越来越广泛地指称货币资产。

交易性金融资产是指企业以交易为目的购入并持有的金融资产，如股票、债券和基金等。企业一般在出现了暂时闲置的资金时购入这类资产，目的是随时卖出获取收益，使暂时闲置的资金产生更大的经济效益。

债权资产是指各种应收及暂付款项，主要包括应收票据、应收账款、预付款项、其他应收款等。

应收票据是指企业因销售商品、提供劳务等经营活动收到的商业汇票。

知识与能力拓展：

商业汇票是指由出票人签发的、经承兑人承兑、委托付款人在指定日期无条件支付确定的金额给收款人或持票人的票据。买卖双方采用商业汇票进行货款结算是一种货款结算方式。商业汇票必须经承兑人承兑才能生效。商业汇票的承兑是指在汇票上签名盖章对汇票所记载的事项进行确认。按承兑人不同，分为商业承兑汇票和银行承兑汇票。简单地说，商业承兑汇票就是由企业签发、企业自己承兑的商业汇票；银行承兑汇票就是由企业签发、由企业的开户银行承兑的商业汇票。

应收账款是指企业因销售商品、提供劳务等经营活动应收而尚未收到的款项。

提示： 应收账款和应收票据都是因为销售商品和提供劳务后应向对方收取而尚未收到

的款项，二者的不同点在于应收票据是收到了对方或者对方的开户银行承兑的商业汇票，具有确定的收回款项的时间和比较高的可靠性，而且商业汇票可以背书转让或到银行贴现；而应收账款则没有商业汇票作为凭据。

商业汇票的背书转让，简单地说，就是收款人在汇票背面签名盖章后将汇票转让给他人，如用来抵付购货款等。商业汇票贴现，简单地说，就是收款人在商业汇票到期之前将商业汇票交付开户银行，以贴付利息的方式取得现金。

预付款项是指企业因采购材料物资等活动按照合同规定预付的款项。

其他应收款是指企业除了明确的应收项目以外的其他各种应收及暂付款项，如员工出差预借差旅费款、采取短期租赁方式租入资产而暂付的押金等。

存货资产是指企业为生产或销售而存储的各种货物，主要包括在途物资、原材料、周转材料、在产品、库存商品等。

在途物资是指企业已经购买但尚在运输途中的材料物资。

原材料是指企业存储在仓库、用于生产产品并能构成产品实体的各种材料。

周转材料是指企业存储在仓库和正在生产经营过程中使用的、可多次周转使用的低值易耗品及包装物等。

在产品是指企业生产过程中尚未生产完工的产品。

库存商品是指企业存储在仓库等待出售的产成品和为了出售而购入的商品。

（2）非流动资产。非流动资产是指企业预计在一年以上或者长于一年的一个正常营业周期以上才能变现、出售或耗用的资产。主要包括长期股权投资、固定资产、投资性房地产、无形资产等。

长期股权投资是指企业持有时间准备超过一年的股权性质的投资，如企业准备长期持有而买入的另外一个企业发行的股票等。

固定资产是指企业为生产商品、提供劳务、出租或经营管理而持有的，使用寿命超过一个会计年度的有形资产，如房屋、自用建筑物、机器设备、运输工具等。

请注意：在实际工作中，企业一般都有一些单位价值比较低而其他特征与固定资产基本相同的有形资产，如家具用具、办公用品、小型工具、模板、架料等。这类资产由于数量多，单位价值低，根据成本效益原则，《企业会计准则》采用简化处理的办法，将其作为周转材料管理和核算。因此，企业需要根据自身的实际情况确定一个单位价值标准，用来划分固定资产和周转材料的界限。例如，如果一个企业将单位价值1 000元作为划分固定资产与周转材料的标准，则单价在1 000元以上的工具、用具、设备就是固定资产，单价在1 000元以下的工具、用具、小型设备就是周转材料。

投资性房地产是指企业持有的用于出租的房屋建筑物、出租的土地使用权以及持有待增值后出售的土地使用权。

请注意：自用的房屋建筑物是固定资产。

无形资产是指企业拥有或者控制的没有实物形态的可辨认非货币性资产。通常包括专利权、非专利技术、商标权、著作权、特许权及土地使用权等。

知识与能力拓展：

《企业会计准则》将企业的资产划分为货币性资产和非货币性资产两大类。货币性资产是指企业持有的货币资金和收取固定或可确定货币资金的权利，包括库存现金、银行存款、应收账款、应收票据和债权投资等；非货币性资产是指货币性资产以外的资产，包括存货、长期股权投资、固定资产和无形资产等。

（二）负债

1. 负债的定义。负债是指企业过去的交易或者事项形成的、预期会导致经济利益流出企业的现时义务。

从形成方式看，企业的负债主要包括两大类：一是借款融资形成的负债，如短期借款、长期借款和应付债券等；二是在经营过程中暂时没有支付款项所形成的负债，如应付职工薪酬、应付账款、应交税费等。无论哪种方式形成的负债，都是企业承担的债务，大多需要企业在以后某个时间用货币资产予以偿还。

2. 负债的特征。根据负债的定义，负债具有以下三个特征：

（1）负债是企业承担的现时义务。现时义务是指企业在现行条件下已经承担的义务，如企业购买的原材料已经如数验收入库而尚未支付的购货款等。负债必须是企业承担的现时义务，这是负债的一个基本特征。

这个特征表明负债的现实性，即负债是因为过去的交易或者事项已经发生的、当前实实在在承担着的债务。企业未来将要发生的交易或者事项形成的义务不属于现时义务，不应当确认为负债。例如，企业与银行签订了5天后取得一笔贷款的协议，由于借款时间未到，所贷的款项还没有到账，企业就不能仅依据贷款协议确认这项负债，而必须待协议规定日期收到款项后，根据存款进账通知单和贷款协议来确认这项负债。

（2）负债预期会导致经济利益流出企业。预期会导致经济利益流出企业也是负债的一个本质特征，只有在履行义务时会导致经济利益流出企业的，才符合负债的定义；如果不会导致企业经济利益流出，就不符合负债的定义。

这个特征表明负债的偿还性，负债必须要用经济利益来予以偿还。企业在履行现时义务清偿负债时，导致经济利益流出企业的形式主要包括以现金或实物资产偿还、以提供劳务来偿还、将负债转为资本等。

（3）负债是由企业过去的交易或者事项形成的。这个特征表明负债的现实性，负债应当由企业过去的交易或者事项所形成，也只有过去的交易或者事项才形成负债。企业在未来发生的承诺、签订的合同等交易或者事项，不形成负债。

3. 负债的确认条件。企业要将一项现时义务确认为负债，不但需要符合负债的定义，还应同时满足以下两个条件：

（1）与该义务有关的经济利益很可能流出企业。与资产的确认需要判断经济利益流入的不确定性程度一样，负债的确认需要判断经济利益流出的不确定性程度。如果有确凿的证据表明与现时义务有关的经济利益很可能流出企业，就应当将其作为负债予以确认；反之，如果企业承担了现时义务，但是导致经济利益流出企业的可能性若已不复存在，就不符合负债的确认条件，不应当将其作为负债予以确认。

（2）未来流出的经济利益的金额能够可靠地计量。与资产的确认要求资源的成本或者价值能够可靠地计量一样，负债的确认要求对未来履行义务时所需流出的经济利益的金额能够可靠地计量。

知识与能力拓展：

企业承担的现时义务既可以是法定业务，也可以是推定义务。法定业务是指具有约束力的合同或者法律法规规定的义务，如企业购买原材料形成的应付账款等。法定义务通常必须依法执行，履行法定义务所需流出的经济利益的金额通常可以根据合同或者法律规定予以确定。推定义务是根据企业多年的习惯做法、公开的承诺或者公开宣布的政策而导致企业将承担的义务，如对售出商品一定期限的售后保修服务等。企业履行推定义务所需流出的经济利益金额大多需要进行合理的估计。此外，计量经济利益流出金额，有时还需要考虑货币时间价值、未来风险等因素。

4. 负债的内容。企业的负债按其流动性（偿还期的长短）分为流动负债和非流动负债两大类。

（1）流动负债。流动负债是指企业需在一年内或者长于一年的一个正常营业周期内偿还的负债。主要包括短期借款、应付票据、应付账款、应付职工薪酬、应交税费、应付利润、合同负债、预收款项、其他应付款等。

提示：在时间划分上，"一年内"通常包括一年。

短期借款是指企业向银行或其他金融机构等单位借入的偿还期在一年以内的各种借款。

应付票据是指企业因购买货物、接受劳务等经营活动签发承兑的商业汇票。

应付账款是指企业因购买货物、接受劳务等经营活动应当支付而尚未支付的款项。

应付职工薪酬是指企业接受职工提供劳务或服务，按规定应当支付给职工而尚未支付的工资及其他薪酬。

提示：应付职工薪酬包括短期薪酬、离职后福利、辞退福利和其他长期职工福利等四项。

应交税费是指企业按照税法及国家相关规定应当向国家缴纳而尚未缴纳的各种税金及相关费用。

提示：应交税费包括应交增值税、消费税、城建税、教育费附加、地方教育附加以及所得税等。

应付利润是指应当支付给投资者但尚未支付的利润分配款项，股份公司作为应付股利核算。

合同负债，是指企业已收或应收客户对价而应向客户转让商品的义务。如企业在转让承诺的商品之前已收取的款项。

预收款项是指企业除合同负债之外的其他预先收取款项。

其他应付款是指企业除了明确的应付应交项目以外的其他各种应付款项。

(2) 非流动负债。非流动负债是指企业需在一年以上或者长于一年的一个正常营业周期以上偿还的负债。主要包括长期借款、应付债券、长期应付款等。

长期借款是指企业向银行或其他金融机构等单位借入的偿还期在一年以上的各种借款。

应付债券是指企业为筹集长期资金而发行的预定在未来确定的日期还本付息的债券。

长期应付款是指企业除长期借款和应付债券以外的各种长期应付款项。如分期付款购入固定资产实质上具有融资性质的租赁费等。

(三) 所有者权益

1. 所有者权益的定义。所有者权益是指企业资产扣除负债后由所有者享有的剩余权益。

企业是以所有者投入的资本为基础组建而成的，所有者投入的资本是构成企业所有者权益的基础和主体。

提示： 公司制企业的所有者权益又称为股东权益。

2. 所有者权益的特征。根据所有者权益的定义，所有者权益具有以下两个特征：

(1) 性质上，所有者权益是所有者对企业资产的剩余权益。企业的所有者投入资本的物质形态是资产，企业运用所有者投入的资产开展生产经营活动，在生产经营活动过程中，还有两个渠道可以导致资产的增加，即盈利和负债。企业的所有者对其投入企业和企业盈利所形成的资产享有索取权，即所有者权益；债权人对企业负债所形成的资产享有索取权，即债权人权益。由于债权人对企业不具有控制权，对企业的生产经营活动也不具有决策权和管理权，所以，为了保护债权人权益，维护正常的社会经济秩序，在对企业资产索取权的顺序上，人们确立了债权人权益优先的原则。按照这个原则，企业的总资产要首先扣除债权人权益部分，剩余的部分才归所有者享有。这样，既可以反映所有者投入资本的保值增值情况，又体现了保护债权人权益的理念。

知识与能力拓展：

所有者权益与负债共同构成企业外部对企业资产的权益，但二者对企业资产要求权的内涵是不相同的，主要表现在以下几个方面：①所有者权益无须偿还，而负债是要偿还的。所有者权益中，除未分配利润可以在以后向投资者进行分配外，其余部分在企业终止之前一般不归还给投资者。某个投资者若不愿继续保持投资，可按规定转让其持有的资本。②企业终止营业进行清算时，应先清偿负债后清算所有者权益。只有在清偿了全部负债之后，才能清退所有者权益。③所有者可分享企业净利润，债权人只享有约定的利息。

(2) 在金额上，所有者权益总额等于企业资产总额扣除负债总额。所有者权益具有特定的构成项目，每个项目都有相适应的计量属性和计量方法来计量其金额，但根据所有者权益的定义可知，所有者权益总额与企业资产总额扣除负债总额后的余额具有相等关系。例如，一个企业的总资产是 1 000 万元，负债总额是 300 万元，那么，这个企业的所有者权益总额必定是 700 万元。这种相等关系可用公式表示如下：

$$所有者权益 = 资产 - 负债$$

请注意：不能根据上述公式推出"负债 = 资产 - 所有者权益"的公式。想一想，为什么？

3. 所有者权益的确认条件。因为所有者权益体现的是所有者在企业资产中的剩余权益，所以，所有者权益的确认主要依赖于其他会计要素，尤其是资产和负债的确认，所有者权益金额的确定也主要取决于资产和负债的计量。例如，企业接收投资者投入的资产，在该资产符合企业资产确认条件时，相应地，所有者权益也就具备了确认条件；当该资产的价值能够可靠计量时，所有者权益的金额也就可以随之确定。

4. 所有者权益的内容。所有者权益主要包括实收资本、资本公积、其他权益工具、其他综合收益、盈余公积和未分配利润等。

实收资本是指企业实际收到所有者投入的构成企业注册资本的资本。实收资本是企业所有者权益的基础和主体内容，其物质形态表现为货币资产、实物资产和无形资产等。

提示：公司制企业实际收到股东投入的构成公司注册资本的资本又称为股本。

知识与能力拓展：

修正并于 2014 年 3 月 1 日起实施的《中华人民共和国公司法》（以下简称《公司法》）规定，公司注册资本登记制度由实缴登记制改为认缴登记制。这个制度改革降低了开办公司的门槛和成本，有利于激发社会经济活力。

知识与能力拓展：

资本溢价指企业的所有者实际投入资本的金额超过了其在注册资本中所占份额的部分。股本溢价则专指股份有限公司的资本溢价，股份有限公司发行股票时，股票的实际发行价格超过其面值就是典型的股本溢价。资本溢价就其实质而言也属于所有者投入的资本，但因其超过了注册资本，故作为资本公积。

其他权益工具是指被确认为权益工具的永续债和优先股等融资工具。

其他综合收益是指企业某些资产公允价值变动计入所有者权益的部分等。

盈余公积是指企业从净利润中提取留存的积累资金。

未分配利润是指企业尚未进行分配或未分配完的利润。

提示：盈余公积和未分配利润又可统称为留存收益。

（四）收入

1. 收入的定义。收入是指企业在日常活动中形成的、会导致所有者权益增加的、与所有者投入资本无关的经济利益的总流入。

企业运用所有者投入的资本开展生产经营活动，在日常的经营活动过程中，会经常获得经济利益的流入，如增加货币资产或应收款项等，当流入的经济利益导致所有者权益增加而又与所有者投入资本无关时，这种经济利益的流入就是收入。例如，当企业将所生产的一批商品以100 000元的价格销售给客户收到了100 000元的销售款存入银行时，企业就取得了100 000元的销售收入。

提示： 收入是企业增加货币资产和债权资产等特定资产的一个来源渠道，在引起企业资产增加这一点上，与取得负债和所有者投入资本的结果是相同的，因此，定义以这种结果为基础，用"会导致所有者权益增加"排除了负债（同时还排除了购买材料物资等）增加资产的内容，用"与所有者投入资本无关"排除了所有者投入资本增加资产的内容，同时还用"在日常活动中形成"排除了增加资产的其他一些不属于收入的情况。一般而言，企业主要通过销售商品或提供劳务来取得收入。

2. 收入的特征。根据收入的定义，收入具有以下三个特征：

（1）收入是企业在日常活动中形成的。是否在日常活动中形成是区分收入和利得的重要标志，利得是指由企业非日常活动所形成的、会导致所有者权益增加的、与所有者投入资本无关的经济利益的流入。日常活动是指企业为完成其经营目标所从事的经常性活动以及与之相关的活动。例如，工业企业生产和销售产品商业企业购买和销售商品、咨询公司提供咨询服务、商业银行吸收存款和对外贷款等都属于各自的日常活动。明确界定日常活动是为了将收入与利得区分开来，以便会计信息使用者能够据以正确地评价企业的经营状况并作出相应的决策。

提示： 利得包括直接计入所有者权益的利得和直接计入当期利润的利得。直接计入所有者权益的利得在会计上作为其他综合收益等处理。直接计入当期利润的利得作为营业外收入、资产处置收益、投资收益、公允价值变动收益等处理，将在利润要素中讲述。

（2）收入会导致所有者权益增加。收入会导致企业资产的增加或者负债的减少，例如，企业销售商品，会收到现金或者有权利在未来收到现金，或者抵减相应的债务。不论是资产的增加或者负债的减少，都不是因为增加负债带来的，或者说没有增加新的负债，根据所有者权益的定义可知，收入应当会导致所有者权益增加。不会导致所有者权益增加的经济利益流入不符合收入的定义，不应该确认为收入。例如，企业向银行借入一笔款项，虽然导致了经济利益的流入，但同时使企业形成了一项现时义务，不会导致所有者权益的增加。所以，企业向银行的借款应当确认为一项负债而不能确认为收入。

（3）收入是与所有者投入资本无关的经济利益的总流入。并不是只要能够导致企业所有者权益增加的经济利益的流入都是收入，如果会导致企业所有者权益增加的经济利益的流入是因为所有者投入资本引起的，就不是收入。所有者投入资本与收入是不同性质的两类交易或者事项，所有者投入资本应当确认为所有者权益而不能确认为收入。

3. 收入的确认条件。不同类型的企业收入的来源是不相同的，不同来源的收入的特征也有所不同，如销售商品、提供劳务、让渡资产使用权等。因而，收入的确认是一个比较复杂的问题。当企业与客户之间的合同同时满足下列条件时,企业应当在客户取得相关商品控制权时确认收入:(1) 合同各方已批准该合同并承诺将履行各自义务;(2) 该合同明确了合同各方与所转让商品或提供劳务(以下简称"转让商品")相关的权利和义务;(3) 该合同有明确的与所转让商品相关的支付条款;(4) 该合同具有商业实质,即履行该合同将改变企业未来现金流量的风险、时间分布或金额;(5) 企业因向客户转让商品而有权取得的对价很可能收回。

4. 收入的内容。收入包括主营业务收入和其他业务收入两类。

主营业务收入是指企业在主营业务活动中取得的收入,如工业企业和商业企业的商品销售收入、咨询公司的咨询服务收入、商业银行的利息收入等都是其各自的主营业务收入。主营业务收入是企业收入的主要构成部分。

其他业务收入是指企业在附带经营的业务活动中取得的收入,如工业企业出售原材料、出租固定资产、技术转让等业务所取得的收入等。

(五) 费用

1. 费用的定义。费用是指企业在日常活动中发生的、会导致所有者权益减少的、与向所有者分配利润无关的经济利益的总流出。

企业运用所有者投入的资本开展生产经营活动,在日常的经营活动过程中,会经常发生经济利益的流出,如因销售而付出商品、支付经营管理人员薪酬、支付广告费用及借款利息等,当流出的经济利益会导致所有者权益减少而又与向所有者分配利润无关时,这种经济利益的流出就是费用。例如,前面讲到,企业将所生产的一批商品以 100 000 元的价格销售给客户,企业取得了 100 000 元的销售收入,我们现在假定企业生产这批商品花费了 60 000 元的成本,这 60 000 元在销售之前是作为库存商品存在的,销售以后,将商品交付给购买单位,导致经济利益流出企业,商品就转换为一项费用,具体称为主营业务成本。一般地,费用是企业为取得收入而付出的经济代价,通常是由资产的流出而转化形成的。

2. 费用的特征。根据费用的定义,费用具有以下三个特征:

(1) 费用是企业在日常活动中发生的。与收入形成于企业日常活动相一致,费用是企业在日常活动中发生的,不是在日常活动中发生的经济利益流出不能确认为费用。明确界定日常活动是为了将费用与损失相区分,以便会计信息使用者能够据以正确地评价企业的经营状况并作出决策。损失是指由企业非日常活动所发生的、会导致所有者权益减少的、与向所有者分配利润无关的经济利益的流出,如处理固定资产发生的损失和事故发生的损失等。一般地,费用是企业开展经营管理活动所必需的正常的经济利益的流出,损失则大多是非正常的应尽可能避免的经济利益的流出。企业非日常活动所发生的经济利益的流出不能确认为费用,而应当计入损失。

提示: 损失包括直接计入所有者权益的损失和直接计入当期利润的损失。直接计入所有者权益的损失在会计上作为其他综合收益(减项)等处理。直接计入当期利润的损失作为营业外支出等处理,将在利润要素中讲述。

（2）费用会导致所有者权益的减少。费用会导致企业资产的减少或者负债的增加，例如，企业发生广告费、借款利息等，会支付现金或者在未来支付现金。不论是资产的减少还是负债的增加，都不是因为减少负债引起的，或者说没有减少已有的负债，根据所有者权益的定义可知，费用应当会导致所有者权益减少。不会导致所有者权益减少的经济利益流出不符合费用的定义，不应该确认为费用。例如，企业以现金购入原材料、固定资产等，虽然要支付现金发生经济利益的流出，但同时要取得相同金额的原材料或固定资产等形成经济利益流入，不会导致所有者权益的减少。因此，企业购入原材料、固定资产等所支付的款项，不能确认为费用，而应当确认为资产。

（3）费用是与向所有者分配利润无关的经济利益的总流出。向所有者分配利润会导致企业的经济利益的流出，但它是对利润的分配，而利润是根据收入和费用计算的结果，所以，向所有者分配利润是对所有者权益的直接抵减项目，不属于费用的性质和范围，不应确认为费用，而应当排除在费用之外。

3. 费用的确认条件。企业要将一项经济利益的流出确认为费用，不但需要符合费用的定义，而且还至少应当同时满足以下三个条件：（1）与费用相关的经济利益应当很可能流出企业。（2）经济利益流出企业的结果会导致资产的减少或者负债的增加。（3）经济利益的流出额能够可靠地计量。

4. 费用的内容。企业的费用主要包括营业成本、税金及附加、期间费用、资产减值损失、所得税费用等几类。

营业成本是指与取得收入直接相关的资产成本转化形成的费用，包括主营业务成本和其他业务成本。主营业务成本是指企业确认销售商品、提供劳务等主营业务收入对应结转的成本。例如，工业企业将成本为 60 000 元的库存商品以 100 000 元的价格销售，企业确认 100 000 元主营业务收入时，这 60 000 元就由资产转化成了费用，会计上就要将 60 000 元库存商品结转为主营业务成本。其他业务成本是指企业确认的除主营业务活动以外的其他经营活动所发生的成本，如销售材料的成本、出租固定资产的折旧额等。

税金及附加包括企业承担的消费税、城市维护建设税和教育费附加、地方教育附加，以及房产税、车船税、土地使用税和印花税等。

知识与能力拓展：

以营业收入为依据计算的税金，计算时税金包含在营业收入之内的叫作价内税，税金在营业收入之外的叫作价外税。目前，我国的增值税是一种价外税。在营业收入一定的情况下，价内税与利润具有消长关系，价外税对利润的确定则没有影响。

期间费用是指按照费用发生的会计期间来确认的费用，包括销售费用、管理费用和财务费用。销售费用是指企业在销售商品、材料和提供劳务的过程中所发生的各种费用，如保险费、包装费、展览费、广告费、运输费、装卸费等。管理费用是指企业为组织和管理企业生产经营所发生的各种费用，如公司经费、工会经费、董事会费、聘请中介机构费、咨询费、业务招待费和排污费等。财务费用是指企业为筹集生产经营所需资金等所发生的筹资费用，如支付的借款利息和支付给银行的结算手续费等。

提示：期间费用与营业成本、税金及附加等费用在确认和归属期间上的主要不同点在于，期间费用不论收入是否形成，其发生在哪个会计期间就在哪个会计期间确认为费用；营业成本和税金及附加等费用则要依收入等确认而定。

资产减值损失是指企业计提除金融资产外各项资产减值准备所形成的损失。

知识与能力拓展：

在市场经济条件下，企业经营面临着许多不确定因素和风险，其中包括企业的资产在未来经营中可能发生减值损失，如存货跌价、各种非流动资产减值等。按照稳健性原则，企业应当预计未来可能发生的损失。资产减值损失就是一种预计损失，这与实行资产减值准备金制度有关。所谓资产减值准备金制度，就是按照一定的方法预先估计未来可能发生的资产减值损失额，从收入中提取相应的资产减值准备金，以后实际发生资产减值损失时，用资产减值准备金予以弥补。所以，会计上的资产减值损失是企业计提各项资产减值准备所形成的损失。

所得税费用是指企业因获得盈利而向国家缴纳所得税所形成的费用。

（六）利润

1. 利润的定义。利润是指企业在一定会计期间的经营成果。

利润对应着企业一部分新增加的资产，这部分新增加的资产是归所有者所有的。换句话说，利润虽然是一个独立于所有者权益的会计要素，但其实质是所有者权益。企业获得利润归根到底是企业资产和所有者权益的净增加。企业利润通过分配，一部分直接分配给所有者；另一部分留存于企业作为企业持续经营和扩大再生产的资本。利润对于企业和企业的所有者都具有非常重要的意义。

2. 利润的来源构成与内容。利润包括收入减去费用后的净额、直接计入当期利润的利得和损失等。收入减去费用后的净额是企业利润的主要来源，是企业日常活动的经营成果。直接计入当期利润的利得和损失是企业非日常活动的成果。根据利润的来源构成，利润可按以下公式进行计算：

利润 = 收入 − 费用 + 直接计入当期利润的利得 − 直接计入当期利润的损失

在会计核算中，根据经济内容和管理上的需要，将直接计入当期利润的利得和损失划分成了具体的项目，主要包括公允价值变动损益、投资收益、资产处置收益、营业外收入和营业外支出等。公允价值变动损益是指企业某些资产和负债采用公允价值计量时因公允价值变动形成的应计入当期利润的利得和损失。投资收益是指企业对外投资取得的收益或发生的损失。资产处置损益是指主要用来核算固定资产、无形资产等因出售、转让等原因，产生的处置利得或损失。营业外收入是指企业获得捐赠及与企业日常活动无关的政府补助等应计入当期利润的利得。营业外支出是指企业盘亏资产、公益性捐赠、非常损失等应计入当期利润的损失。

3. 利润的确认条件。利润是由收入减去费用后的净额、直接计入当期利润的利得和损失等构成的,所以,利润的确认主要依赖于收入和费用以及直接计入当期利润的利得和损失的确认,其金额的确定也主要取决于收入和费用、直接计入当期利润的利得和损失金额的计量。

三、会计等式

各个会计要素之间不但具有密切而复杂的相互依存关系,如负债与所有者权益、资产及其相互之间的对应依存关系,负债与收入、费用及其相互之间的对应依存关系,所有者权益与收入、费用、利润及其相互之间的对应依存关系,以及收入与费用、利润及其相互之间的对应依存关系等,而且会计要素的金额之间还存在着平衡关系或者相等关系,会计等式就是用来表达这种平衡关系或者相等关系的。所谓会计等式,就是会计要素之间金额平衡关系的数学表达式,是会计要素之间的内在联系在数量上的反映。会计等式包括会计恒等式和扩展的会计等式。

提示:会计等式也叫会计平衡公式、会计方程式等。

(一)会计恒等式

会计恒等式是反映资产、负债和所有者权益三个会计要素之间平衡关系的会计等式,表示如下:

$$资产 = 负债 + 所有者权益$$

因为负债是债权人对企业资产的权益,所以,会计恒等式又可以表示为:

$$资产 = 权益$$

会计恒等式反映了企业资产与其权益之间的金额平衡关系,通过前面所有者权益要素的学习,我们知道,企业资产的权益主体最多也就两个,通常也是两个,即债权人和所有者。而且,企业的资产必定是有权益主体的,有权益主体也必定形成了资产。所以,企业资产的总额与企业资产权益主体的权益金额之和也就必定是相等的。这种恒等的平衡关系从企业成立之时就自然存在,而且在企业生产经营过程中的任何时点、任何情况下都是存在的。

请注意:会计等式中负债与所有者权益二者的位置不能互换。

在会计工作中,特别是在会计核算工作中,会计恒等式具有非常重要的地位和作用。作为一种必然的、客观的现实存在,它一方面是建立会计核算体系的基础,是复式记账和资产负债表的理论依据;另一方面又可以用来进行会计记录的试算平衡,检验会计核算结果的正确性。

(二)扩展的会计等式

扩展的会计等式是反映全部会计要素之间平衡关系的会计等式,表示如下:

$$资产 = 负债 + 所有者权益 + (收入 - 费用)$$

提示： 为了表述方便、简洁，这里假定企业没有发生直接计入当期利润的利得和损失。如果发生了，加入扩展的会计等式中，等式依然成立。

动脑动手： "资产 = 负债 + 所有者权益"是成立的，为什么"资产 = 负债 + 所有者权益 + (收入 - 费用)"或者"资产 + 费用 = 负债 + 所有者权益 + 收入"也是成立的？

（三）经济业务对会计等式的影响

经济业务也叫会计事项，是指能够引起会计要素的金额发生增减变化的交易或事项。经济业务包含了会计工作的具体对象，是会计工作一般对象的单项内容，是会计对象的具体表现形式。企业在生产经营过程中不断地发生着经济活动，例如，购买原材料、生产车间领用原材料、销售商品、支付职工薪酬、取得借款、支付利息，等等。企业在生产经营过程中发生的经济活动大多能够以货币计量单位进行计量和反映，并引起会计要素的金额发生增减变化。因此，企业实际发生的经济活动是经济业务的基础和主要构成内容。

请注意： 有些经济活动不构成经济业务，如签订经济合同或者协议等；有些经济业务不是实际发生的经济活动，如会计上结转成本、计提应交税费、计提资产减值准备金等。

1. 经济业务的内容。企业所发生的每一项经济业务都有其特定的经济内容，都会引起会计要素相关具体项目的金额发生增减变化。例如：

（1）某企业收到某投资者投入的现金 500 000 元，投资款存入银行。这是一项所有者投入资本的经济业务，引起了资产中的"银行存款"项目和所有者权益中的"实收资本"项目同时发生增加 500 000 元的变化。

（2）某企业购进原材料 50 000 元，货款暂欠。这是一项采购原材料的经济业务，引起了资产中的"原材料"项目和负债中的"应付账款"项目同时发生增加 50 000 元的变化。

（3）某企业以银行存款偿还原欠某供货单位货款 50 000 元。这是一项偿还欠款的经济业务，引起了资产中的"银行存款"项目和负债中的"应付账款"项目同时发生减少 50 000 元的变化。

（4）某企业以银行存款归还银行一年期借款 100 000 元。这是一项偿还借款的经济业务，引起了资产中的"银行存款"项目和负债中的"短期借款"项目同时发生减少 100 000 元的变化。

（5）某企业以银行存款 250 000 元购买轿车一辆，轿车已经投入使用。这是一项购置固定资产的经济业务，引起了资产中的"固定资产"项目增加 250 000 元和"银行存款"项目减少 250 000 元的变化。

（6）某企业从银行存款中提取现金 5 000 元备用。这是一项提取现金的经济业务，引起了资产中的"库存现金"项目增加 5 000 元和"银行存款"项目减少 5 000 元的变化。

（7）某企业将盈余公积金 150 000 元转增资本。这是一项将盈余公积金转增资本的经济业务，引起了所有者权益中的"实收资本"项目增加 150 000 元和"盈余公积"项目减少 150 000 元的变化。

（8）某企业签发并承兑为期 6 个月的商业汇票一张，金额 200 000 元，抵付原欠某供货单位货款。这是一项以债抵债的经济业务，引起了负债中的"应付票据"项目增加 200 000 元和"应付账款"项目减少 200 000 元的变化。

提示： 这种以债抵债的业务通常是应债权方的要求而做，对债权方而言，既是对债权的一次追索，又能在需要资金时凭应收票据到银行贴现融通资金。

企业在生产经营过程中会发生大量的、多种多样的经济业务，不论发生怎样的经济业务，每一项经济业务都会引起一个或多个会计要素中至少两个具体项目的金额发生增减变化。

提示： 会计核算工作的基本任务就是要采用专门的会计方法和程序，对经济业务进行记录和加工整理，使之形成决策和管理所需的会计信息。

动脑动手： 你能列举出更多的经济业务吗？

2. 经济业务对会计等式的影响。企业的经济业务多种多样，但从与会计等式联系起来看，无外乎四种基本类型：

（1）引起会计等式左右两边会计要素的金额等额增加的经济业务。如上述业务中第（1）、第（2）两项经济业务。

提示： 从会计要素之间的关系看，这种类型的经济业务有资产与负债、资产与所有者权益、资产与收入、费用与负债同时增加四种基本情况。

（2）引起会计等式左右两边会计要素的金额等额减少的经济业务。如上述业务中的第（3）、第（4）两项经济业务。

提示： 从会计要素之间的关系看，这种类型的经济业务有资产与负债、资产与所有者权益、资产与收入同时减少三种基本情况，但在实际工作中，后两种情况的经济业务很少发生。

（3）引起会计等式左边会计要素的金额等额有增有减的经济业务。如上述业务中的第（5）、第（6）两项经济业务。

提示： 从会计要素之间的关系看，这种类型的经济业务有资产内有关项目之间有增有减，以及资产减少、费用增加两种基本情况。

（4）引起会计等式右边会计要素的金额等额有增有减的经济业务。如上述业务中的第（7）、第（8）两项经济业务。

提示： 从会计要素之间的关系看，这种类型的经济业务有负债内有关项目之间有增有减、所有者权益内有关项目之间有增有减、所有者权益增加负债减少、收入增加负债减少四种基本情况，但在实际工作中这类经济业务发生都不多。

总而言之，每一项经济业务的发生都必定会引起会计要素的金额发生增减变化，当这种增减变化涉及会计等式两边的会计要素时，会计等式两边的总金额要么同时增加一个相同的金额，要么同时减少一个相同的金额，等式是成立的。当这种增减变化仅涉及会计等式左边或者右边的会计要素时，只会引起左边或者右边会计要素以相同的金额发生有增有减的变化，会计等式两边的总金额不变，等式依然成立。

可见，不论企业发生何种类型的经济业务，也不论发生多么复杂的经济业务，都不会破坏会计要素之间的平衡关系，而只会使会计要素之间的平衡关系从原来的平衡达到新的平衡。

【职业能力训练】

一、单项选择题（下列答案中只有一项是正确的，请将正确答案前的英文字母填入括号内）

1. 下列各项中，属于流动负债的是（　　）。
   A. 预收账款　　　B. 应收账款　　　C. 应收票据　　　D. 应付债券

2. 下列不属于所有者权益的是（　　）。
   A. 实收资本　　　　　　　　　　B. 资本公积
   C. 盈余公积　　　　　　　　　　D. 主营业务收入

3. 关于所有者权益与负债的区别，下列说法中不正确的是（　　）。
   A. 负债的求偿力高于所有者权益
   B. 所有者的投资收益取决于企业的经营成果
   C. 债权人的求偿权有固定到期日
   D. 所有者承受的风险低于债权人

4. 下列不属于企业资产的是（　　）。
   A. 实收资本　　　　　　　　　　B. 租入的固定资产
   C. 机器设备　　　　　　　　　　D. 专利权

5. 下列项目对企业利润总额没有影响的是（　　）。
   A. 投资收益　　　　　　　　　　B. 营业外支出
   C. 资产减值损失　　　　　　　　D. 所得税费用

6. 下列属于反映企业财务状况的会计要素是（　　）。
   A. 收入　　　　　　　　　　　　B. 所有者权益
   C. 费用　　　　　　　　　　　　D. 利润

7. 下列属于企业流动资产的是（　　）。
   A. 长期股权投资　　　　　　　　B. 固定资产
   C. 应收账款　　　　　　　　　　D. 无形资产

8. 下列关于会计要素负债，表述正确的是（　　）。
   A. 负债是指企业由过去的交易或者事项形成的、预期会导致经济利益流出企业的现时义务
   B. 未来发生的交易或事项形成的义务也应当确认为负债
   C. 流动负债主要包括短期借款、交易性金融资产、应付债券等
   D. 企业将在未来发生的承诺、签订的合同等交易或者事项，形成负债

9. 下列项目中，应确认为企业资产的是（　　）。

A. 长期闲置且不再使用和转让的没有经济价值的机器设备

B. 短期租赁租入的机器设备

C. 已购入的机器设备

D. 计划在年底购入的机器设备

10. 甲公司 2024 年 6 月资产增加 300 万元，负债减少 200 万元，其他因素忽略不计，则该企业所有者权益将（　　）。

A. 增加 200 万元　　　　　　　　B. 减少 200 万元

C. 增加 500 万元　　　　　　　　D. 减少 500 万元

11. 下列属于会计恒等式的是（　　）。

A. 收入 – 费用 = 利润

B. 资产 = 负债 + 所有者权益

C. 资产 = 负债 + 所有者权益 + 利润

D. 资产 = 负债 + 所有者权益 +（收入 – 费用）

12. 下列经济业务中，能同时引起资产和负债增加的是（　　）。

A. 投入设备　　　　　　　　　　B. 收到客户前欠货款存入银行

C. 用银行存款归还欠供应商货款　D. 赊购原材料

13. 下列经济业务中，会使企业月末资产总额发生变化的是（　　）。

A. 从银行提取现金　　　　　　　B. 购买原材料，货款未付

C. 购买原材料，货款已付　　　　D. 现金存入银行

14. 甲公司资产总额为 60 000 元，负债总额为 30 000 元，以银行存款 20 000 元偿还短期借款，并以银行存款 15 000 元购买设备，则上述业务入账后，甲公司的资产总额为（　　）元。

A. 30 000　　　B. 40 000　　　C. 25 000　　　D. 15 000

15. 佳华公司资产总额为 200 万元，发生下列三笔经济业务后：（1）用银行存款归还应付账款 10 万元；（2）向银行借入 2 年期借款 20 万元，并存入企业银行存款账户；（3）收回应收账款 4 万元存入银行。则该企业权益总数为（　　）万元。

A. 214　　　B. 210　　　C. 234　　　D. 224

二、多项选择题（下列答案中至少两项是正确的，请将正确答案前的英文字母填入括号内）

1. 下列会计要素，体现资金运动显著变动状态，反映企业经营成果的会计要素有（　　）。

A. 所有者权益　　　　　　　　　B. 收入

C. 利润　　　　　　　　　　　　D. 费用

2. 费用的特征有（　　）。

A. 是日常活动中形成的

B. 是非日常活动中形成的

C. 会导致所有者权益的减少

D. 会导致与向所有者分配利润无关的经济利益的流出

3. 所有者权益主要包括（　　）。

　　A. 实收资本　　　　　　　　　B. 资本公积

　　C. 盈余公积　　　　　　　　　D. 未分配利润

4. 企业将一项资源确认为资产，既要符合资产的定义，还需同时满足以下条件（　　）。

　　A. 与该资源相关的经济利益很可能流入企业

　　B. 企业拥有或控制的资源

　　C. 该资源的成本或者价值能够可靠地计量

　　D. 与该资源相关的经济利益可能流入企业

5. 下列属于期间费用的有（　　）。

　　A. 直接材料　　　B. 制造费用　　　C. 财务费用　　　D. 管理费用

6. 经济业务对会计等式的影响，以下表述正确的有（　　）。

　　A. 所有者权益项目此增彼减，增减金额相等

　　B. 资产项目此增彼减，增减金额相等

　　C. 资产项目增加，负债和所有者权益项目减少

　　D. 负债和所有者权益项目之间此增彼减，增减金额相等

7. 下列各项经济业务中，会使企业资产总额和权益总额同时发生增加变化的有（　　）。

　　A. 向银行借入半年期的借款，已转入本企业银行存款账户

　　B. 赊购设备一台，设备已经交付使用

　　C. 收到某投资者投资，款项已存入银行

　　D. 用资本公积转增实收资本

8. 下列经济业务中，导致资产增加的有（　　）。

　　A. 从银行提取现金　　　　　　B. 向银行借入短期借款

　　C. 以资本公积转增实收资本　　D. 收到商品预收款

9. 下列各项经济业务中，能引起会计等式左右两边会计要素变动的有（　　）。

　　A. 收到某单位前欠货款 20 000 元存入银行

　　B. 以银行存款偿还银行借款

　　C. 收到某单位投入机器设备一台，价值 80 万元

　　D. 以银行存款 8 000 元购买材料

10. 下列各项经济业务中，能引起资产和负债同时增加的有（　　）。

　　A. 企业赊购材料一批

　　B. 用银行存款偿还所欠货款

　　C. 从银行借入一笔款项并存入银行账户

　　D. 收到投资人投入的资金存入银行账户

三、判断题（正确的在括号里打"√"，错误的打"×"）

1. 所有者权益与负债都是企业资产的来源，统称为权益。　　　　　　　（　　）
2. 企业用盈余公积转增资本不影响所有者权益总额的变化，但会使企业净资产减少。
　　　　　　　　　　　　　　　　　　　　　　　　　　　　　　　（　　）
3. 当采购员预借差旅费时，资产总额没有发生变化。　　　　　　　　　（　　）
4. "收入－费用＝利润"等式，是编制资产负债表依据。　　　　　　　（　　）
5. 经济业务的发生，可能引起资产与权益总额发生变化，但不会破坏会计基本等式的平衡关系。　　　　　　　　　　　　　　　　　　　　　　　　　（　　）
6. 主营业务收入和营业外收入均属于收入。　　　　　　　　　　　　　（　　）
7. 库存中已失效或已毁损的商品，由于企业对其拥有所有权并且能够实际控制，因此应该作为本企业的资产。　　　　　　　　　　　　　　　　　　　（　　）
8. 企业计划年底购入的机器设备应在提交计划时确认为企业资产。　　　（　　）
9. 预付账款和应付债券属于企业的流动负债。　　　　　　　　　　　　（　　）
10. 企业会计要素分为资产、负债、所有者权益、损益、成本、利润六类。（　　）

项目二 会计账户的设置与复式记账法的应用

📚 项目导航

会计主体在经济活动中会发生大量的经济业务，在会计工作中，这些分散的、原始的经济业务是通过会计账户来进行分类记录和加工处理的，最终形成决策和管理所需要的会计信息。会计账户在会计信息形成过程中居于中心地位，具有十分重要的作用，好比工业企业生产产品的"生产车间"和储存产成品的"仓库"，设置会计账户就好比建造"生产车间"和"仓库"。而为了使经济业务在会计账户中得到科学的记载和反映，还需要采用复式记账的方法，将经济业务中的金额等数量信息"输送"（记入）到相应账户的适当方位。运用复式记账法就好比工业企业运用适当的运输工具，按照确定的路线将原材料运送到生产车间里的适当位置或将产成品运送到仓库里的适当位置。设置会计账户和复式记账都是会计核算的基本方法。

前已述及，会计核算基本的常规工作任务和程序是审核原始凭证、填制记账凭证、登记会计账簿、编制财务会计报告。本项目的学习内容与常规会计工作的关系是：会计账户是构成会计账簿的个体单元，若干会计账户按照一定的规则组合起来就构成了会计账簿，设置会计账户是登记会计账簿的前提条件。填制记账凭证的主要工作是编制会计分录，指明经济业务应记入的会计账户、在账户中应记的方位及金额，这就需要运用复式记账法。

复式记账法既决定着会计账户的基本结构，又要在填制记账凭证时予以运用。所以，本项目的学习既是为就业后执行会计核算的常规工作任务培养专业能力，也是为后续项目的学习打基础。

本项目主要是引导学生认识会计账户和复式记账法，掌握设置和应用会计账户、运用借贷记账法对经济业务进行简易会计记录等两项任务的工作步骤与方法，为后续项目的学习和执行会计核算的常规工作任务打好基础。

学习时，要注意理解会计账户与会计科目之间的关系，思考会计账户、会计科目、会计要素、会计工作对象之间，以及会计账户与会计账簿之间的联系；掌握借贷记账法与会计账户基本结构之间的关系，以及借贷记账法在会计核算常规工作中的基础性作用。

任务1 会计账户的设置

【任务描述】

会计主体根据经济业务的内容和管理与决策的要求，对会计要素进行总括分类，设置总分类科目；在进行总分类的基础上，对包含经济内容比较多、经营管理上又需要掌握更加详细具体情况的总分类科目进行再分类，设置明细分类科目；然后，根据总分类科目和明细分类科目设置总分类账户和明细分类账户，建立纵横结合的账户体系，为全面系统地记录所发生的经济业务的总括情况和详细具体情况做准备。概括地说，会计账户的设置包括两个环节的工作，首先，对会计要素进行分类设置会计科目；其次，根据会计科目设置会计账户。

【综合知识】

一、什么是会计账户

会计账户是依据会计科目设置的、具有特定结构和格式，用来分类地、连续系统地记录会计要素金额的增减变化情况及其结果的一种专门工具。

会计账户的设置依据是会计科目，一个会计科目设置一个会计账户。例如，要连续地记录和反映库存原材料的增减变化及其结存情况，就需要设置"原材料"账户。会计账户的主要作用是用来分类地、连续系统地记录会计要素金额的增减变化和结果，加工处理和储存会计信息。会计报告的经济信息主要是由会计账户加工形成的会计信息。

提示： 会计账户简称账户。设置会计账户是会计核算的一种专门方法，在经济管理工作中，通过设置会计账户来分类地、连续系统地记录经济业务的发生情况和结果，为管理和决策提供经济信息，是会计管理区别于其他经济管理的一个显著特点。

二、会计账户的名称——会计科目

1. 什么是会计科目。每一个会计账户都有一个名称，用以确定会计账户所记录的经济业务内容的范围。会计账户的名称是会计科目，一个具体会计账户的名称是一个具体的会计科目。例如前面说到，要连续地记录和反映库存原材料的增减变化及其结存情况，就需要设置"原材料"账户，在这里，"原材料"就是一个会计科目，是"原材料"账户的名称，它确定"原材料"账户所记录内容的范围。

会计科目是对会计要素进行分类所形成的项目。

提示： 会计科目简称科目。设置会计科目是为了据以设置会计账户，以便分类核算会计要素，提供会计信息。

会计要素及其金额的增减变化和结果是会计工作的具体对象，每一个会计要素都包含着许多内容，为了在会计账户中分类反映这些内容，为经济管理和决策提供有用的会计信息，就需要对会计要素进行分类。根据会计要素各项内容的标志和特点及管理和决策的要求，对会计要素进行分类，可以分成若干具体项目，每一个项目赋予一个简洁的名字并在会计准则中固定下来，作为设置会计账户的依据，用以确定会计账户所登记内容的范围，这就是会计科目。对会计要素进行分类并确定会计科目的过程，叫作设置会计科目。例如，企业的资产要素包括很多具体内容，其中的货币资产是企业随时可以用于支付的现实货币，一部分以现钞的形式存放在企业内部由出纳人员经管，另一部分存放在银行由其代管，为了在会计账户中分别反映这两类货币资产的增减变化及其结果，对前者设置了"库存现金"科目，对后者设置了"银行存款"科目，分别作为设置"库存现金"账户和"银行存款"账户的依据。

工业企业需设置的基本会计科目如表2-1所示。

表2-1　　　　　　　　　　　　会计科目

资产类			
编号	会计科目名称	编号	会计科目名称
1001	库存现金	1471	存货跌价准备
1002	银行存款	1501	债权投资
1012	其他货币资金	1502	债权投资减值准备
1101	交易性金融资产	1503	其他债权投资
1121	应收票据	1504	其他权益工具投资
1122	应收账款	1511	长期股权投资
1123	预付账款	1512	长期股权投资减值准备
1124	合同资产	1521	投资性房地产
1125	合同资产减值准备	1531	长期应收款
1131	应收股利	1532	未实现融资收益
1132	应收利息	1601	固定资产
1221	其他应收款	1602	累计折旧
1231	坏账准备	1603	固定资产减值准备
1321	代理业务资产	1604	在建工程
1401	材料采购	1605	工程物资
1402	在途物资	1606	固定资产清理
1403	原材料	1701	无形资产
1404	材料成本差异	1702	累计摊销
1405	库存商品	1703	无形资产减值准备
1406	发出商品	1711	商誉
1408	委托加工物资	1801	长期待摊费用
1411	周转材料	1811	递延所得资产
1462	使用权资产	1901	待处理财产损益

续表

负债类			
编号	会计科目名称	编号	会计科目名称
2001	短期借款	2241	其他应付款
2101	交易性金融负债	2314	代理业务负债
2201	应付票据	2401	递延收益
2202	应付账款	2501	长期借款
2203	预收账款	2502	应付债券
2204	合同负债	2701	长期应付款
2205	租赁负债	2702	未确认融资费用
2211	应付职工薪酬	2711	专项应付款
2221	应交税费	2801	预计负债
2231	应付股利	2901	递延所得税负债
2232	应付利息		

共同类			
编号	会计科目名称	编号	会计科目名称
3101	衍生工具	3202	被套期项目
3201	套期工具		

所有者权益类			
编号	会计科目名称	编号	会计科目名称
4001	实收资本	4103	本年利润
4002	资本公积	4104	利润分配
4003	其他综合收益	4201	库存股
4101	盈余公积	4401	其他权益工具

成本类			
编号	会计科目名称	编号	会计科目名称
5001	生产成本	5301	研发支出
5101	制造费用	5404	合同履约成本
5201	劳务成本	5406	合同取得成本

续表

损益类			
编号	会计科目名称	编号	会计科目名称
6001	主营业务收入	6403	税金及附加
6051	其他业务收入	6601	销售费用
6101	公允价值变动损益	6602	管理费用
6111	投资收益	6603	财务费用
6115	资产处置损益	6701	资产减值损失
6117	其他收益	6702	信用减值损失
6301	营业外收入	6711	营业外支出
6401	主营业务成本	6801	所得税费用
6402	其他业务成本	6901	以前年度损益调整

提示：表2-1的会计科目是会计准则和制度所规定的部分科目。

2. 会计科目的类别。会计科目按照不同的分类标准可以划分为不同的类别。现行企业会计准则主要是以会计要素为基础并结合其功能和作用来进行会计科目分类的。按照会计科目所属的会计要素及其功能作用，工业企业的会计科目分为资产类科目、负债类科目、所有者权益类科目、成本类科目和损益类科目等五类（见表2-1）。

请注意：损益类科目由构成利润或亏损的收入要素所属科目、费用要素所属科目、直接计入当期利润的利得和损失的核算科目合并而成；成本类科目是工业企业为核算处于生产过程中的产品的生产成本而设置的会计科目，其实质属于资产要素，但鉴于工业企业产品生产成本核算和管理的特殊性与重要性，将其单独作为一类；因为现行企业会计准则的利润要素是以所得税后的净利润来定义的，净利润归投资者所有，所以，核算利润及其分配情况的"本年利润"和"利润分配"科目归入所有者权益类科目中。

3. 会计科目的级次。会计科目按照对会计要素分类的详略程度不同，分为总分类科目和明细分类科目，由此形成了会计科目的级次。总分类科目，也叫总账科目或一级科目，是对会计要素进行总括分类所形成的会计科目。表2-1中列示的会计科目都是总分类科目。明细分类科目，简称明细科目，是对总分类科目进行再分类所形成的会计科目。总分类科目用以反映总括情况，对所属的明细分类科目起统驭和控制作用；明细分类科目用以反映详细情况，对其所从属的总分类科目起补充和详细说明作用。

所有单位都必须根据经济业务内容设置必要的总分类科目，至于一个具体的总分类科目下是否设置和怎样设置明细科目，则应根据管理和决策上对会计信息详细程度的需要而定。有些总分类科目不用设置明细科目，如"库存现金"等；有些总分类科目下只需设置一个级次的明细科目，如"应收账款""应付账款"等用于核算往来款项的总分类科目，可只按对方单位名称或者个人姓名设置一个级次的明细科目；有些总分类科目下需设置多个级次的明细科目，如"原材料"总分类科目下，除了需要按照原材料的品名、规格设置最基本的明细科目外，往往还需要在总分类科目与品名、规格明细科目之间按"原料及主要材料""辅助材料""燃料"等材料类别设置明细分类科目，在这种情况下，明细科目就有二级、三级乃至更多级次之分。二级明细科目是对总分类（一级）科目进行的再分类，三级明细科目是对二级明细科目进行的再分类，依次类推。一般而言，核算财产物资的总分类科目下需要设置多个级次的明细科目。

4. 我国企业会计科目的设置方式。我国企业会计核算所使用的会计科目是采取统一性与灵活性相结合的方式进行设置的。其中，总分类科目和一些重要的明细分类科目由财政部在《企业会计准则》中进行统一的指导性规定，由企业根据本单位的实际情况选用设置，企业在不违反会计准则关于确认、计量和报告规定的前提下，可以对统一规定的会计科目进行增设、分拆和合并；对于会计科目编号及没有作统一规定的明细分类科目，企业可以根据实际情况自行确定和设置。

三、会计账户的类别和级次

会计账户是依据会计科目设置的，会计科目是会计账户的名称，会计账户是会计科目在会计核算中的进一步运用，所以会计账户的类别和级次是由会计科目的类别和级次所决定的。与会计科目的类别相一致，会计账户的类别分为资产类账户、负债类账户、所有者权益类账户、成本类账户和损益类账户等五类，分别依据资产类科目、负债类科目、所有者权益类科目、成本类科目和损益类科目设置。与会计科目的级次相一致，会计账户的级次分为总分类账户和明细分类账户，分别依据总分类科目和明细分类科目设置，各级次科目之间的相互关系和作用决定着各级次账户之间的相互关系和作用。

四、会计账户的结构

会计账户是用来记录会计要素及其金额的增减变化和结果的，包括经济业务的发生时间、内容、涉及的会计要素项目、金额和实物数量等。相应地，会计账户也就被划分为若干不同的部分，用以分别记录这些内容。账户的结构就是指构成会计账户的各个组成部分。总分类账户的结构代表了账户的一般结构，在借贷记账法下，总分类账户的结构如表2-2所示。

账户结构中，"账户名称"为一个具体的会计科目，在表2-2中，如果我们将会计科目确定为"库存现金"，则该账户即为"库存现金"账户，用来连续地登记库存现金的增减变化和结果；会计账户是根据记账凭证进行登记的，"年月日"和"记账凭证号数"用来登记记账凭证的填制时间和编号；"摘要"用来登记经济业务的简要内容；"借方"和"贷方"分别用来登记该会计科目的增加金额和减少金额，"余额"用来登记该会计科目的结余金额,"借或贷"用来明确余额的借贷方向。"借方"和"贷方"哪方登记增加金额、哪方登记减少金额,余额怎样计算及余额的借贷方向如何确定,是由账户的类别所决定的,将在后面的借贷记账法中进行学习。

表 2-2　　　　　　　　　　　　总分类账

账户名称(会计科目)

年		记账凭证号数	摘要	借方											贷方											借或贷	余额										
月	日			十亿	亿	千	百	十	万	千	百	十	元	角	分	十亿	亿	千	百	十	万	千	百	十	元	角	分		十亿	亿	千	百	十	万	千	百	十	元	角	分

会计账户主要是记录、加工、储存和提供金额信息的,因此,人们把账户名称和登记金额的部位称为账户的基本结构。在借贷记账法下,账户的基本结构是指账户名称、借方、贷方和余额四个部分。

提示:在教学等非实际会计工作领域,为了方便,通常将账户的基本结构简化为"丁"字账户,或称"T"形账户。在借贷记账法下,账户基本结构中左方为"借方"、右方为"贷方"是固定不变的,故"借方"和"贷方"在"T"字账户中可不作标注。"T"字账户的一般式样如下:

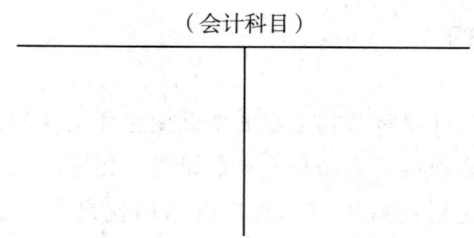

动脑动手:会计要素、会计科目、会计账户之间是什么关系?在实际工作中,会计科目与会计账户的称谓往往混用,你对此有什么看法?理由是什么?

【任务设计】

【例 2-1】 某企业 2024 年 10 月 8 日发生了下列经济业务:

(1)从开户行工行××支行开设的账户中提取现金 2 000 元备用。

(2) 收到红光公司偿还的前欠货款 50 000 元存入银行。
(3) 以银行存款从金川公司购进甲材料 40 000 元，材料尚未到达。
(4) 从川兴公司购进甲材料 60 000 元，材料已经验收入库，货款暂欠。
(5) 向民生公司销售商品 100 000 元，货款暂未收到。

要求：根据上述经济业务设置总分类账户和明细分类账户。

工作过程如下：

业务 1。

步骤 1：分析判断经济业务所涉及的会计要素及其项目，确定应当设置的会计科目。该笔经济业务引起了企业存放在银行的货币资产减少，由本企业出纳人员经管的货币资产增加，涉及资产要素的银行存款和库存现金两个项目，应设置"银行存款"和"库存现金"两个总分类科目。

步骤 2：根据会计科目设置会计账户。应根据会计科目设置"银行存款"和"库存现金"总分类账户，以及"银行存款——工行××支行"明细分类账户进行分类核算。

业务 2。

步骤 1：分析判断经济业务所涉及的会计要素及其项目，确定应当设置的会计科目。该笔经济业务引起了企业存放在银行的货币资产增加，应收红光公司的货款减少，涉及资产要素的银行存款和应收账款两个项目，应设置"银行存款""应收账款"两个总分类科目和"应收账款——红光公司"明细分类科目。

步骤 2：根据会计科目设置会计账户。

应根据会计科目设置"银行存款"和"应收账款"两个总分类账户，并在"应收账款"总分类账户下设置"红光公司"明细分类账户。

业务 3。

步骤 1：分析判断经济业务所涉及的会计要素及其项目，确定应当设置的会计科目。该笔经济业务引起了企业存放在银行的货币资产减少，尚在运输途中的材料物资增加，涉及资产要素的银行存款和在途物资两个项目，应设置"银行存款""在途物资"两个总分类科目和"在途物资——甲材料"明细分类科目。

步骤 2：根据会计科目设置会计账户。

应根据会计科目设置"银行存款"和"在途物资"两个总分类账户，并在"在途物资"总分类账户下设置"甲材料"明细分类账户。

业务 4。

步骤 1：分析判断经济业务所涉及的会计要素及其项目，确定应当设置的会计科目。该笔经济业务引起了企业库存甲材料增加和未付川兴公司的货款增加，涉及资产要素的原材料项目和负债要素的应付账款项目，应设置"原材料"和"应付账款"两个总分类科目，并设置"原材料——甲材料"和"应付账款——川兴公司"两个明细分类科目。

步骤 2：根据会计科目设置会计账户。

应根据会计科目设置"原材料"和"应付账款"两个总分类账户，并在"原材料"总分类账户下设置"甲材料"明细分类账户,在"应付账款"总分类账户下设置"川兴公司"明细分类账户。

业务5。

步骤1:分析判断经济业务所涉及的会计要素及其项目,确定应当设置的会计科目。该笔经济业务引起了企业应收民生公司的货款增加和商品销售收入增加,涉及资产要素的应收账款项目和收入要素的主营业务收入项目,应设置"应收账款""主营业务收入"两个总分类科目和"应收账款——民生公司"明细分类科目。

步骤2:根据会计科目设置会计账户。

应根据会计科目设置"应收账款"和"主营业务收入"两个总分类账户,并在"应收账款"总分类账户下设置"民生公司"明细分类账户。

概括起来,为了记录上述5笔经济业务,该企业设置的会计账户如下:

总分类账户7个:库存现金、银行存款、应收账款、在途物资、原材料、应付账款和主营业务收入。

明细分类账户5个,其中:

"应收账款"总分类账户下2个:红光公司和民生公司;

"在途物资"总分类账户下1个:甲材料;

"原材料"总分类账户下1个:甲材料;

"应付账款"总分类账户下1个:川兴公司。

提示:根据经济业务设置会计账户的工作过程主要是通过大脑的思维活动进行和完成的,只有结果是显性的。在实际工作中,设置会计账户的工作主要运用于新建单位建账及已建账单位增设会计账户,而大量的是迁移性地运用于所有单位日常会计核算工作中填制记账凭证环节编制会计分录时确定会计要素的增、减金额应记入账户的名称。

动脑动手:判别下列会计账户的性质:银行存款、应收票据、预收账款、实收资本、预付账款、主营业务成本、财务费用、短期借款、主营业务收入、制造费用。

【职业能力训练】

一、单项选择题(下列答案中只有一项是正确的,请将正确答案前的英文字母填入括号内)

1. 下列属于非流动负债的科目是(   )。

   A. 应付债券   B. 短期借款   C. 应交税费   D. 资本公积

2. 下列属于所有者权益类的科目是(   )。

   A. 库存商品   B. 短期借款   C. 主营业务收入   D. 利润分配

3. 总账账户称为一级账户,总账以下的账户称为(   )。

   A. 二级账户   B. 三级账户   C. 明细账户   D. 资产类账户

4. 下列属于损益类会计科目的是(   )。

A. 其他业务收入 B. 生产成本
C. 应收账款 D. 应付股利

5. 下列属于成本类科目的是（　　）。
A. 管理费用　　B. 销售费用　　C. 财务费用　　D. 制造费用

6. 下列属于成本类科目的是（　　）。
A. 主营业务成本 B. 其他业务成本
C. 生产成本 D. 实收资本

7. 下列不属于所有者权益类科目的是（　　）。
A. 实收资本　　B. 资本公积　　C. 本年利润　　D. 长期借款

8. 企业支付的银行结算手续费应计入（　　）。
A. 短期借款　　B. 财务费用　　C. 管理费用　　D. 投资收益

9. 企业处置对外投资形成的损益应计入（　　）。
A. 资产减值损失 B. 销售费用
C. 管理费用 D. 投资收益

10. 企业因计提减值准备而形成的费用应计入（　　）。
A. 营业外支出 B. 销售费用
C. 资产减值损失 D. 投资收益

11. 下列不属于账户四个金额要素的是（　　）。
A. 期初余额 B. 本期增加发生额
C. 本期减少发生额 D. 本期发生额

12. 资产类账户的余额一般在（　　）。
A. 借方　　　　B. 贷方　　　　C. 借方和贷方　D. 借方或贷方

13. 设置账户的依据是（　　）。
A. 会计对象　　B. 会计要素　　C. 会计科目　　D. 财务报表

14. 收入类账户期末结账后（　　）。
A. 没有余额 B. 有借方余额
C. 有贷方余额 D. 借贷方均可能有余额

15. 下列项目中，与负债类账户结构相同的是（　　）。
A. 所有者权益　B. 费用　　　　C. 资产　　　　D. 成本

二、多项选择题（下列答案中至少两项是正确的，请将正确答案前的英文字母填入括号内）

1. 下列属于损益类科目的有（　　）。
A. 制造费用　　B. 营业外收入　C. 生产成本　　D. 营业外支出

2. 下列属于期间费用的有（　　）。
A. 管理费用　　B. 销售费用　　C. 财务费用　　D. 制造费用

3. 会计科目设置应遵循的原则有（　　）。

A. 合法性原则 B. 相关性原则
C. 实用性原则 D. 历史成本原则

4. 下列属于总账科目的有（　　）。

A. 应交税费　　B. 应交增值税　　C. 资本公积　　D. 资本溢价

5. 下列属于所有者权益中反映留存收益的科目有（　　）。

A. 实收资本　　B. 资本公积　　C. 盈余公积　　D. 利润分配

6. 账户从结构上看，两个方向是（　　）。

A. 左方　　B. 右方　　C. 上方　　D. 下方

7. 账户的完整结构一般应包括下列内容（　　）。

A. 账户名称 B. 日期与摘要
C. 凭证种类和号数 D. 增加、减少的金额和余额

8. 根据账户与财务报表的关系，账户可以分为（　　）。

A. 资产负债表有关账户 B. 利润表有关账户
C. 总账账户 D. 明细账账户

9. 按反映的经济内容可以将账户分为（　　）。

A. 资产类　　B. 负债类　　C. 所有者权益类　　D. 损益类

10. 根据提供信息的详细程度及其统驭关系，账户分为（　　）。

A. 总分类账户 B. 明细分类账户
C. 成本类账户 D. 损益类账户

三、判断题（正确的在括号里打"√"，错误的打"×"）

1. 企业发生的经济业务是通过会计科目来进行分类记录和加工处理，最终形成决策和管理所需要的会计信息的。（　　）
2. 会计科目决定着会计账户的类别、级次及其所记录内容的范围。（　　）
3. 企业必须严格按照会计准则中统一规定的会计科目来设置本单位的明细科目。（　　）
4. 账户的借方登记增加金额，贷方登记减少金额。（　　）
5. 一个单位所设置的会计科目要覆盖本单位的全部经济业务内容，既不能重叠也不能遗漏。（　　）

任务2　复式记账法的应用

【任务描述】

　　会计主体按照会计准则的规定选择借贷记账法作为记账方法；借贷记账法将账户中记录会计要素项目增加金额和减少金额的部位确定为"借方"和"贷方"，并根据账户的类

别规定"借方"和"贷方"所登记的内容和余额的计算方法；经济业务发生后，运用借贷记账法编制会计分录，根据会计分录登记会计账户，期末进行结账和试算平衡。

【综合知识】

一、复式记账法

复式记账法是指对发生的每一项经济业务，都以相等的金额，在相互联系的两个或两个以上的账户中进行记录的记账方法。

提示：记账方法是将会计要素项目增加金额和减少金额计入账户的方法。

按照现代会计理论与实务，一笔经济业务发生，必然引起两个或两个以上的会计要素项目的金额同时发生相互关联的增减变化，为了完整地反映经济活动情况，就需要采用复式记账的方法，对会计要素项目金额的增减变化，在相互联系的两个或两个以上的会计账户中同时进行记录。例如，"以库存现金支付管理费用2 000元"的经济业务，使企业的库存现金减少2 000元、管理费用增加2 000元，对这项经济业务进行会计记录时，一方面要在"库存现金"账户中记录减少2 000元；另一方面，要在"管理费用"账户中记录增加2 000元。采用复式记账法记账，能够如实地反映经济活动全貌和来龙去脉，能够在账户体系中体现会计要素金额之间的平衡关系，对保证会计记录的真实性和正确性具有重要作用。

知识与能力拓展：单式记账法

复式记账法是针对历史上的单式记账法而言的。所谓单式记账法，是指对发生的经济业务只在一个账户中进行记录的记账方法。例如，对"以库存现金支付管理费用2 000元"的经济业务，采用单式记账法记账，就只在"库存现金"账户中记录减少2 000元，对管理费用则不设置账户也不进行记录。单式记账法是古代会计所采用的记账方法，由于其存在严重缺陷，不能适应现代经济管理的需要，已经被复式记账法所取代。事实上，复式记账法是在单式记账法的基础上逐步发展完善起来的。

复式记账法按照记账符号的不同，有借贷记账法、增减记账法和收付记账法等具体的记账方法。借贷记账法是当今世界各国普遍采用的一种复式记账方法。增减记账法和收付记账法是我国在20世纪90年代以前曾经采用过的复式记账方法，从20世纪90年代起，我国已经统一采用借贷记账法。

知识与能力拓展：增减记账法

知识与能力拓展：收付记账法

二、借贷记账法

（一）什么是借贷记账法

借贷记账法是以"借"和"贷"作为记账符号的一种复式记账方法。

请注意："借""贷"是纯粹的记账符号，不具有借贷的字面含义。借贷记账法起源于3世纪的意大利，"借""贷"二字最初与借贷资本家的借贷业务直接相关，"借"表示借出，即债权的增加；"贷"表示贷入，即债务的增加。后来，随着经济的发展和借贷记账法的广泛应用与完善，"借""贷"二字逐渐失去了原来的含义，演变成了纯粹的记账符号。

（二）借贷记账法下账户的基本结构

记账方法决定着账户的基本结构。在借贷记账法下，账户中登记增减发生额的部位分为左、右两方，左方为"借方"，右方为"贷方"，已成为国际惯例。

"借方"和"贷方"，哪方登记增加金额，哪方登记减少金额，是由账户的类别所决定的。借贷记账法下：资产类账户、成本类账户和损益类中的费用性账户，借方登记增加金额，贷方登记减少金额，若有余额一般为借方余额；负债类账户、所有者权益类账户和损益类中的收入性账户，借方登记减少金额，贷方登记增加金额，若有余额一般为贷方余额。上述借贷记账法下的账户基本结构可用"T"字账户表示如下：

资产（成本、费用）类账户		负债（所有者权益、收入）类账户	
期初余额			期初余额
增加金额	减少金额	减少金额	增加金额
期末余额			期末余额

在借贷记账法下，账户借方登记的本期增加金额或减少金额的合计数称为"本期借方发生额"；账户贷方登记的本期增加金额或减少金额的合计数称为"本期贷方发生额"。

资产、成本和费用类账户的期末余额按下列方法计算：

期末(借方)余额 = 期初(借方)余额 + 本期借方发生额 − 本期贷方发生额

负债、所有者权益和收入类账户的期末余额按下列方法计算：

期末(贷方)余额 = 期初(贷方)余额 + 本期贷方发生额 − 本期借方发生额

提示：上述账户余额计算方法的基础公式是"期初结余数额 + 本期增加数额 − 本期减少数额 = 期末结余数"。采用借贷记账法记账，这个基础公式就转化成为上述两个计算账户余额的公式。

请注意：因为在期末时，全部损益类账户的本期发生额都要结转至本年利润账户，结转后无余额，所以，对收入和费用账户，运用上列公式计算的是结转前的余额。

三、借贷记账法的记账规则

采用借贷记账法在账户中记录会计要素项目金额的增减变化，对发生的每一笔经济业务，都必然是在一个或几个账户中记借方，在另一个或几个账户中记贷方，而且记入借方和记入贷方的金额相等。人们把这个规律性现象概括为"有借必有贷、借贷必相等"，并作为借贷记账法的记账规则。这种关系如图 2 – 1 所示。

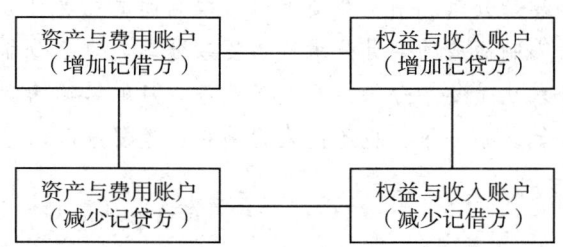

图 2 – 1　借贷记账法记账规则关系

提示：因为对每一笔经济业务都是按照记账规则的要求记入账户的，所以，期末可以运用记账规则来检验全部账户所记录金额的正确性。

四、账户对应关系

使用借贷记账法记账，所有交易与事项在进行会计记录时，必然同时记入两个或两个以上相关会计账户中，这样，会计账户之间就形成了一定的相互关联、相互依存的对应关系，也称作应借、应贷关系。存在对应关系的账户称为对应账户。通过会计账户间的这种对应关系，可以了解每笔经济交易或事项的内容，掌握经济交易或事项的来龙去脉，检查交易或事项的处理是否合理、合法。

例如，购买材料记入"原材料"账户的借方，同时因为支付了银行存款，所以记入"银行存款"账户的贷方，这样，在"原材料"账户和"银行存款"账户之间就形成了应借、应贷的关系,即账户的对应关系。

提示:账户对应关系对于审查会计记录的真实性和正确性具有重要作用。

五、会计分录

会计分录是经济业务发生后,在登记账户之前,指明经济业务应记入的账户、方向和金额的一种分类记录。会计分录的主要作用是确定发生的经济业务应在哪些账户进行登记、应在借方登记还是在贷方登记、应登记多少金额等事项,主要目的是方便记账和保证记账的正确性。

在实际工作中,会计分录是填制在记账凭证上作为记账依据的,编制会计分录是填制记账凭证的核心工作事项。在教学等其他非实际会计工作领域,会计分录的一般书写方式如下:

借:(会计科目)　　　　　　　　　　　　　　　　　(金额)
　　贷:(会计科目)　　　　　　　　　　　　　　　　(金额)

从上述分析可以看出,会计分录的三个要素是记账方向、会计科目和金额。

提示:会计分录简称分录。按照编制一笔会计分录中所使用的会计科目的多少,会计分录可分为简单分录和复杂分录。用两个会计科目编制而成的会计分录称为简单分录,用三个及以上的会计科目编制而成的会计分录称为复杂分录。复杂分录也叫复合分录。一笔经济业务是编制简单分录还是复杂分录,视经济业务本身的繁简情况而定,不能人为地将多笔简单分录合并为一笔复杂分录,也不能人为地将一笔复杂分录分拆成多笔简单分录。

六、结账

结账是指一定会计期间内所发生的全部经济业务都记入账户以后,于会计期末对账户记录的金额进行的结算。结账的主要工作内容包括计算本期借方发生额、本期贷方发生额和期末余额。为了定期总结账户记录,为编制财务会计报告提供资料,期末必须进行结账。在"T"字账户中进行结账时,为了将期末加计的本期发生额的合计金额与平时登记的金额加以明显的区分,应在本期发生额的上、下方各画一条横线。

七、试算平衡

(一)试算平衡的含义

试算平衡,是指根据借贷记账法的记账规则和资产与权益的恒等关系,通过对所有账户的发生额和余额的汇总计算和比较,来检查记录是否正确的一种方法。

(二)试算平衡的分类

试算平衡分为发生额试算平衡和余额试算平衡两类。

1. 发生额试算平衡。发生额试算平衡是指全部账户本期借方发生额合计与全部账户本期贷方发生额合计保持平衡。

发生额试算平衡的直接依据是借贷记账法的记账规则。在借贷记账法下，根据"有借必有贷，借贷必相等"的记账规则，每一笔交易或事项都要以相等的金额，分别记入两个或两个以上相互联系的账户中。推而广之，将一定期间内所有交易或事项正确无误地记入相关账户后，所有会计账户借方发生额合计数与贷方发生额合计数也应该相等。发生额试算平衡法正是基于这一原理来判断一定时期内会计记录是否正确的，即根据本期所有会计科目借方发生额合计与贷方发生额合计的恒等关系，来检验本期发生额是否正确。

发生额试算平衡的平衡公式如下：

全部账户本期借方发生额合计＝全部账户本期贷方发生额合计

2. 余额试算平衡。余额试算平衡是指全部账户借方期末（初）余额合计与全部账户贷方期末（初）余额合计保持平衡。余额试算平衡的直接依据是会计恒等式，即"资产＝负债＋所有者权益"。

其平衡公式如下：

全部账户期初借方余额合计＝全部账户期初贷方余额合计

全部账户期末借方余额合计＝全部账户期末贷方余额合计

提示：对全部总分类账户进行试算平衡是期末对账工作的一项重要内容。期末对账除了进行全部总分类账户的试算平衡外，还包括总分类账户记录与明细分类账户记录之间的核对等多项核对内容，本教材将在后续项目中讲述。

（三）编制试算平衡表的要点

1. 必须保证所有账户的发生额和余额均已记入试算平衡表。会计等式是对会计六要素整体而言的，缺少任何一个账户的发生额和余额，都会造成本期借方发生额合计与本期贷方发生额合计不相等、期初（或期末）借方余额合计数与贷方余额合计数不相等。

2. 及时发现记账错误。如果试算平衡表借贷不相等，可以肯定账户记录有错误，应认真查找，直到达到平衡为止。

3. 发生额与余额试算平衡，并不代表着账务记录一定正确。这是因为试算平衡具有一定的局限性，有的错误不会打破借贷方的数量平衡关系，这样的错误通过试算平衡不能查找出来。例如：(1) 漏记某项交易或事项；(2) 重记某项交易或事项；(3) 某项交易或事项记错了会计账户，但借贷仍然平衡；(4) 某项交易或事项借贷方账户颠倒，但借贷仍然平衡；(5) 借方或贷方发生额中，偶然一多一少并相互抵销，但借贷仍然平衡。

因此，在编制试算平衡表之前，应认真核对账户记录，若发现了以上错误，应及时更正，然后再编制试算平衡表，直至平衡。

【任务设计】

【例 2-2】汉江公司 20××年 8 月 31 日全部账户的余额如表 2-3 所示。

表2-3　　　　　某企业20××年8月31日全部账户的余额　　　　　　单位：元

账户名称	借方余额	账户名称	贷方余额
库存现金	2 000	短期借款	50 000
银行存款	80 000	应付账款	42 000
应收账款	25 000	应交税费	15 000
库存商品	50 000	实收资本	320 000
原材料	70 000		
固定资产	200 000		
合计	427 000	合计	427 000

汉江公司20××年9月共发生了下列经济业务：

（1）以银行存款支付上月未交税费15 000元。

（2）从银行提取现金4 000元。

（3）收回某企业前欠货款10 000元存入银行。

（4）以银行存款支付前欠某企业货款18 000元。

（5）购进原材料26 000元，材料已入库，货款未付，假定不考虑增值税。

（6）员工出差借支差旅费款2 000元，出纳员以现金支付。

（7）销售商品取得收入50 000元，货款存入银行，假定不考虑增值税。

（8）结转已销商品成本30 000元。

要求：根据上述经济业务编制会计分录，根据期初余额和会计分录登记"T"字账户、进行结账和试算平衡。

工作过程如下：

步骤1：根据经济业务编制会计分录。

业务1：这是一项引起资产和负债同时减少的经济业务，使企业的应缴税费减少15 000元，应记入"应交税费"账户的借方；同时，银行存款减少15 000元，应记入"银行存款"账户的贷方。会计分录如下：

　　借：应交税费　　　　　　　　　　　　　　　　　　　　　　　15 000
　　　　贷：银行存款　　　　　　　　　　　　　　　　　　　　　　　　15 000

业务2：这是一项引起资产有增有减的经济业务，使企业的库存现金增加4 000元，应记入"库存现金"账户的借方；同时，银行存款减少4 000元，应记入"银行存款"账户的贷方。会计分录如下：

　　借：库存现金　　　　　　　　　　　　　　　　　　　　　　　4 000
　　　　贷：银行存款　　　　　　　　　　　　　　　　　　　　　　　　4 000

业务3：这是一项引起资产有增有减的经济业务，使企业的银行存款增加10 000元，应记入"银行存款"账户的借方；同时，应收账款减少10 000元，应记入"应收账款"账户的贷方。会计分录如下：

　　借：银行存款　　　　　　　　　　　　　　　　　　　　　　10 000
　　　　贷：应收账款　　　　　　　　　　　　　　　　　　　　　　10 000

业务4：这是一项引起资产和负债同时减少的经济业务，使企业的应付账款减少18 000元，应记入"应付账款"账户的借方；同时，银行存款减少18 000元，应记入"银行存款"账户的贷方。会计分录如下：

　　借：应付账款　　　　　　　　　　　　　　　　　　　　　　18 000
　　　　贷：银行存款　　　　　　　　　　　　　　　　　　　　　　18 000

业务5：这是一项引起资产和负债同时增加的经济业务，使企业的库存原材料增加26 000元，应记入"原材料"账户的借方；同时，应付账款增加26 000元，应记入"应付账款"账户的贷方。会计分录如下：

　　借：原材料　　　　　　　　　　　　　　　　　　　　　　　26 000
　　　　贷：应付账款　　　　　　　　　　　　　　　　　　　　　　26 000

业务6：这是一项引起资产有增有减的经济业务，使企业的其他应收款增加2 000元，应记入"其他应收款"账户的借方；同时，库存现金减少2 000元，应记入"库存现金"账户的贷方。会计分录如下：

　　借：其他应收款　　　　　　　　　　　　　　　　　　　　　 2 000
　　　　贷：库存现金　　　　　　　　　　　　　　　　　　　　　　 2 000

业务7：这是一项引起资产和收入同时增加的经济业务，使企业的银行存款增加50 000元，应记入"银行存款"账户的借方；同时，商品销售收入增加50 000元，应记入"主营业务收入"账户的贷方。会计分录如下：

　　借：银行存款　　　　　　　　　　　　　　　　　　　　　　50 000
　　　　贷：主营业务收入　　　　　　　　　　　　　　　　　　　　50 000

业务8：这是一项引起费用增加资产减少的经济业务，使企业的商品销售成本增加30 000元，应记入"主营业务成本"账户的借方；同时，库存商品减少30 000元，应记入"库存商品"账户的贷方。会计分录如下：

　　借：主营业务成本　　　　　　　　　　　　　　　　　　　　30 000
　　　　贷：库存商品　　　　　　　　　　　　　　　　　　　　　　30 000

步骤2：根据月初余额和会计分录登记"T"字账户（注："T"字账户中虚线以下的内容为第三步骤结账的操作，为节约篇幅，这里将两个步骤的工作加以合并展示）。

步骤3：结账。（1）在账户中最后一笔记录下方画一条横线；（2）分别加计借方发生额、贷方发生额并分别记入横线下的借方和贷方；（3）在登记"发生额"的下方再画一条横线；（4）计算期末余额并记入横线下的借方或贷方。本例结账结果见"T"字账户中虚线以下的内容。

库存现金				银行存款			
期初余额：	2 000			期初余额：	80 000		
（2）	4 000	（6）	2 000	（3）	10 000	（1）	15 000
发生额：	4 000	发生额：	2 000	（7）	50 000	（2）	4 000
期末余额：	4 000					（3）	18 000
				发生额：	60 000	发生额：	37 000
				期末余额：	103 000		

应收账款				其他应收款			
期初余额：	25 000			（6）	2 000		
		（3）	10 000	发生额：	2 000		
		发生额：	10 000	期末余额：	2 000		
期末余额：	15 000						

库存商品				原材料			
期初余额：	50 000			期初余额：	70 000		
		（8）	30 000	（5）	26 000		
		发生额：	30 000	发生额：	26 000		
期末余额：	20 000			期末余额：	96 000		

固定资产				主营业务成本			
期初余额：	200 000			（8）	30 000		
期末余额：	200 000			发生额：	30 000		
				期末余额：	30 000		

短期借款				应付账款			
		期初余额：	50 000			期初余额：	42 000
		期末余额：	50 000	（4）	18 000	（5）	26 000
				发生额：	18 000	发生额：	26 000
						期末余额：	50 000

应交税费				实收资本			
		期初余额：	15 000			期初余额：	320 000
（1）	15 000					期末余额：	320 000
发生额：	15 000						
		期末余额：	0				

主营业务收入			
		（7）	50 000
		发生额：	50 000
		期末余额：	50 000

请注意：在"T"字账户中登记期末余额时一定要注意其方位，借方余额要登记在借方，贷方余额要登记在贷方。

提示：结账时在账户中画的横线叫作结账线，在真实账户中结账是划红线，这里以虚线表示。

步骤4：根据账户记录编制试算平衡表。

根据全部总分类账户本期发生额及余额，编制"全部总分类账户发生额及余额试算平衡表"，如表2-4所示。

表2-4　　　　　全部总分类账户发生额及余额试算平衡表

20××年9月30日　　　　　　　　　　　　　　单位：元

账户名称	期初余额		本期发生额		期末余额	
	借方	贷方	借方	贷方	借方	贷方
库存现金	2 000		4 000	2 000	4 000	
银行存款	80 000		60 000	37 000	103 000	
应收账款	25 000			10 000	15 000	
其他应收款			2 000		2 000	
库存商品	50 000			30 000	20 000	
原材料	70 000		26 000		96 000	
固定资产	200 000				200 000	
短期借款		50 000				50 000
应付账款		42 000	18 000	26 000		50 000
应交税费		15 000	15 000			
实收资本		320 000				320 000
主营业务收入				50 000		50 000
主营业务成本			30 000		30 000	
合计	427 000	427 000	155 000	155 000	470 000	470 000

提示：通过上述"全部总分类账户发生额及余额试算平衡表"可知，该企业全部总分类账户的期初余额、本期发生额和期末余额借、贷方合计数分别相等，表明企业的会计记录没有发生影响平衡关系的错误。

【思政案例】会计的美在哪儿

赵丽生教授从审美的角度，构建了包括真实美、平衡美、对称美、秩序美、结构美、简约美、统一美、和谐美在内的会计美学体系。如对称美，"有借必有贷，借贷必相等"的记账规则，决定了其过程的对称——有借必有贷，同时也表现在其结果的对称——借贷必相等。资产与权益的对称，借方发生额与贷方发生额的对称，借方账户余额与贷方账户余额的对称,"丁"字形("T"字形)账户结构的对称,资产负债表的对称,无不显示一种稳定的对称美。

请查阅资料,体会其他几类会计美的具体表现内容和形式。

【职业能力训练】

一、单项选择题(下列答案中只有一项是正确的,请将正确答案前的英文字母填入括号内)

1. 在复式记账法下,对发生的经济业务都要以相等的金额在相互联系的账户中登记,而账户之间的数量关系是(   )。
   A. 一个   B. 两个
   C. 两个或两个以上   D. 以上都可以

2. 我国企业会计准则规定企业一律采用(   )。
   A. 单式记账法   B. 收付记账法
   C. 增减记账法   D. 借贷记账法

3. 借贷记账法的记账符号"借"表示(   )。
   A. 资产增加,权益减少   B. 资产减少,权益增加
   C. 资产增加,权益增加   D. 资产减少,权益减少

4. "预收账款"是(   )类账户,期初余额一般在(   )。
   A. 资产,借方   B. 负债,借方
   C. 资产,贷方   D. 负债,贷方

5. 如果"应付账款"期末余额出现在借方,就变成了(   )。
   A. 资产类账户   B. 负债类账户
   C. 所有者权益类账户   D. 收入类账户

6. 某企业月末编制的试算平衡表中,全部账户的本月借方发生额合计为900 000元,除"应付职工薪酬"以外其他账户的本月贷方发生额合计为895 000元,则"应付职工薪酬"账户(   )。
   A. 本月借方发生额为5 000元   B. 本月贷方发生额为5 000元
   C. 月末借方余额为5 000元   D. 月末贷方余额为红字5 000元

7. 某企业月初短期借款贷方余额40万元,本月向银行借入短期借款45万元,以银行存款偿还短期借款20万元,则月末"短期借款"账户贷方余额为(   )。
   A. 借方65万元   B. 贷方65万元
   C. 借方15万元   D. 贷方15万元

8. 下列关于所有者权益类账户表述正确的是(   )。
   A. 增加记借方   B. 增加记贷方
   C. 减少记贷方   D. 期末无余额

9. "预付账款"账户期初借方余额为 20 000 元,本期借方发生额为 30 000 元,贷方发生额为 35 000 元,则期末余额为(　　)。

   A. 借方 25 000 元　　　　　　　　B. 贷方 25 000 元
   C. 借方 15 000 元　　　　　　　　D. 贷方 15 000 元

10. 某企业原材料总分账户的本期借方发生额为 2.5 万元,本期贷方发生额为 2.4 万元,其有关明细分类账户的发生额分别为:甲材料本期借方发生额为 8 000 元,贷方发生额为 6 000 元;乙材料借方发生额为 13 000 元,贷方发生额为 16 000 元。丙材料的本期借方和贷方发生额分别是(　　)。

   A. 借方发生额为 4 000 元,贷方发生额为 2 000 元
   B. 借方发生额为 12 000 元,贷方发生额为 2 000 元
   C. 借方发生额为 4 000 元,贷方发生额为 1 000 元
   D. 借方发生额为 6 000 元,贷方发生额为 8 000 元

11. 在借贷记账法下,"盈余公积"账户的期末余额等于(　　)。

   A. 期末借方余额 + 本期借方发生额 – 本期贷方发生额
   B. 期初借方余额 + 本期贷方发生额 – 本期借方发生额
   C. 期初贷方余额 + 本期贷方发生额 – 本期借方发生额
   D. 期初贷方余额 + 本期借方发生额 – 本期贷方发生额

12. 试算平衡是指根据借贷记账法的记账规则以及资产与权益的恒等关系,检查账户记录是否正确的一种方法,这些账户指的是(　　)。

   A. 某些账户　　B. 个别账户　　C. 所有账户　　D. 资本类账户

13. 余额试算平衡的理论依据是(　　)。

   A. 财务状况等式　　　　　　　　B. 借贷记账法的记账规则
   C. 账户对应关系　　　　　　　　D. 经济业务的类型

14. 下列属于简单会计分录是(　　)。

   A. 一借多贷　　B. 一借一贷　　C. 一贷多借　　D. 多借多贷

15. 甲公司月末编制的试算平衡表中,全部账户的本月借方发生额合计为 136 万元,除实收资本账户以外的账户本月贷方发生额合计为 120 万元,则实收资本账户(　　)。

   A. 本月贷方发生额为 16 万元　　　　B. 本月借方发生额为 16 万元
   C. 本月借方余额为 16 万元　　　　　D. 本月贷方余额为 16 万元

二、多项选择题(下列答案中至少两项是正确的,请将正确答案前的英文字母填入括号内)

1. 在借贷记账法下,"借"和"贷"(　　)。

   A. 作为记账符号　　　　　　　　B. 等于"增"和"减"
   C. 表示债权和债务　　　　　　　D. 在账户结构上,表示左边和右边

2. 会计分录必须具备的要素包括(　　)。

   A. 记账符号　　B. 记账手段　　C. 会计科目　　D. 记账金额

3. 在借贷记账法下，借方登记减少数的账户性质有（   ）。
   A. 负债   B. 费用   C. 所有者权益   D. 资产

4. 在试算平衡中难以发现的错误有（   ）。
   A. 漏记或重记同一经济业务
   B. 借贷双方发生同样金额的记账错误或过账错误
   C. 过账时，账户记录发生了借贷方向的错误
   D. 借贷双方中一方多记金额，一方少记金额

5. 对于费用类账户而言（   ）。
   A. 费用的增加额记入账户的借方   B. 费用的增加额记入账户的贷方
   C. 期末有余额   D. 结转后，期末一般没有余额

6. 关于借贷记账法的试算平衡，下列说法正确的有（   ）。
   A. 全部账户本期借方发生额之和等于全部账户本期贷方发生额之和
   B. 试算平衡包括发生额试算平衡和余额试算平衡两种
   C. 全部账户借方期初余额合计等于全部账户期末贷方余额合计
   D. 如果试算平衡，不能说明账户金额记录一定正确

7. 下列属于借方登记减少金额的账户有（   ）。
   A. 应付账款   B. 预付账款
   C. 应付职工薪酬   D. 所得税费用

8. 下列账户中，余额一般在贷方的有（   ）。
   A. 长期借款   B. 累计折旧
   C. 交易性金融资产   D. 实收资本

9. 以下符合借贷记账法的记账规则的有（   ）。
   A. 一项资产增加，一项资本减少   B. 一项负债增加，另一项负债减少
   C. 一项资本增加，一项负债减少   D. 一项负债增加，一项资产减少

10. 在借贷记账法下，经济业务无论怎样复杂，均可概括为以下几类（   ）。
    A. 权益内部有增有减，总额不变   B. 资产与权益同时增加，总额增加
    C. 资产内部有增有减，总额不变   D. 资产与权益同时减少，总额减少

三、判断题（正确的在括号里打"√"，错误的打"×"）

1. 借贷记账法的试算平衡分为发生额试算平衡和余额试算平衡两种。（   ）
2. 通过试算平衡检查账簿记录，若借贷平衡就可以肯定记账准确无误。（   ）
3. 若采用借贷记账法，则不论哪种类型的经济业务都必须遵循"有借必有贷，借贷必相等"的记账规则。（   ）
4. 为了保持账户对应关系清楚，只能编制一借一贷的会计分录。（   ）
5. "负债类"账户本期减少数和期末余额一般分别反映在借方和贷方。（   ）
6. 在借贷记账法下，账户的哪一方登记增加额（或减少额）是由账户的性质决定的。（   ）

7. 编制余额试算平衡表时，只有期初余额而没有本期发生额的账户也应当包括在内。（ ）

8. 费用类账户的结构与资产类账户的结构完全相同。（ ）

9. 账户的对应关系是指总账与明细账之间的关系。（ ）

10. 在借贷记账法下，成本类账户结构与资产类账户结构一致，即借方登记成本增加数，贷方登记成本减少数，期末若有余额，一般应在借方。（ ）

四、业务题

凯通公司2024年11月发生经济业务如下：

1. 11月2日，收到投资者投入的资金45 000元，存入银行。
2. 11月4日，从银行取得期限为6个月的借款10 000元，存入银行。
3. 11月9日，开出转账支票偿还前欠光明公司货款6 000元。
4. 11月14日，通过公司网银支付广告费84 000元。
5. 11月17日，采购员张宇预借差旅费1 500元，以现金付讫。
6. 11月21日，签发并承兑商业汇票一张，面值25 000元，抵付前欠宏发公司货款。
7. 11月23日，管理人员王强报销差旅费2 500元，原借款2 000元，差额由出纳员付给现金。
8. 11月26日，以现金支付车间设备修理费120元。

根据以上资料，写出每笔业务的会计分录，并完成下面的余额试算平衡表（假设该公司采用表结法，损益类账户金额月末暂不结转至"本年利润"，待年终统一结转）。

余额试算平衡表　　　　　　　　　　　　单位：元

会计科目	期初余额		期末余额	
	借方	贷方	借方	贷方
库存现金	10 000			
银行存款	2 500 000			
其他应收款	30 000			
应付账款		47 000		
应付票据		18 000		
其他应付款		90		
短期借款		60 000		
实收资本		2 414 910		
销售费用				
管理费用				
制造费用				
合计	2 540 000	2 540 000		

项目三　企业主要经济业务的核算

项目导航

通过前面的学习，我们已经知道，经济业务是会计核算的具体对象，但具体的经济业务很多。企业的经济业务发生以后，会计人员要运用借贷记账法编制会计分录，并根据会计分录登记账户。在前面的学习中，我们只接触到了很简单、零散、少量的经济业务。那么，企业在经营过程中到底有哪些具体的经济业务，应设置什么账户来进行核算，该怎样编制会计分录呢？这就是本项目的学习要解决的基本问题。本项目主要任务是分析经济业务并编制会计分录，至于根据会计分录登记会计账户等若干后续工作和相关工作则留待本课程后面的项目来解决。

本项目以工业企业的生产经营过程为基本线索来分析企业主要经济业务的核算。工业企业经济业务主要包括筹资业务、固定资产业务、材料采购业务、生产业务、销售业务、期间费用业务、利润形成与分配业务的核算等。

任务1　筹资业务的核算

【任务描述】

企业筹集资金主要有两个渠道或方式：投资者投入资本和向银行等金融机构借入资金。主要经济业务包括接收投资者投入资本、取得借款、支付利息和到期归还借款等。这些经济业务发生时，会计人员首先要对相关原始凭证进行审核；其次要进行会计确认和计量；最后要根据审核无误的原始凭证和计量的结果编制会计分录。

提示：会计核算是一个完整的过程，本项目只学习会计确认、计量和编制会计分录部分。会计人员编制会计分录以后，后续工作是根据会计分录在账户中进行登记，这是本教材"会计账簿设置与登记"项目学习的内容。

【综合知识】

一、筹集资金业务基本知识

企业应依法和合理地选择筹资渠道或方式，在成立之时投资者必须要按《中华人民共和国公司法》（以下简称《公司法》）等法律要求投入资本，作为企业开展生产经营活动的基本资金。随着生产经营活动的进行，如果资金不足，企业可以向银行及其他金融机构取得借款，用于满足生产经营的需要。因此，投资者向企业投入资本和企业向银行等借入资金，是企业筹资的两种基本形式。

1. 投资者投入资本。投资者投入资本指企业的投资者按照章程或协议的约定向企业投入资本金。投资者投入资本的物质形态是资产，对其投入资产的权益，会计上叫作实收资本，是企业所有者权益的主要组成部分。从时间上看，投资者投入资本主要有两种情况：一是在企业设立之初投入；二是在企业生产经营中需要增资时投入。

投资者投入的资本按投资主体的不同，分为国家投入资本、法人投入资本、个人投入资本以及外商投入资本等；按投入资本的物质形态不同，分为货币投资、实物投资和无形资产投资等。投资者无论以何种形式投入资本，在企业存续期间，原则上都不得撤回投资。

2. 借入资金。借入资金主要是向银行及其他金融机构借入的款项，借入资金形成企业的负债。当经营资金不足时，企业可以选择由投资者追加投资，也可以选择举债。按照归还期限的长短，企业借款可以分为短期借款和长期借款。短期借款一般用于日常经营的临时性资金需要，长期借款一般用于购建固定资产等投资。

二、借款利息

企业使用借款需定期支付利息。企业支付的借款利息，是企业的一项支出，需根据借款的用途不同采取不同的会计处理方法。企业支付的短期借款利息，计入当期的财务费用。企业支付的长期借款利息，在工程开始资本化后达到预定可使用状态以前发生的部分计入工程成本构成固定资产价值；在达到预定可使用状态以后发生的部分计入财务费用。

借款利息按借款本金、借款利率和借款期限计算。其一般计算公式如下：

$$借款利息 = 借款本金 \times 借款利率 \times 借款期限$$

按照上列公式，计算月利息时用月利率，计算年利息时用年利率。在实际工作中，企业向银行取得的短期借款，其利息由银行定期计算并从企业存款账户中直接扣收。银行计算利息一般按企业借款的余额积数和日利率计算。借款余额积数是指借款本金每天余额的累计数。

三、筹资业务核算的账户

1. "实收资本"账户。该账户是所有者权益账户，核算企业投资者投入注册资本的情况，贷方登记企业实际收到的所有者投入的注册资本金，借方登记减少的注册资本金，余额在贷方，表示企业实有的注册资本金。该账户按投资者设置明细账户，进行明细核算。

提示： 股份有限公司设置"股本"账户核算企业投资者投入的注册资本。

2. "短期借款"账户。该账户是负债账户，核算企业借入的各种借款的取得和偿还情况，贷方登记借入的短期借款，借方登记归还的短期借款，余额在贷方，表示企业尚未归还的短期借款。该账户按债权人设置明细账户，进行明细核算。

提示： 如果企业借入长期借款，则设置"长期借款"账户核算。该账户的类别、结构及明细核算方法与"短期借款"账户基本相同。

3. 有关资产账户。投资者投入企业的资产，按资产内容分别设置"银行存款""原材料""固定资产"等账户核算。

"银行存款"账户核算企业存放在银行结算户、可随时使用的存款的增减变化情况，借方登记增加数，贷方登记减少数，余额在借方，表示企业银行存款的实有数。企业应设置银行存款日记账对银行存款的收支情况进行逐笔登记。

"固定资产"账户核算企业固定资产的原始价值（原价）增减变化情况，借方登记增加数，贷方登记减少数，余额在借方，表示企业实有固定资产的原价。该账户按固定资产的类别和项目设置明细账户，进行明细核算。

提示： 如果投资者投入原材料、无形资产等资产，企业还应分别设置"原材料""无形资产"等资产账户进行核算。

4. "财务费用"账户。该账户是损益账户，核算企业为筹集生产经营所需资金而发生的费用，包括利息支出（冲减利息收入）以及银行结算手续费等，借方登记发生的各项财务费用，贷方登记银行存款利息收入和期末转出的财务费用，平时余额一般在借方，期末结转后无余额。该账户按费用项目设置明细账户，进行明细核算。

提示： 为了集中反映各个会计期间的利润，期末时，凡损益类账户的净发生额（即期末结转前的余额）都要转出，结转到"本年利润"账户，结转后损益类账户均无余额。

【任务设计】

【例 3-1】 荣达实业有限公司为增值税一般纳税人，2024 年 12 月发生下列有关筹资的经济业务：

（1）2 日，收到甲投资者投入资本 600 000 元存入银行，在实收资本中所占金额为 600 000 元。

（2）5 日，收到乙投资者作为资本投入的全新机器设备，取得增值税专用发票注明价款 300 000 元，增值税为 39 000 元，已通过认证。在实收资本中所占金额为 339 000 元。

(3) 12 日，向银行借款 200 000 元，期限 6 个月，年利率为 6%，款项存入银行。

(4) 22 日，以银行存款支付当期的短期借款利息费用 15 000 元。

(5) 28 日，以银行存款归还半年前借入本日到期的短期借款 100 000 元。

要求：根据上述经济业务进行会计确认和计量，并编制会计分录。

工作过程如下：

12 月 2 日：

步骤 1：进行会计确认。

这项经济业务的发生，引起了资产要素中的银行存款和所有者权益要素中的实收资本发生同时增加的变化，应分别在"银行存款"和"实收资本"两个账户中登记增加金额。

步骤 2：进行会计计量。

该项经济业务应按照 600 000 元入账。

步骤 3：根据投资合同、收据留底联和银行进账单等原始凭证，编制会计分录如下：

借：银行存款   600 000
　　贷：实收资本   600 000

12 月 5 日：

步骤 1：进行会计确认。

这项经济业务的发生，引起了资产要素中的固定资产、负债要素中的应交税费和所有者权益要素中的实收资本发生同时变化，应分别在"固定资产""应交税费——应交增值税（进项税额）""实收资本"三个账户中登记增加金额。

步骤 2：进行会计计量。

该项业务中固定资产应按实际成本计量，金额为 300 000 元，增值税进项税额为 39 000 元，实收资本为 339 000 元。

步骤 3：根据投资合同、收据留底联和固定资产验收单等原始凭证，编制会计分录如下：

借：固定资产——机器设备   300 000
　　应交税费——应交增值税（进项税额）   39 000
　　贷：实收资本——乙投资者   339 000

请注意：企业收到的投资者出资额超过其在注册资本或股本中所占份额的部分即资本（股本）的溢价，应记入"资本公积"账户，不在"实收资本"账户核算。

12 月 12 日：

步骤 1：进行会计确认。

这项经济业务的发生，引起了资产要素中的银行存款和负债要素中的短期借款发生同时增加的变化，应分别在"银行存款"和"短期借款"两个账户中登记增加金额。

步骤 2：进行会计计量。

该项经济业务应按实际成本计量，金额为 200 000 元。

步骤 3：根据银行借款借据入账通知单等原始凭证，编制会计分录如下：

借：银行存款   200 000
　　贷：短期借款   200 000

12月22日：

步骤1：进行会计确认。

这项经济业务的发生，引起了费用要素中的财务费用发生增加和资产要素中的银行存款发生减少的变化，应在"财务费用"账户中登记增加金额和在"银行存款"账户中登记减少金额。

步骤2：进行会计计量。

该项经济业务应按实际成本计量，金额为15 000元。

步骤3：根据银行贷款利息付款通知单等原始凭证，编制会计分录如下：

借：财务费用   15 000
　　贷：银行存款   15 000

知识与能力拓展：

按照权责发生制原则，对短期借款采取按月确认利息费用的办法，在银行按季度收取利息的情况下，每个季度的前两个月确认当月利息费用时会形成应付利息，在第三个月支付全季度利息时予以清偿。这时，企业在每个季度的前两个月确认当月利息费用时，应借记"财务费用"账户，贷记"应付利息"账户；待季末支付本季度利息时，应借记"财务费用"（季末月份负担的利息）和"应付利息"（前两个月的应付利息）账户，贷记"银行存款"（全季度的利息款）账户。

12月28日：

步骤1：进行会计确认。

这项经济业务的发生，引起了资产要素中的银行存款和负债要素中的短期借款发生同时减少的变化，应分别在"银行存款"和"短期借款"两个账户中登记减少金额。

步骤2：进行会计计量。

该项经济业务应按实际成本计量，金额为100 000元。

步骤3：根据银行借款还款通知单等原始凭证，编制会计分录如下：

借：短期借款   100 000
　　贷：银行存款   100 000

【职业能力训练】

一、单项选择题（下列答案中只有一项是正确的，请将正确答案前的英文字母填入括号内）

1. A公司由甲、乙两方各出资100万元组建而成。经营1年后，经协议约定，丙投资120万元加入A公司且持股比例占1/3。如果甲和乙的投资额均未发生变动，则由于丙的加入，A 公司实收资本应增加（　　）万元。

　　A. 100　　　　　B. 120　　　　　C. 300　　　　　D. 320

2. 对于实际收到的货币资金额或投资各方确认的资产价值超过实收资本的部分，应（　　）。

　　A. 作为资本溢价，计入营业外收入

　　B. 作为资本溢价，计入实收资本

　　C. 作为资本溢价，计入盈余公积

　　D. 作为资本溢价，计入资本公积

3. 某公司 2024 年 7 月 1 日向银行借入资金 60 万元，期限 6 个月，年利率为 6%，到期还本，按月计提利息，按季付息，该企业 7 月 31 日应计提的利息为（　　）万元。

　　A. 0.9　　　　　B. 0.3　　　　　C. 3.6　　　　　D. 0.6

4. 核算短期借款利息时，不会涉及的会计账户是（　　）。

　　A. 应付利息　　　B. 财务费用　　　C. 银行存款　　　D. 短期借款

5. 某企业于 2024 年 1 月 1 日从银行借入一笔生产经营用短期借款，金额为 5 万元，期限为 6 个月，年利率为 6%，利息分月预提，按季支付，到期一次归还本金，3 月 31 日，企业支付第一季度利息，编制的会计分录是（　　）。

　　A. 借：应付账款　　　　　　　　　　　　　　　　750
　　　　　贷：银行存款　　　　　　　　　　　　　　　　　　　750

　　B. 借：短期借款　　　　　　　　　　　　　　　　750
　　　　　贷：银行存款　　　　　　　　　　　　　　　　　　　750

　　C. 借：短期借款　　　　　　　　　　　　　　　　500
　　　　　财务费用　　　　　　　　　　　　　　　　250
　　　　　贷：银行存款　　　　　　　　　　　　　　　　　　　750

　　D. 借：应付利息　　　　　　　　　　　　　　　　500
　　　　　财务费用　　　　　　　　　　　　　　　　250
　　　　　贷：银行存款　　　　　　　　　　　　　　　　　　　750

二、多项选择题（下列答案中至少两项是正确的，请将正确答案前的英文字母填入括号内）

1. 企业筹集资金的渠道主要有（　　）。

　　A. 向投资人筹集　　　　　　　B. 财政补贴

　　C. 向债权人借入　　　　　　　D. 接受捐赠

2. 企业接受投资的形式可以有（　　）。

　　A. 无形资产　　　B. 固定资产　　　C. 原材料　　　D. 货币资金

3. 下列关于实收资本账户，说法正确的包括（　　）。

　　A. 该账户贷方登记所有者投入企业资本金的增加额

　　B. 借方登记所有者投入企业资本金的减少额

C. 期末余额在贷方，反映企业期末实收资本（或股本）总额
D. 属于所有者权益类账户
4. 以下各项，属于财务费用核算内容的包括（　　）。
A. 利息支出　　　B. 汇兑损益　　　C. 银行手续费　　　D. 利息收入

三、判断题（正确的在括号里打"√"，错误的打"×"）

1. 企业的投资人既可以是国家，也可以是法人、自然人。（　　）
2. 企业的资金筹集业务按其资金来源通常分为所有者权益筹资和负债筹资。（　　）
3. 企业向银行借入短期借款，通常按月确认利息费用，根据合同按季度结算借款利息。（　　）
4. 短期借款利息计入财务费用，长期借款利息则不计入财务费用。（　　）
5. 短期借款和长期借款只能从银行借入。（　　）

四、业务题

黄河公司2024年12月发生有关经济业务如下：

1. 收到东方公司按协议投入的现金资产800 000元，款项收存银行。东方公司在实收资本中所占份额为600 000元。
2. 收到大华公司投入的生产线一条，投资协议确认的价值为500 000元，已取得大华公司开具的增值税专用发票注明金额为500 000元，增值税为65 000元，已通过认证，生产线直接投入使用。
3. 从建设银行借入为期三年，年利率6.5%的借款2 000 000元，存入银行存款账户。
4. 计算出本月应付农业银行短期借款利息6 000元，该短期借款主要用于日常周转。
5. 以银行存款归还到期的短期借款，本金200 000元，利息18 000元，其中12 000元利息已经在前两月计提。
6. 经批准，将资本公积60 000元转增资本。

要求：根据经济业务编制会计分录。

任务2　固定资产业务的核算

【任务描述】

企业筹集资金之后，为了能够进行生产经营活动，需要作一些准备。固定资产是工业企业进行正常生产经营所必需的物质条件，其业务内容主要包括：取得固定资产（即购买或自行建造固定资产等），修理或改良固定资产，计提固定资产折旧，固定资产清查，以及处置固定资产等业务。对固定资产业务进行会计核算时，会计人员一是对相关原始凭证进行审核；二是进行会计确认；三是进行会计计量；四是根据审核无误的原始凭证和确认、计量的结果编制会计分录。

【综合知识】

一、固定资产的确认

固定资产是指为生产商品、提供劳务、出租或者经营管理而持有、使用寿命超过一个会计年度的有形资产。从这一定义可以看出，固定资产应具备以下三个特征：

第一，企业持有固定资产的目的是生产商品、提供劳务、出租或经营管理的需要，而不像商品一样是为了对外出售。这一特征是固定资产区别于商品等存货的重要标志。

第二，企业使用固定资产的期限较长，使用寿命一般超过一个会计年度。这一特征表明企业固定资产的收益期超过一年，能在一年以上的时间为企业创造利益。

第三，固定资产属于一种有形资产。

固定资产在同时满足以下两个条件时，才能予以确认：

1. 与该固定资产有关的经济利益很可能流入企业。资产最基本的特征是预期能给企业带来经济利益，固定资产也应该满足。

2. 该固定资产的成本能够可靠计量。成本能够可靠计量，是资产确认的一项基本条件。固定资产作为企业资产的重要组成部分要予以确认，其成本也必须能够可靠计量。如果固定资产的成本能够可靠计量，并同时满足其他确认条件，就可以加以确认；否则，企业不应加以确认。

二、固定资产成本的构成

企业的固定资产可以通过不同的方式取得，主要包括外购、自行建造、投资者投入、非货币性资产交换、债务重组等方式取得。不同取得方式下，固定资产成本的具体构成内容及其确定方法也不尽相同。

企业外购和自行建造固定资产的成本，包括购买价款、相关税费（不包括准予抵扣的增值税进项税额），以及使固定资产达到预定可使用状态前所发生的可归属于该项资产的运输费、装卸费、安装费和专业人员服务费等。

三、固定资产折旧方法

1. 折旧的含义。随着时间的推移，固定资产在使用过程中会发生磨损，它的实际价值相比起原始价值也会慢慢减少。如何反映固定资产价值的转移呢？会计上会将这一过程记录下来，就是计提固定资产折旧。

固定资产折旧是指在固定资产使用寿命内，按照确定的方法对应计折旧额进行的系统分摊。其中，应计折旧额是指应当计提折旧的固定资产的原价扣除其预计净残值后的金额。已计提减值准备的固定资产,还应当扣除已计提的固定资产减值准备累计金额。

其中,预计净残值是指假定固定资产的预计使用寿命已满并处于使用寿命终了时的预期状态,企业目前从该项资产的处置中获得的扣除预计处置费用后的金额。预计净残值率是指固定资产预计净残值额占其原价的比率。企业应当根据固定资产的性质和使用情况,合理确定固定资产的预计净残值。预计净残值一经确定,不得随意变更。

企业应当按月对所有的固定资产计提折旧,但是,已提足折旧仍继续使用的固定资产、单独计价入账的土地和持有待售的固定资产除外。提足折旧是指已经提足该项固定资产的应计折旧额。当月增加的固定资产,当月不计提折旧,从下月起计提折旧;当月减少的固定资产,当月仍计提折旧,从下月起不计提折旧。提前报废的固定资产,不再补提折旧。

2. 折旧方法。企业可选用的折旧方法有年限平均法、工作量法、双倍余额递减法和年数总和法等。下面介绍年限平均法和工作量法。

(1) 年限平均法,是指将固定资产的应计折旧额均匀地分摊到固定资产预计使用寿命内的一种方法,各月应计提折旧额的计算公式如下:

$$月折旧额 = 固定资产原价 \times 月折旧率$$

其中:月折旧率 = 年折旧率 ÷ 12

年折旧率 = (1 - 预计净残值率)/预计使用寿命(年) × 100%

(2) 工作量法,是根据实际工作量计算每期应提折旧额的一种方法。计算公式如下:

$$月折旧额 = 固定资产当月工作量 \times 单位工作量折旧额$$

其中:单位工作量折旧额 = 固定资产原价 × (1 - 预计净残值率)/预计总工作量

不同的固定资产折旧方法,将影响固定资产使用寿命期间内不同时期的折旧费用。企业应当根据与固定资产有关的经济利益的预期实现方式合理选择折旧方法,固定资产的折旧方法一经确定,不得随意变更。

企业至少应当于每年年度终了,对固定资产的使用寿命、预计净残值和折旧方法进行复核。因为固定资产在其使用过程中,其所处经济环境、技术环境以及其他环境均有可能发生很大变化。

四、固定资产业务核算的账户

1. "固定资产"账户。该账户属于资产类账户,用以核算企业持有的固定资产原价。该账户的借方登记固定资产原价的增加,贷方登记固定资产原价的减少。期末余额在借方,反映企业期末固定资产的原价。该账户可按固定资产类别或项目进行明细核算。

2. "在建工程"账户。该账户属于资产类账户,用以核算企业基建、更新改造等在建工程发生的支出。该账户借方登记企业各项在建工程的实际支出,贷方登记工程达到预定可使用状态时转出的成本等。期末余额在借方,反映企业期末尚未达到预定可使用状态的在建工程的成本。该账户可按工程项目等进行明细核算。

3. "工程物资"账户。该账户属于资产类账户，用以核算企业为在建工程准备的各种物资的成本，包括工程用材料、尚未安装的设备等。该账户借方登记企业购入工程物资的成本，贷方登记领用工程物资的成本。期末余额在借方，反映企业期末为在建工程准备的各种物资的成本。该账户可按"专用材料""专用设备"等进行明细核算。

4. "累计折旧"账户。该账户属于资产类备抵账户，用以核算企业固定资产计提的累计折旧额。该账户贷方登记按月提取的折旧额，即累计折旧的增加额；借方登记因减少固定资产而转出的累计折旧。期末余额在贷方，反映期末固定资产的累计折旧额。该账户可按固定资产的类别或项目进行明细核算。

5. "应交税费"账户。该账户属于负债类账户，用以核算企业按照税法等规定计算应缴纳的各种税费，包括增值税、消费税、所得税、资源税、土地增值税、城市维护建设税、房产税、土地使用税、教育费附加、地方教育附加等。企业代扣代缴的个人所得税等，也通过本账户核算。

知识与能力拓展：

按规定，一般纳税人企业增值税的明细核算应在"应交税费"账户下设置"应交增值税"和"未交增值税"两个明细账户，前者主要用来核算抵扣情况，后者主要用来核算缴纳情况。月末时，"应交增值税"明细账户的贷方余额应结转到"未交增值税"明细账户，次月缴纳时在"未交增值税"明细账户核算。

五、增值税相关知识

增值税，是以商品（含应税劳务、应税行为）在流转过程中实现的增值额为计税依据而征收的一种流转税。按照纳税人的经营规模及会计核算的健全程度不同，税法将增值税纳税人分为一般纳税人和小规模纳税人两类，对其应纳增值税额分别采取两种不同的计算征收办法：对一般纳税人采取抵扣办法，其应纳增值税额根据当期销项税额抵扣当期进项税额后的差额确定；对小规模纳税人采取简易征收办法，其应纳增值税额根据销售额和规定的征收率计算确定。本教材主要介绍一般纳税人企业应纳增值税的计算与核算方法。

按照税法规定，一般纳税人企业的应纳增值税额计算公式如下：

$$当期应纳税额 = 当期销项税额 - 当期进项税额$$

销项税额是企业销售货物时向购货方收取的增值税税额，计算公式如下：

$$销项税额 = 销售收入 \times 增值税税率$$

进项税额是企业购进货物时向销货方支付的增值税税额。进项税额按销货方开具的增值税专用发票上的税额确定，不由购货企业自己计算。增值税一般纳税人企业购进材料物资所支付的增值税进项税额，在符合税法规定的条件下，不计入采购成本，而是通过"应交税费"账户下的"应交增值税"明细账户进行抵扣核算。

提示：由于小规模纳税人企业适用简易征收办法，故其购进材料物资所支付的增值税应计入采购成本。

【任务设计】

【例3-2】 荣达实业有限公司为增值税一般纳税人，2024年12月发生下列有关固定资产的经济业务：

（1）12月3日，购入需要安装的生产用设备一台，增值税专用发票上注明价款1 100 000元，增值税143 000元，对方垫付运杂费20 000元，款项已经支付，发票已认证。

（2）12月8日，安装过程中发生安装费用80 000元（全部为工人工资，且尚未支付）。

（3）12月15日，该设备达到预定可使用状态。

（4）该设备由生产车间使用，预计净残值为零，使用寿命10年，采用年限平均法计提折旧，计算2025年1月折旧额，并进行相关账务处理。

要求：根据上述经济业务进行会计确认、计量和编制会计分录。

工作过程如下：

12月3日：

步骤1：进行会计确认。

由于该设备需要安装，暂未达到预定可使用状态，故这项经济业务的发生，引起了资产要素中的在建工程增加、银行存款减少和负债要素中的应交税费减少的变化，应在"在建工程"账户中登记增加金额，在"应交税费"和"银行存款"账户中登记减少金额。

提示：增值税进项税额增加，是对销项税额的抵减，因此是负债的减少。

步骤2：进行会计计量。

该项经济业务应按实际成本计量，"在建工程"账户借方应记金额为1 120 000元，"应交税费——应交增值税（进项税额）"账户借方应记金额为143 000元，"银行存款"账户贷方应记金额为1 263 000元。

提示：该设备的入账价值应该是价款加上运杂费，由于运杂费是由销售方代垫，仍然是购买方承担。

步骤3：根据银行付款凭证、增值税专用发票和固定资产移交安装报告单等原始凭证，编制会计分录如下：

借：在建工程———×设备　　　　　　　　　　　　　1 120 000
　　应交税费———应交增值税（进项税额）　　　　　143 000
　　　贷：银行存款　　　　　　　　　　　　　　　　1263 000

12月8日：

步骤1：进行会计确认。

这项经济业务的发生，引起了在建工程成本增加和负债要素中的应付职工薪酬增加的变化，应在"在建工程"账户中登记增加金额，在"应付职工薪酬"账户中登记增加金额。

步骤2：进行会计计量。

该项经济业务应按实际成本计量，"在建工程"账户借方应记金额为80 000元，"应付职工薪酬"账户贷方应记金额为80 000元。

步骤3：根据相关原始凭证，编制会计分录如下：

借：在建工程————×设备　　　　　　　　　　　　　　80 000
　　贷：应付职工薪酬　　　　　　　　　　　　　　　　　　80 000

12月15日：

步骤1：进行会计确认。

该项经济业务是固定资产达到预定使用状态，所以应该从在建工程状态转为固定资产状态。

步骤2：进行会计计量。

该项经济业务应把"在建工程"账户归集的金额转入"固定资产"账户，"固定资产"账户借方应记金额为1 200 000元，"在建工程"账户贷方应记金额为1 200 000元。

步骤3：根据固定资产移交使用报告单等原始凭证，编制会计分录如下：

借：固定资产————×设备　　　　　　　　　　　　　1 200 000
　　贷：在建工程————×设备　　　　　　　　　　　　　1 200 000

2025年1月31日：

步骤1：进行会计确认。

该经济业务是对新设备计提折旧。固定资产的折旧时间范围是当月增加，下月计提折旧。

步骤2：进行会计计量。

该设备的入账价值是1 200 000元，预计净残值为零，使用寿命10年，采用直线法折旧，每年折旧额为1 200 000÷10＝120 000（元），每个月的折旧额为120 000÷12＝10 000（元）。

步骤3：根据固定资产折旧计算表编制会计分录如下：

借：制造费用　　　　　　　　　　　　　　　　　　　　10 000
　　贷：累计折旧　　　　　　　　　　　　　　　　　　　10 000

提示：该设备由生产车间使用，根据谁受益谁承担的原则，应该由产品成本负担，因为设备折旧费属于间接费用，应计入制造费用。

【职业能力训练】

一、单项选择题（下列答案中只有一项是正确的，请将正确答案前的英文字母填入括号内）

1. 2024年9月16日，某增值税一般纳税人企业购入不需要安装的设备一台，取得的增值税专用发票注明价款为20 000元，增值税2 600元；运输费增值税专用发票上注明的运费为 1 000 元，增值税 90 元；全部款项以银行存款支付，设备运达企业并达到预定可使用状态。则固定资产的入账价值为（　　）元。

A. 26 400　　　　B. 21 000　　　　C. 22 930　　　　D. 23 400

2. 在所建造的固定资产达到预定可使用状态之前发生的一切合理、必要的支出，进行会计处理时，应借记（　　）账户。

A. 在建工程　　　B. 工程物资　　　C. 固定资产　　　D. 暂不做处理

3. 2024 年 11 月 20 日，某企业购入小汽车一辆供行政管理部门使用，支付价款（不含增值税）为 362 000 元，预计使用寿命为 5 年，预计净残值为 2 000 元，采用年限平均法计提折旧。2024 年计提折旧的会计分录为（　　）。

A. 借：制造费用 6 000　　　贷：累计折旧 6 000
B. 借：管理费用 6 000　　　贷：累计折旧 6 000
C. 借：管理费用 6 200　　　贷：固定资产 6 200
D. 借：管理费用 72 000　　　贷：累计折旧 72 000

4. 甲公司有货车 1 辆，采用工作量法计提折旧。该货车原值为 200 000 元，预计使用 10 年，每年行驶里程 600 000 公里，净残值率为 5%，2024 年 12 月行驶里程 4 000 公里，该运输车的当月折旧额为（　　）元（保留两位小数）。

A. 1 266.67　　　B. 12 666.67　　　C. 1 333.33　　　D. 3 000.00

5. 企业计提固定资产折旧时，下列会计分录中，不正确的是（　　）。

A. 计提公司行政管理部门固定资产折旧：借记"管理费用"科目，贷记"累计折旧"科目

B. 计提专设销售机构固定资产折旧：借记"销售费用"科目，贷记"累计折旧"科目

C. 计提自建工程使用的固定资产折旧：借记"在建工程"科目，贷记"累计折旧"科目

D. 计提生产车间固定资产折旧：借记"生产成本"科目，贷记"累计折旧"科目

二、多项选择题（下列答案中至少两项是正确的，请将正确答案前的英文字母填入括号内）

1. 下列关于"固定资产"账户的描述正确的有（　　）。

A. "固定资产"账户属于资产类账户，用以核算企业持有的固定资产原价
B. 借方登记固定资产原价的增加
C. 贷方登记固定资产原价的减少
D. 期末余额在借方，反映企业期末固定资产的原价

2. 某企业为一般纳税人，购入不需要安装即可投入使用的生产设备一台，取得的增值税专用发票上注明的设备价款为 30 万元，增值税税额为 3.9 万元（根据税法有关规定允许抵扣），全部款项通过银行转账支付。下列相关会计处理中，正确的有（　　）。

A. 借记"固定资产"科目 30 万元

B. 借记"固定资产"科目 33.9 万元

C. 借记"应交税费"科目 3.9 万元

D. 贷记"银行存款"科目 33.9 万元

3. 购入需要安装的固定资产时，按实际支付的价款（   ）。

A. 借记"固定资产"等　　　　　　B. 贷记"银行存款"

C. 借记"在建工程"等　　　　　　D. 贷记"实收资本"

4. 企业可选用的折旧方法包括（   ）。

A. 年限平均法　　　　　　　　　B. 工作量法

C. 双倍余额递减法　　　　　　　D. 年数总和法

5. 下列固定资产中，不计提折旧的有（   ）。

A. 单独估价入账的土地　　　　　B. 当月减少的固定资产

C. 未提足折旧提前报废的固定资产　D. 暂时闲置的固定资产

三、判断题（正确的在括号里打"√"，错误的打"×"）

1. "固定资产"账户期末借方有余额，反映期末固定资产的净值。（   ）

2. 固定资产的折旧方法一经确定，不得变更。（   ）

3. 当月增加的固定资产，当月不计提折旧；当月减少的固定资产，当月仍计提折旧。固定资产提足折旧的不论是否继续使用，均不再提折旧，提前报废的固定资产也不再补提折旧。（   ）

4. "累计折旧"科目期末余额通常在借方，反映企业固定资产的累计折旧额。（   ）

5. 企业 6 月与销售方签订了购销合同，计划在 10 月购买一批机器设备，企业应当在 6 月将该批设备确认为资产。（   ）

四、业务题

嘉陵公司为增值税一般纳税人，增值税税率为 13%。2024 年发生有关固定资产业务如下：

1. 1 月 20 日，企业购入一台不需安装的 A 设备，取得的增值税专用发票上注明的设备价款为 640 万元，增值税为 83.2 万元，另发生运杂费 8 万元未取得专用发票，款项均以银行存款支付。

2. A 设备经过调试后，于 1 月 22 日投入使用，预计使用 10 年，净残值为 48 万元，决定采用直线法计提折旧。

3. 7 月 15 日，企业购入一台需要安装的 B 设备，取得的增值税专用发票上注明的设备价款为 705 万元，增值税为 91.65 万元，另发生保险费 5 万元，款项均以银行存款支付。

4. 8 月 19 日，将 B 设备投入安装，以银行存款支付安装费 3 万元未取得专用发票。B 设备于 8 月 25 日达到预定使用状态，并投入使用。

5. B 设备采用工作量法计提折旧，预计净残值为 13 万元，预计总工时为 50 000 小时。9月，B设备实际使用工时为720小时。

假设上述资料外，不考其他因素。

要求：

1. 编制嘉陵公司2024年1月20日购入A设备的会计分录。
2. 计算嘉陵公司2024年2月A设备的折旧额并进行账务处理。
3. 编制嘉陵公司2024年7月15日购入B设备的会计分录。
4. 编制嘉陵公司2024年8月安装B设备及其投入使用的会计分录。
5. 计算嘉陵公司2024年9月B设备的折旧额并进行账务处理。

任务3　供应过程业务的核算

【任务描述】

企业为了生产产品，必须准备一定种类和数量的材料物资，作为生产储备。供应过程就是指工业企业从采购材料物资开始到材料物资验收入库，为生产做准备的业务活动过程。供应过程的主要业务活动是材料采购活动。在材料采购过程中，采购部门负责采购事务，仓库负责验收材料物资，财务部门负责支付货款，会计部门负责进行会计核算。对供应过程业务进行会计核算时，会计人员一是对相关原始凭证进行审核；二是进行会计确认；三是进行会计计量，计算材料采购成本；四是根据审核无误的原始凭证和确认、计量的结果编制会计分录。

【综合知识】

一、供应过程基本知识

供应过程是企业生产经营过程的第一个阶段，所发生的主要业务是材料采购业务。在材料采购过程中，一方面是企业从供应单位购进各种材料物资；另一方面是企业要支付材料物资的货款，与购货单位发生货款结算关系。

企业支付材料物资货款，有即时支付、延期支付（赊购）、预付等几种情况，常见的是即时支付和延期支付。支付货款的方式有支票、网银支付等。企业采购材料物资，不论采用什么方式和在什么时间支付货款，都要恪守结算制度和纪律，维护正常的经济秩序。

企业材料物资采购的主要经济业务包括支付货款、验收材料物资和计算材料物资的采购成本等。相关部门办理这些经济业务时取得或填制的原始凭证主要有供货单位销售发票、支付货款的票据存根及银行结算凭证、仓库的材料物资验收单等，这些原始凭证是会计人员进行材料物资采购业务核算的原始依据。

二、材料采购成本的构成

企业采购的材料物资要计算每种材料物资的采购成本。材料采购成本是指为采购材料物资所发生的各项支出，包括买价和采购费用。

1. 材料物资的买价，指供货发票上记载的销售价格。
2. 材料物资的采购费用，是指各种材料物资在采购过程中所发生的各项支出，具体包括：

（1）运杂费，指材料物资在运输过程中发生的运输费、装卸费、保险费、包装费、仓储费等。

（2）合理损耗，指材料在采购过程中发生的、在合理损耗范围内的损毁和短缺等。

（3）挑选整理费，指需要经过挑选才能使用的材料物资在入库前进行挑选整理所发生的工资及相关支出。

（4）其他费用，指其他可直接归属于材料采购成本的费用，如进口材料的关税等。

在材料采购成本的构成内容中，每种材料物资的买价是明确具体归属对象的，而采购费用则不一定。当一次仅采购一种材料物资时，发生的采购费用是明确具体归属对象的；当一次同时采购多种材料物资时，共同发生的采购费用就可能分不清具体的归属对象。因此，材料物资的采购费用，凡是能分清采购费用由某种材料负担的，直接计入该材料物资的采购成本；不能分清的，应按材料物资的重量、体积或买价等标准分配计入各种材料物资的采购成本。按材料物资重量比例分配时，计算步骤及方法如下：

（1）计算费用分配率：

$$采购费用分配率 = 采购费用总额 / 各种材料的总重量$$

（2）计算每种材料应负担的采购费用：

$$某种材料应负担的采购费用 = 该种材料的重量 \times 采购费用分配率$$

（3）计算每种材料的总采购成本：

$$某种材料总采购成本 = 该种材料的买价 + 该种材料应负担的采购费用$$

（4）计算每种材料的单位采购成本：

$$某种材料单位采购成本 = 该种材料总采购成本 / 该种材料的重量$$

动脑动手：哪类采购费用按材料的重量比例分配比较合理？

三、实际成本法核算

提示：按实际成本对原材料进行核算，是指当企业的原材料发生增减变动时，均以实际成本来记账。原材料的结存金额也反映的是实际成本。

1. "原材料"账户。该账户属于资产类账户，用以核算企业库存的各种材料，包括原料及主要材料、辅助材料、外购半成品（外购件）、修理用备件（备品备件）、包装材料、燃料等的实际成本。

该账户借方登记已验收入库材料的成本，贷方登记发出材料的成本。期末余额在借方，反映企业库存材料的实际成本，可按材料的保管地点（仓库）、材料的类别、品种和规格等进行明细核算。

提示：企业库存的低值易耗品及周转使用的包装物设置"周转材料"账户核算，该账户的类别与结构等，与"原材料"账户基本相同。

2. "在途物资"账户。该账户属于资产类账户，用以核算企业采用实际成本（或进价）进行材料、商品等物资的日常核算时，货款已付尚未验收入库在途物资的采购成本。

该账户借方登记购入材料、商品等物资的买价和采购费用（采购实际成本），贷方登记已验收入库材料、商品等物资应结转的实际采购成本。期末余额在借方，反映企业期末在途材料、商品等物资的采购成本，可按供应单位和物资品种进行明细核算。

3. "应付账款"账户。该账户属于负债类账户，用以核算企业因购买材料、商品和接受劳务等经营活动应支付的款项。

该账户贷方登记企业因购入材料、商品和接受劳务等尚未支付的款项，借方登记偿还的应付账款。期末余额一般在贷方，反映企业期末尚未支付的应付账款余额，可按债权人进行明细核算。如果在借方，反映企业期末预付账款余额。

提示：在企业预付货款业务不多，不单独设置"预付账款"账户而在"应付账款"账户核算的情况下，"应付账款"账户的某些明细账户有时会出现借方余额，表示预付的货款。

4. "应付票据"账户。该账户属于负债类账户，用以核算企业购买材料、商品和接受劳务等开出、承兑的商业汇票，包括银行承兑汇票和商业承兑汇票。

该账户贷方登记企业开出、承兑的商业汇票，借方登记企业已经支付或者到期无力支付的商业承兑汇票。期末余额在贷方，反映企业尚未到期的商业汇票的票面金额，可按债权人进行明细核算。

5. "预付账款"账户。该账户属于资产类账户，用以核算企业按照合同规定预付的款项。预付款项情况不多的，也可以不设置该账户，将预付的款项直接记入"应付账款"账户。

该账户的借方登记企业因购货等业务预付的款项，贷方登记企业收到货物后应支付的款项等。期末余额在借方，反映企业预付的款项；期末余额在贷方，反映企业尚需补付的款项，可按供货单位进行明细核算。

四、计划成本法核算

提示：按计划成本法核算，是指对原材料的增加、减少和结存数均以计划成本加以计量。实际成本与计划成本之间的差异,单独通过"材料成本差异"科目进行核算,并于月末将领用材料的计划成本调整为实际成本。

1. "原材料"账户。该账户属于资产类账户,用以核算企业库存的各种材料,包括原料及主要材料、辅助材料、外购半成品(外购件)、修理用备件(备品备件)、包装材料、燃料等的计划成本。

该账户借方登记已验收入库材料的计划成本,贷方登记发出材料的计划成本。期末余额在借方,反映企业库存材料的计划成本,可按材料的保管地点(仓库)、类别、品种和规格等进行明细核算。

2. "材料采购"账户。该账户属于资产类账户,用以核算企业采用计划成本进行材料日常核算而购入材料的采购成本。

该账户借方登记企业采用计划成本进行核算时,采购材料的实际成本以及材料入库时结转的节约差异,贷方登记入库材料的计划成本以及材料入库时结转的超支差异。期末余额在借方,反映企业在途材料的实际采购成本,可按供应单位和材料品种进行明细核算。

3. "材料成本差异"账户。该账户属于资产类账户,用以核算企业采用计划成本进行日常核算的材料计划成本与实际成本的差额。

该账户借方登记入库材料形成的超支差异以及转出的发出材料应负担的节约差异,贷方登记入库材料形成的节约差异以及转出的发出材料应负担的超支差异。期末余额在借方,反映企业库存材料等的实际成本大于计划成本的差异;期末余额在贷方,反映企业库存材料等的实际成本小于计划成本的差异。可以分别"原材料""周转材料"等,按照类别或品种进行明细核算。

【任务设计】

【例3-3】荣达实业有限公司为增值税一般纳税人,企业原材料采用实际成本法核算,2024年12月发生下列有关材料采购的经济业务:

(1) 8日,从中天公司购进甲材料2 000千克,单价50元,计价款100 000元,增值税进项税额13 000元,款项以银行存款支付,材料如数验收入库。

(2) 11日,从华天公司购进乙材料3 000千克,单价8元,计价款24 000元,增值税进项税额3 120元,运杂费500元未取得专用发票,材料如数验收入库,款项尚未支付。

(3) 15日,从威海公司购进甲材料800千克,单价50元,计价款40 000元,增值税进项税额5 200元,材料如数验收入库,全部款项向对方开出并承兑为期6个月的商业汇票一张。

(4) 19日,从长安公司购进丙材料30吨,单800元,计价款24 000元,丁材料20吨,单价1 300元,计价款26 000元;增值税进项税额6 500元。运杂费1 500元,两种材料按重量分摊运杂费。所有款项均已支付。

(5) 20日,以银行存款支付前欠华天公司的款项28 580元。

(6) 25日,以银行存款20 000元向长江公司预付购买A材料的货款。

(7) 28 日, 19 日从长安公司购进的丙材料和丁材料运到, 仓库如数验收。

要求: 根据上述经济业务进行会计确认、计量和编制会计分录。上述增值税专用发票全部已认证。

工作过程如下:

12 月 8 日:

步骤 1: 进行会计确认。

这项经济业务的发生, 引起了资产要素中的原材料发生增加及银行存款发生减少和负债要素中的应交税费发生减少的变化, 应在 "原材料" 账户中登记增加金额, 在 "应交税费" 和 "银行存款" 账户中登记减少金额。

提示: 增值税进项税额增加, 是对销项税额的抵减, 因此是负债的减少。

步骤 2: 进行会计计量。

该项经济业务应按实际成本计量, "原材料" 账户借方应记金额为 100 000 元, "应交税费——应交增值税 (进项税额)" 账户借方应记金额为 13 000 元, "银行存款" 账户贷方应记金额为 113 000 元。

步骤 3: 根据银行付款凭证、增值税专用发票和收料单等原始凭证, 编制会计分录如下:

借: 原材料——甲材料   100 000
　　应交税费——应交增值税 (进项税额)   13 000
　　贷: 银行存款   113 000

12 月 11 日:

步骤 1: 进行会计确认。

这项经济业务的发生, 引起了资产要素中的原材料发生增加和负债要素中的应付账款发生增加及应交税费发生减少的变化, 应在 "原材料" 账户中登记增加金额, 在 "应交税费" 账户中登记减少金额, 在 "应付账款" 账户中登记增加金额。

步骤 2: 进行会计计量。

该项经济业务应按实际成本计量, "原材料" 账户借方应记金额为 24 500 元, "应交税费——应交增值税 (进项税额)" 账户借方应记金额为 3 120 元, "应付账款" 账户贷方应记金额为 27 620 元。

步骤 3: 根据增值税专用发票和收料单等原始凭证, 编制会计分录如下:

借: 原材料——乙材料   24 500
　　应交税费——应交增值税 (进项税额)   3 120
　　贷: 应付账款——华天公司   27 620

12 月 15 日:

步骤 1: 进行会计确认。

这项经济业务与 12 月 11 日购进乙材料业务相似, 不同点有两个, 一是没有运杂费; 二是货款以商业汇票延期支付, 应在 "原材料" "应交税费" "应付票据" 三个账户中进行相应登记。

步骤2：进行会计计量。

该项经济业务应按实际成本计量，"原材料"账户借方应记金额为40 000元，"应交税费——应交增值税（进项税额）"账户借方应记金额为5 200元，"应付票据"账户贷方应记金额为45 200元。

步骤3：根据商业汇票存根、增值税专用发票和收料单等原始凭证，编制会计分录如下：

借：原材料——甲材料　　　　　　　　　　　　　　　　　　　　40 000
　　应交税费——应交增值税（进项税额）　　　　　　　　　　　　5 200
　　贷：应付票据——威海公司　　　　　　　　　　　　　　　　　　　45 200

12月19日：

步骤1：进行会计确认。

这项经济业务的发生，引起了资产要素中的在途物资增加及银行存款的减少和负债要素中的应交税费减少的变化，应在"在途物资"账户中登记增加金额，在"应交税费"和"银行存款"账户中登记减少金额。

步骤2：进行会计计量。

该项经济业务应按实际成本计量，"在途物资"总分类账户借方应记金额为51 500元 [采购总成本为24 000+26 000+1 500=51 500（元）]，明细账户借方应记金额按下列采购成本计算结果确定：

丙材料和丁材料的采购成本计算如下：

运杂费分配率=1500÷（30+20）=30

丙材料应负担的运杂费=30×30=900（元）

丁材料应负担的运杂费=20×30=600（元）

丙材料总采购成本=24 000+900=24 900（元）

丙材料单位采购成本=24 900÷30=830（元）

丁材料总采购成本=26 000+600=26 600（元）

丁材料单位采购成本=26 600÷20=1 330（元）

"应交税费——应交增值税（进项税额）"账户借方应记金额为6 500元，"银行存款"账户贷方应记金额为58 000元。

步骤3：根据银行付款凭证、运杂费发票和采购成本计算表等原始凭证，编制会计分录如下：

借：在途物资——丙材料　　　　　　　　　　　　　　　　　　　24 900
　　　　　　——丁材料　　　　　　　　　　　　　　　　　　　26 600
　　应交税费——应交增值税（进项税额）　　　　　　　　　　　　6 500
　　贷：银行存款　　　　　　　　　　　　　　　　　　　　　　　　58 000

12月20日：

步骤1：进行会计确认。

这项经济业务的发生，引起了资产要素中的银行存款和负债要素中的应付账款同时发生减少变化，应分别在"银行存款"和"应付账款"账户中登记减少金额。

步骤2：进行会计计量。

该项经济业务应按实际成本计量，金额为 28 580 元。

步骤3：根据银行付款凭证编制会计分录如下：

借：应付账款——华天公司　　　　　　　　　　　　　　　　　　28 580
　　　贷：银行存款　　　　　　　　　　　　　　　　　　　　　　　28 580

12 月 25 日：

步骤1：进行会计确认。

这项经济业务的发生，引起了资产要素中的预付账款和银行存款之间发生一增一减的变化，应在"预付账款"账户中登记增加金额和在"银行存款"账户中登记减少金额。

步骤2：进行会计计量。

该项经济业务应按实际成本计量，金额为 20 000 元。

步骤3：根据银行付款凭证编制会计分录如下：

借：预付账款——长江公司　　　　　　　　　　　　　　　　　　20 000
　　　贷：银行存款　　　　　　　　　　　　　　　　　　　　　　　20 000

12 月 28 日：

步骤1：进行会计确认。

这项经济业务的发生，引起了资产要素中的原材料和在途物资之间发生一增一减的变化，应在"原材料"账户中登记增加金额和在"在途物资"账户中登记减少金额。

步骤2：进行会计计量。

按本月 19 日支付货款时计量并计入"在途物资"账户的金额确定。

步骤3：根据收料单编制会计记录如下：

借：原材料——丙材料　　　　　　　　　　　　　　　　　　　　24 900
　　　　　——丁材料　　　　　　　　　　　　　　　　　　　　26 600
　　　贷：在途物资——丙材料　　　　　　　　　　　　　　　　　24 900
　　　　　　　　——丁材料　　　　　　　　　　　　　　　　　26 600

【例3-4】西北实业有限公司为增值税一般纳税人，企业原材料采用计划成本法核算，2024 年 12 月 4 日购入丁材料一批，取得的增值税专用发票上的不含税价款为 7 000 000 元，增值税税额 910 000 元，发票账单已收到，并通过认证，入库时的计划成本为 7 200 000 元，已验收入库，全部款项以银行存款支付。要求：完成西北公司采购原材料业务的账务处理。

工作过程如下：

步骤1：进行会计确认。

西北公司的原材料核算采用计划成本法，在购买材料环节，应该按照材料的实际成本确认资产要素中的"材料采购"账户的增加和"应交税费"账户、"银行存款"账户的减少。

在材料入库环节，应该按照该材料的计划成本金额确认"原材料"账户的增加和"材料采购"账户的减少，差额记入"材料成本差异"账户。

步骤2：进行会计计量。

丁材料的实际成本为 7 000 000 元，确认增值税进项税额 910 000 元，减少银行存款 7 910 000 元。

丁材料的计划成本为 7 200 000 元，实际成本为 7 000 000 元，形成材料成本节约差异 200 000 元。

步骤3：根据相关原始凭证编制会计记录如下：

购入丁材料时：

借：材料采购　　　　　　　　　　　　　　　　　　　7 000 000
　　应交税费——应交增值税（进项税额）　　　　　　　910 000
　　　贷：银行存款　　　　　　　　　　　　　　　　　7 910 000

丁材料验收入库时：

借：原材料——丁材料　　　　　　　　　　　　　　　7 200 000
　　贷：材料采购　　　　　　　　　　　　　　　　　　7 000 000
　　　　材料成本差异　　　　　　　　　　　　　　　　　200 000

【职业能力训练】

一、单项选择题（下列答案中只有一项是正确的，请将正确答案前的英文字母填入括号内）

1. 某企业为增值税一般纳税人，购入材料一批，增值税专用发票上标明的价款为 100 万元，增值税为 13 万元，另支付材料的保险费 2 万元，包装物押金 3 万元。该批材料的采购成本为（　　）万元。

　　A. 100　　　　　　B. 102　　　　　　C. 117　　　　　　D. 105

2. 某企业购买材料一批，买价 3 000 元，增值税进项税额为 390 元，运杂费 200 元，开出商业汇票支付，但材料尚未收到，应贷记（　　）科目。

　　A. 原材料　　　　　B. 在途物资　　　　C. 银行存款　　　　D. 应付票据

3. 某工业企业为增值税小规模纳税人，2024 年 10 月 9 日购入材料一批，取得增值税专用发票上注明的不含税价款为 21 200 元，增值税税额为 2 756 元。材料入库前的挑选整理费为 200 元，材料已验收入库。则该企业取得的材料的入账价值应为（　　）元。

　　A. 21 200　　　　　B. 21 400　　　　　C. 23 956　　　　　D. 24 156

4. 某公司为增税值一般纳税人，2024 年 7 月 1 日"应交税费——应交增值税"账户无余额，7 月销项税额 50 000 元，进项税额 70 000 元，进项税额转出 30 000 元。公司 7 月应交增值税（　　）元。

　　A. -30 000　　　　B. -10 000　　　　C. 20 000　　　　D. 10 000

5. 某工业企业为增值税一般纳税人，材料按计划成本核算，甲材料计划单位成本为每千克 20 元，该企业购入甲材料 1 000 千克，增值税专用发票上注明的材料价款为 21 000 元，增值税税额 2 730 元，材料验收入库，该批入库材料的成本差异为（　　）。

　　A. 超支 1 200 元　　　　　　　　B. 超支 1 000 元

　　C. 节约 1 200 元　　　　　　　　D. 超支 200 元

二、多项选择题（下列答案中至少两项是正确的，请将正确答案前的英文字母填入括号内）

1. 下列各项，应计入企业外购存货入账价值的有（　　）。

　　A. 存货的购买价格　　　　　　　B. 运输途中的保险费

　　C. 入库前的挑选整理费　　　　　D. 运输途中的合理损耗

2. 下列关于在途物资的说法，正确的有（　　）。

　　A. 借方登记购入材料、商品等物资的买价和采购费用（采购实际成本）

　　B. 贷方登记已验收入库材料、商品等物资应结转的实际采购成本

　　C. 期末余额在借方

　　D. 期末余额反映企业期末在途材料、商品等物资的采购成本

3. 企业对材料采用计划成本法核算时，需要设置的科目有（　　）。

　　A. 原材料　　　　　　　　　　　B. 在途物资

　　C. 材料采购　　　　　　　　　　D. 材料成本差异

4. 甲公司为增值税一般纳税人。20×4 年 2 月 12 日，与乙公司签订材料采购合同，并按约定预付货款 200 000 元。2 月 28 日，甲公司收到乙公司发来的材料，取得的增值税专用发票上记载的价款为 300 000 元，增值税税额 39 000 元，甲公司当即以银行存款补付货款。对于上述业务，甲公司应编制会计分录（　　）。

　　A. 借：原材料　　　　　　　　　　　　　　　　　　　　300 000
　　　　　应交税费——应交增值税（进项税额）　　　　　　 39 000
　　　　　　贷：预付账款　　　　　　　　　　　　　　　　 200 000
　　　　　　　　应收账款　　　　　　　　　　　　　　　　 139 000

　　B. 借：预付账款　　　　　　　　　　　　　　　　　　　200 000
　　　　　　贷：银行存款　　　　　　　　　　　　　　　　 200 000

　　C. 借：原材料　　　　　　　　　　　　　　　　　　　　300 000
　　　　　应交税费——应交增值税（进项税额）　　　　　　 39 000
　　　　　　贷：预付账款　　　　　　　　　　　　　　　　 339 000

　　D. 借：预付账款　　　　　　　　　　　　　　　　　　　139 000
　　　　　　贷：银行存款　　　　　　　　　　　　　　　　 139 000

5. 如果货款尚未支付，材料已经验收入库，但月末仍未收到相关发票凭证，下列账

务处理正确的有（　　）。
　　A. 按照暂估价入账　　　　　　B. 借记"原材料"科目
　　C. 贷记"应付账款"等科目　　　D. 不做任何账务处理

三、判断题（正确的在括号里打"√"，错误的打"×"）

1. 一般纳税人企业购入材料时支付的增值税进项税额和进口关税均应计入采购成本。
（　　）

2. 企业采用实际成本核算原材料时，"原材料"科目借方登记入库材料的实际成本；贷方登记发出材料的实际成本；期末通常为借方余额，反映企业库存材料的实际成本。
（　　）

3. 采购材料时，发生的非合理损耗与合理损耗一样，计入采购成本。（　　）

4. 原材料按实际成本计价核算时，不存在成本差异的计算和结转问题。（　　）

5. 采用预付账款方式采购原材料的，在补付余额时，应通过"预付账款"科目核算。
（　　）

四、业务题

大海公司为增值税一般纳税人，原材料核算采用实际成本法，2024 年 9 月发生下列业务：

1. 9 月 2 日，从乙公司购入 N 材料 20 000 公斤，单价 17 元，增值税专用发票列示 N 材料货款金额为 340 000 元，增值税 44 200 元，以转账支票支付，N 材料运到并验收入库。

2. 9 月 6 日，从丙公司购入 M 材料 57 000 公斤，单价 10 元，增值税专用发票列示 M 材料货款金额为 570 000 元，增值税 74 100 元，货款尚未支付，M 材料尚未验收入库。

3. 9 月 8 日，以银行存款支付购买 M 材料应付的装卸费和保险费 4 000 元。同时，M 材料验收入库。

4. 9 月 30 日，汇总本月领料单，其中，生产车间领用 N 材料 25 000 元，M 材料 67 000 元，用于车间一般消耗。

5. 9 月 30 日，汇总本月领料单，其中，行政管理部门领用 N 材料 55 000 元，M 材料 37 000 元。

要求：根据本月经济业务编制会计分录。

任务 4　生产过程业务的核算

【任务描述】

在生产过程中，企业投入原材料，在生产车间，生产工人利用机器设备对原材料进行加工生产出新的产品。对生产过程业务进行会计核算时，会计人员一是对相关原始凭证进行审核;二是进行初始会计确认;三是进行初始会计计量;四是根据审核无误的原始凭证和初始确认、计量的结果,按照归集生产费用的原则、方法和程序,编制归集生产费用的会计分录;五是进行再计量,计算产品生产成本,并根据计算结果编制相关费用分配计算表;六是根据审核无误的费用分配计算表反映的再计量结果,编制结转成本的会计分录。

提示:上述第五项的再计量工作,是根据第四项的会计分录登记成本账户后依据账户记录的结果进行的,并且第六项工作之后还有登记账户的工作,但登记账户的程序与方法不是本项目要具体学习的内容,故在后面的任务执行中只展示账户登记结果的样本或做必要的衔接性提示。

第五项和第六项以及后续登记账户的工作之间具有紧密的环节联系和紧凑的时间关系,在操作上还存在来回往复和交叉,有很多具体的操作,学习时需要特别注意厘清头绪。

【综合知识】

一、生产过程基本知识

工业企业的生产经营活动主要是生产和销售符合社会需要的商品。生产过程是工业企业生产经营过程的第二阶段,一般以生产车间从仓库领用原材料开始到产成品验收入库为止。企业生产过程既是物质产品的生产过程,生产出新的产品;同时,又是物质资料和劳动力的消耗过程。

企业在生产过程中会发生各种耗费,如原材料耗费、人工耗费以及固定资产耗费等,这些耗费形成生产费用,包括材料费用、人工费用、固定资产折旧费用及其他生产费用等。企业的生产费用是为生产产品所发生的,归集给各种产品就构成了产品的生产成本。随着完工产品验收入库等待销售,产品的生产成本随之形成库存商品成本。

企业在生产过程中发生的经济业务主要包括领用原材料、计提和支付职工工资及其他薪酬、计提固定资产折旧、发生其他生产费用、产品生产成本的计算与完工产品成本的结转等。

二、生产费用的含义与内容

生产费用是指企业在产品生产过程中所发生的各种耗费的货币表现。

生产费用按经济内容分类,可以分为材料费用、人工费用、固定资产折旧费用和其他生产费用等;按与产品生产之间的关系分类,可以分为直接生产费用和间接生产费用等;按经济用途分类,可以分为直接材料费用、直接人工费用和制造费用等。

直接生产费用简称直接费用,是指与产品生产有直接关系的各种生产费用,如材料费用、直接生产产品的生产工人的人工费用等。间接生产费用简称间接费用，是指与产品生产有间接关系的各种生产费用，如生产车间管理人员的人工费用，车间厂房及建筑物的折旧费用，车间管理部门的办公费用、差旅费用等。

直接材料费用简称直接材料，是指企业在生产产品过程中消耗的、直接用于产品生产、构成产品实体的原料及主要材料、辅助材料和其他直接材料。直接人工费用简称直接人工，是指企业支付给直接从事产品生产的生产工人的各种薪酬所形成的人工费用。制造费用，是指企业生产车间为组织和管理产品生产所发生的各种间接费用及一些固定性直接费用，包括车间管理人员的各种薪酬、车间固定资产的折旧费、周转材料摊销费、办公费、水电费、机物料消耗、劳动保护费等。

在企业发生的各项费用中，固定资产折旧费与原材料等物质资料耗费形成的费用具有不同的情况。原材料等物质资料耗费是随着其实物形态的一次性改变其价值全部一次性形成费用，而固定资产则不同。固定资产可以在较长期限内连续使用，并且在使用过程中保持其原有的实物形态不变，其价值却随着固定资产的损耗逐渐地减少并转移到所生产的产品或所提供的劳务成本中去。固定资产随着损耗而逐渐减少的价值叫作固定资产折旧，转移到生产费用或经营管理费用中，就是固定资产折旧费，简称折旧费。

知识与能力拓展：

企业的成本费用按与产品产量之间的关系分类，可以分为变动成本、固定成本等。所谓变动成本是指在一定时期、一定业务量范围内，成本总额会随着产量的变化呈正比例变化的那部分成本，如直接材料费用、计件工资制下的直接人工费用等。所谓固定成本是指在一定期间和一定业务量范围内，成本总额不会随着产量的变化而发生变化的那部分成本，如车间固定资产折旧费、公共照明费以及生产车间为组织和管理生产所发生的各种间接费用等。制造费用大部分内容属于间接费用，但包括部分具有固定成本性质的直接费用，如机器设备的折旧费、小型生产工具的摊销费等。将具有固定成本性质的直接费用作为制造费用可以简化归集和分配生产费用以及计算产品成本的核算工作。

三、产品成本与成本项目的区别

产品成本也叫生产成本，是产品生产成本或产品制造成本的简称，指工业企业为制造一定种类和数量的产品所发生的生产费用。产品成本和生产费用既有密切联系又有重要区别。产品成本是生产费用的对象化，是归集到具体产品上的生产费用，是生产费用向具体产品进行归集的结果。生产费用是产品成本的经济内涵，没有生产费用的发生就无所谓产品成本。生产费用要与具体的产品相联系才具有管理上的意义。

例如，企业某车间本月发生500 000元生产费用，这个信息也就只能让人知道"某车间本月发生了500 000元生产费用"这个事实，没有多大的意义。但如果增加"是为生产1 000件完工的甲产品发生的"这个信息，情况就不同了。这时，500 000元就是

1 000 件甲产品的总成本，由此可以计算出每件甲产品的单位成本是 500 元。据此，可以制定甲产品的销售价格，可以与企业以前生产的甲产品的单位成本以及与其他企业生产的甲产品的单位成本进行对比分析，以便找出差距，改进工作、降低产品成本等。

为了正确核算产品成本，充分发挥产品成本在管理上的重要作用，还需要按生产费用的经济用途，将产品成本进一步划分为若干项目，这就是产品生产成本项目，简称产品成本项目或成本项目。通过成本项目，可以详细反映产品成本的经济构成及产品在生产过程中不同的资产耗费情况。成本项目主要包括直接材料、直接人工和制造费用。

直接材料是指直接用于产品生产、构成产品实体或者有助于产品形成的原料、主要材料及辅助材料等。直接人工是指支付给直接从事产品生产的生产工人的各种薪酬。制造费用是指生产车间为组织和管理产品生产所发生的各种间接费用及一些固定性直接费用。

动脑动手：采购成本的计算对象与生产成本的计算对象有什么异同？

四、归集生产费用的原则

归集生产费用是指将所发生的各项生产费用在各种产品之间进行划分并归集给各种产品，使之汇集成产品成本。生产费用的归集过程，就是产品成本的核算过程。生产费用的归集应遵循的一般原则是，直接材料费用和直接人工费用直接计入产品成本，制造费用先行归集后再分配计入产品成本。具体情况如下：

（一）直接材料费用的归集

直接材料费用于发生时直接记入"生产成本"总分类账户及相关的产品成本明细账户的"直接材料"成本项目内。但在记入相关的产品成本明细账户时需要区分两种情况：一是在领用材料时能分清具体产品的，按领用金额直接记入；二是多种产品共同耗用的，应按一定的标准分配后直接记入。多种产品共同耗用材料费用的分配标准可以采用产品的产量、重量、体积、材料定额消耗量、材料定额费用等。

（二）直接人工费用的归集

直接人工费用于发生时直接记入"生产成本"总分类账户及相关的产品成本明细账户的"直接人工"成本项目内。但在记入相关的产品成本明细账户时需要区分两种情况：一是计件工资制或者计时工资制下，一个车间只生产一种产品的直接记入；二是计时工资制下，一个车间同时生产多种产品的，按一定的标准分配后直接记入。多种产品共同耗用直接人工费用的分配标准一般是生产工时。

提示：分配共同性生产费用的生产工时可以是实际工时，也可以是定额工时。

（三）制造费用的归集

企业发生的各项制造费用，发生时在"制造费用"账户进行归集，月末时分配结转到"生产成本"总分类账户及相关的产品成本明细账户的"制造费用"成本项目内。在转入相关的产品成本明细账户时也需要区分两种情况：一是一个车间只生产一种产品的，按总金额全部转入；二是一个车间同时生产多种产品的，按一定的标准分配后转入。制造费用的分配标准可以是生产工人工资、生产工时、机器工时等。

五、共同性生产费用的分配方法

在生产费用的归集过程中，对于不能直接确定由某种具体产品承担的共同性生产费用，应分配计入各种产品成本。需要在各种产品之间进行分配的共同性生产费用，主要包括多种产品共同耗用一种原材料、生产工人薪酬、制造费用等。共同性生产费用的分配标准虽然多种多样，但分配原理和基本方法是相同的。分配共同性生产费用的基本步骤和公式如下：

1. 计算费用分配率：

$$费用分配率 = 应分配的费用总额 / 各种产品的分配标准数额之和$$

2. 计算各种产品应负担的费用：

$$某种产品应负担的费用 = 该种产品的分配标准数额 \times 费用分配率$$

提示：在会计核算中会遇到很多将共同性费用分配给多个承担对象的问题，如前面已经学习过的共同性采购费用的分配，这里的共同性生产费用的分配，以后还有完工产品与在产品之间的费用分配等。其原理和基本方法都是一样的，只是分配的标准不同而已，只要做到融会贯通就能举一反三。

动脑动手：共同性生产费用采用什么分配标准进行分配更为合适？

六、完工产品成本的计算与结转

生产费用通过上述的原则、方法和会计核算程序进行归集和分配后，都归集到了各种产品上，记入了"生产成本"账户及其相关的产品成本明细账户中。接下来的工作是，月末时，在各种产品的本月完工产品与月末在产品之间分配所归集的各项生产费用，计算本月完工产品成本与月末在产品成本。

这时，如果某种产品全部完工，没有月末在产品，则该种产品成本明细账上所归集的全部生产费用都是该种产品的完工产品成本；如果某种产品全部没有完工，则该种产品成本明细账上所归集的全部生产费用都是该种产品的月末在产品成本；如果某种产品部分完工、部分没有完工，则该种产品成本明细账上所归集的全部生产费用，就要采用一定的分配方法在完工产品和月末在产品之间进行分配，计算出本月完工产品成本和月末在产品成本。

月末，在完工产品与月末在产品之间分配生产费用、计算本月完工产品成本和月末在产品成本的方法很多，将在后续专业课程中进行学习。其基本程序和方法一般是先计算出月末在产品成本，然后按下面的公式计算本月完工产品成本：本月完工产品成本＝月初在产品成本＋本月发生的生产费用－月末在产品成本。本月完工产品成本计算出来以后，从"生产成本"账户结转到"库存商品"账户，生产过程业务的核算工作结束。

七、账户设置

1. "生产成本"账户。该账户是成本类账户，用来归集生产过程中发生的生产费用，核算产品成本，借方登记应计入产品成本的各项生产费用，贷方登记完工入库产品转出的生产成本，余额在借方，表示尚未完工的在产品成本。该账户按生产的产品名称设置明细账户，并按成本项目设置专栏进行明细核算。

2. "制造费用"账户。该账户是成本类账户，用来归集和分配生产车间所发生的各项制造费用，借方登记实际发生的各种制造费用，贷方登记期末分配转入"生产成本"账户、由各种产品负担的制造费用，平时余额在借方，期末分配结转后一般无余额。该账户按车间名称设置明细账，并按费用项目设置专栏，进行明细核算。

3. "应付职工薪酬"账户。该账户是负债类账户，核算企业根据有关规定应支付给职工的各种薪酬，贷方登记应付职工的薪酬，借方登记实际支付给职工的薪酬，余额在贷方，表示企业应付未付的职工薪酬。该账户可按短期薪酬、离职后福利、辞退福利和其他长期职工福利等设置明细账户，进行明细核算。

4. "库存商品"账户。该账户是资产类账户，核算企业库存待售的各种商品的实际成本，借方登记完工入库产成品转入的实际成本，贷方登记出库产品转出的实际成本，余额在借方，表示现有库存商品的实际成本。该账户按库存商品的种类、品种和规格设置明细账户，进行明细核算。

【任务设计】

【例3-5】荣达实业有限公司2024年12月发生下列有关产品生产的经济业务：

（1）7日，委托银行代发上月工资60 000元。

（2）31日，仓库发出材料汇总如表3-1所示。

表 3-1　　　　　　　　　　　　材料耗用汇总表　　　　　　　　　　　　单位：元

项目	甲材料	乙材料	丙材料	合计
生产产品耗用	40 000	20 000	12 000	72 000
其中：A 产品	26 000	13 000	8 000	47 000
B 产品	14 000	7 000	4 000	25 000
车间一般耗用			600	600
行政管理部门耗用		300	100	400
合计	40 000	20 300	12 700	73 000

（3）31 日，分配本月应付职工工资，其中，生产 A 产品工人工资 2 400 元，生产 B 产品工人工资 18 000 元，车间管理人员工资 2 000 元，公司管理部门人员工资 16 000 元。

（4）31 日，按工资总额的 1.5% 计提职工教育经费。

（5）31 日，计提本月固定资产折旧，其中，车间固定资产折旧 5 920 元，公司管理部门固定资产折旧 5 800 元。

（6）31 日，以银行存款支付车间水电费 8 000 元，假设不考虑增值税。

（7）31 日，本月共发生的制造费用 16 800 元，按生产工人的工资比例进行分配。

（8）31 日，本月生产的 A 产品 100 件全部完工，B 产品 200 件全部没有完工，计算和结转本月完工产品成本。

要求：根据上述经济业务进行会计确认、计量和编制会计分录。制造费用分配率保留 4 位小数。

工作过程如下：

12 月 7 日：

步骤 1：进行会计确认。

这项经济业务的发生，引起了负债要素中的应付职工薪酬和资产要素中的银行存款同时发生减少的变化，应分别在"应付职工薪酬"和"银行存款"两个账户中登记减少金额。

步骤 2：进行会计计量。

该项经济业务应按实际成本计量，金额为 60 000 元。

步骤 3：根据支票存根和工资结算单等原始凭证，编制会计分录如下：

借：应付职工薪酬——工资　　　　　　　　　　　　　　　60 000
　　贷：银行存款　　　　　　　　　　　　　　　　　　　　　　　60 000

12 月 31 日：

步骤 1：进行会计确认。

这项经济业务的发生，引起了资产要素中处于生产过程中的在产品及费用要素中的管理费用发生增加的变化和资产要素中处于供应过程中的原材料发生减少的变化，应在"生产成本""制造费用""管理费用"等账户中登记增加金额，在"原材料"账户中登记减少金额。

提示：（1）发生的生产费用归集为产品成本，生产过程中正在生产的产品即在产品是企业的资产，在产品成本虽然专门设置成本账户核算，但其经济内容属于资产要素，所以，生产费用增加实质上是处于生产过程中的资产增加。（2）公司管理部门发生的费用是费用要素中的管理费用，不属于生产费用，不是生产业务核算的范围，但在实际工作中，管理费用中的很多项目是与生产费用连在一起同时发生的，例如，生产车间去仓库领料时，公司管理部门也同时去领用一些消耗性材料物品或维修材料；所有职工一起发工资；全公司的水电费一起支付等。因此，核算上也就连在一起进行，只是分别记入不同的账户。

步骤2：进行会计计量。

该项经济业务应按实际成本计量，"生产成本"账户借方应记金额为72 000元，"制造费用"账户借方应记金额为600元，"管理费用"账户借方应记金额为400元，"原材料"账户贷方应记金额为73 000元。

步骤3：根据材料耗用汇总表编制会计分录如下：

借：生产成本——A产品	47 000
——B产品	25 000
制造费用	600
管理费用	400
贷：原材料——甲材料	40 000
——乙材料	20 300
——丙材料	12 700

提示：材料耗用汇总表是根据领料单汇总编制的汇总原始凭证，如果领料单不多，应附在材料耗用汇总表后面一起流转与保存；如果领料单很多，可以单独装订成册进行保存。

12月31日：

步骤1：进行会计确认。

这项经济业务的发生，引起了资产要素中的在产品及费用要素中的管理费用和负债要素中的应付职工薪酬同时发生增加的变化，应分别在"生产成本""制造费用""管理费用""应付职工薪酬"四个账户中登记增加金额。

步骤2：进行会计计量。

该项经济业务应按实际成本计量，"生产成本"账户借方应记金额为42 000元，"制造费用"账户借方应记金额为2 000元，"管理费用"账户借方应记金额为16 000元，"应付职工薪酬"账户贷方应记金额为60 000元。

步骤3：根据工资费用分配表编制会计分录如下：

借：生产成本——A产品	24 000
——B产品	18 000
制造费用	2 000
管理费用	16 000
贷：应付职工薪酬——工资	60 000

12 月 31 日：

步骤 1：进行会计确认。

这项经济业务的发生，与分配工资业务相类似，应在"生产成本""制造费用""管理费用""应付职工薪酬"四个账户中进行相应记录。

步骤 2：进行会计计量。

该项经济业务应按实际成本计量，"生产成本"账户借方应记金额为 630 元（其中，A 产品 360 元，B 产品 270 元），"制造费用"账户借方应记金额为 30 元，"管理费用"账户借方应记金额为 240 元，"应付职工薪酬"账户贷方应记金额为 900 元。

步骤 3：根据职工教育经费计提分配表编制会计分录如下：

借：生产成本——A 产品　　　　　　　　　　　　　　　　360
　　　　　　——B 产品　　　　　　　　　　　　　　　　270
　　制造费用　　　　　　　　　　　　　　　　　　　　　 30
　　管理费用　　　　　　　　　　　　　　　　　　　　　240
　　贷：应付职工薪酬——职工教育经费　　　　　　　　　　　900

12 月 31 日：

步骤 1：进行会计确认。

这项经济业务的发生，引起了资产要素中的在产品及费用要素中的管理费用发生增加的变化和资产要素中的固定资产发生价值减少（折旧额增加）的变化，应分别在"制造费用""管理费用""累计折旧"三个账户登记增加金额。

步骤 2：进行会计计量。

该项经济业务应按实际成本计量，"制造费用"账户借方应记金额为 5 920 元，"管理费用"账户借方应记金额为 5 800 元，"累计折旧"账户贷方应记金额为 11 720 元。

步骤 3：根据固定资产折旧计算表编制会计分录如下：

借：制造费用　　　　　　　　　　　　　　　　　　　　5 920
　　管理费用　　　　　　　　　　　　　　　　　　　　5 800
　　贷：累计折旧　　　　　　　　　　　　　　　　　　　11 720

12 月 31 日：

步骤 1：进行会计确认。

这项经济业务的发生，引起了资产要素中的在产品和银行存款发生一增一减的变化，应在"制造费用"账户中登记增加金额，在"银行存款"账户中登记减少金额。

步骤 2：进行会计计量。

该项经济业务应按实际成本计量，金额为 8 000 元。

步骤 3：根据电费发票和支票存根等原始凭证，编制会计分录如下：

借：制造费用　　　　　　　　　　　　　　　　　　　　8 000
　　贷：银行存款　　　　　　　　　　　　　　　　　　　　8 000

提示：企业生产车间发生的水电费，如果安装有度量表，能够清楚划分产品生产动力耗用和车间一般性耗用的,产品生产动力耗用部分应当直接计入产品成本,借记"生产成本"账户。

12月31日:

提示:这是月末进行本月制造费用的分配与结转业务,属于会计再计量的工作,需要分配的金额是"制造费用"账户分配前的借方余额(本例为16 550元)。这项工作是在将本月发生的制造费用全部登记到"制造费用"账户的基础上进行的,这里省略了根据会计分录登记账户的操作,登记结果如表3-2所示。

表3-2　　　　　　　　　　　制造费用明细账　　　　　　　　　　　单位:元

2024年		凭证号数	摘要	借方						贷方	借或贷	余额
月	日			材料费	工资	职工教育经费	折旧费	水电费	其他	合计			
12	20	略	分配材料费	600						600		借	600
12	25	略	分配工资		2 000					2 000		借	2 600
12	26	略	计提教育经费			30				30		借	2 630
12	28	略	计提折旧费				5 920			5 920		借	8 550
12	29	略	支付水电费					8 000		8 000		借	16 550
12	31	略	分配转出								16 550	平	0
12	31		本月合计	600	2 000	30	5 920	8 000		16 550	16 550	平	0

步骤1:进行会计确认。

制造费用的结转业务会引起资产要素中的在产品发生此增彼减的变化,应在"生产成本"账户中登记增加金额,在"制造费用"账户中登记减少金额。

提示:制造费用的结转使在产品的一部分成本由生产费用形式转变为成本形式,总成本并没有发生变化。

步骤2:进行会计计量。

按实际成本计量,首先进行分配计算:

分配率 = 16 550 ÷ (24 000 + 18 000) = 0.3940

A产品应负担制造费用 = 24 000 × 0.3940 = 9 456(元)

B产品应负担制造费用 = 16 550 - 9 456 = 7 094(元)

请注意:在分配共同性费用时,如果费用分配率有四舍五入的情况,会发生分配尾差,其简捷的解决办法是对最后一个分配对象采用扣除法计算,即将待分配的共同性费用总额减去前面的分配对象已分配金额后的金额作为最后一个分配对象应负担的费用,将尾差分配给最后一个分配对象。

其次，根据分配结果编制制造费用分配表，如表3-3所示。

表3-3 制造费用分配表
2024年12月

受益对象	工资总额（元）	分配率	金额（元）
A产品	24 000		9 456
B产品	18 000		7 094
合计	42 000	0.3940	16 550

请注意： 因为分配率0.3940是四舍五入后的结果，按照该分配率分配会产生尾差。实务中的解决办法是，将待分配的费用总额（16 550元）减去已分配金额（9 456元）后的金额（7 094元）作为最后一个分配对象应负担的费用，将尾差分配给最后一个分配对象。

步骤3：根据制造费用分配表编制会计分录如下：

借：生产成本——A产品　　　　　　　　　　　　　　9 456
　　　　　　——B产品　　　　　　　　　　　　　　7 094
　　贷：制造费用　　　　　　　　　　　　　　　　　16 550

提示： 这种由会计人员根据账户记录在账户之间进行结转的会计事项比较多，是由会计人员根据已有的账户记录数据编制分配计算表等作为原始凭证进行结转的。

12月31日：

提示： 制造费用分配结转并记入"生产成本"账户后，各种产品本月所发生的生产费用全部都记入到了各种产品的成本明细账中，紧接着就是将本月发生的生产费用与月初在产品成本加在一起，在同一种产品的完工产品与在产品之间进行分配，计算本月完工产品成本与月末在产品成本，并对本月完工产品成本进行结转。这里省略了登记"生产成本"账户和回避了比较复杂的成本计算的操作，只展示两种产品成本明细账的登记结果样本和进行很简单的成本计算。

步骤1：进行会计确认。

这项经济业务的发生，引起了资产要素中的库存商品和在产品发生一增一减的变化，应在"库存商品"账户中登记增加金额，在"生产成本"账户中登记减少金额。

步骤2：进行会计计量。

该项经济业务应按实际成本计量，根据A、B两种产品的完工情况，在产品成本明细账中归集成本数据，A产品成本明细账中归集的全部生产费用都是完工产品成本，金额为80 816元；B产品成本明细账中归集的全部生产费用都是月末在产品成本，没有完工产品成本。

提示： 在实际工作中，这个步骤的工作有两个基本环节和若干具体的操作，基本环节包括：按产品编制完工产品与在产品生产费用分配表；根据每种产品的完工产品与在产品生产费用分配表汇总编制产品成本汇总表。具体方法将在后续专业课中学习，这里仅提供编制完成的产品成本汇总表样本（见表3-4）。

表 3-4　　　　　　　　　　　　　产品成本汇总表
　　　　　　　　　　　　　　　　2024 年 12 月　　　　　　　　　　　　　　　单位：元

产品名称	产量	生产费用累计	月末在产品成本	完工产品成本	
				总成本	单位成本
A 产品	100	80 816		80 816	808.16
B 产品		50 364	50 364		
合计		131 180	50 364	80 816	

步骤 3：根据产品成本汇总表编制会计分录如下：
　　借：库存商品——A 产品　　　　　　　　　　　　　　　　　　80 816
　　　　贷：生产成本——A 产品　　　　　　　　　　　　　　　　　　80 816

提示：本月的完工产品已经先行入库并在"库存商品"明细账中做了数量登记，这里是将其生产成本转入"库存商品"账户。

根据上述全部会计分录登记的产品成本明细账如表 3-5 和表 3-6 所示。

表 3-5　　　　　　　　　　　　　生产成本明细账
产品名称：A 产品　　　　　　　　　　　　　　　　　　　　　　　　　　单位：元

2024 年		凭证号数	摘要	借方				贷方	借或贷	余额
月	日			直接材料	直接人工	制造费用	合计			
12	31	略	领用材料	47 000			47 000		借	47 000
12	31	略	分配工资		24 000		24 000		借	71 000
12	31	略	计提职工教育经费		360		360		借	71 360
12	31	略	分配制造费用			9 456	9 456		借	80 816
12	31	略	结转完工产品成本					80 816	平	0
12	31		本月生产费用合计	47 000	24 360	9 456	80 816	80 816	平	0

表 3-6　　　　　　　　　　　　　生产成本明细账
产品名称：B 产品　　　　　　　　　　　　　　　　　　　　　　　　　　单位：元

2024 年		凭证号数	摘要	借方				贷方	借或贷	余额
月	日			直接材料	直接人工	制造费用	合计			
12	31	略	领用材料	25 000			25 000		借	25 000
12	31	略	分配工资		18 000		18 000		借	43 000
12	31	略	计提职工教育经费		270		270		借	43 270
12	31	略	分配制造费用			7 094	7 094		借	50 364
12	31		本月生产费用合计	25 000	18 270	7 094	50 364		借	50 364

动脑动手：企业发生的耗费哪些应记入"生产成本"账户，哪些应记入"制造费用"账户，哪些应记入"管理费用"账户？

【职业能力训练】

一、单项选择题（下列答案中只有一项是正确的，请将正确答案前的英文字母填入括号内）

1. 下列各项中，属于制造费用核算范围的是（　　）。
 A. 车间用房的折旧费　　　　　　　　B. 厂部办公楼的折旧费
 C. 财务人员的工资费用　　　　　　　D. 直接从事产品生产的生产工人工资

2. 下列各项中，关于材料费用的归集与分配，说法错误的是（　　）。
 A. 对于直接用于某种产品生产的材料费用，应直接记入"生产成本"科目
 B. 对于由多种产品共同耗用、应由这些产品共同负担的材料费用，应选择适当的标准在这些产品之间进行分配，按分担的金额计入相应的成本计算对象
 C. 对于由多种产品共同耗用、应由这些产品共同负担的材料费用，应选择记入"制造费用"科目
 D. 对于为提供生产条件等间接消耗的各种材料费用，应先通过"制造费用"科目进行归集，期末再同其他间接费用一起按照一定标准分配计入有关产品成本

3. 生产车间生产 A 产品，领用甲材料 5 000 元，对于该业务，下列处理正确的是（　　）。

　　A. 借：生产成本——A 产品　　　　　　　　　　　　　5 000
　　　　　贷：原材料——甲材料　　　　　　　　　　　　　　　　5 000
　　B. 借：制造费用　　　　　　　　　　　　　　　　　　5 000
　　　　　贷：原材料——甲材料　　　　　　　　　　　　　　　　5 000
　　C. 借：制造费用　　　　　　　　　　　　　　　　　　5 000
　　　　　贷：在途物资——甲材料　　　　　　　　　　　　　　　5 000
　　D. 借：生产成本——A 产品　　　　　　　　　　　　　5 000
　　　　　贷：材料采购——甲材料　　　　　　　　　　　　　　　5 000

4. 某企业的制造费用采用生产工人工时比例法进行分配。该企业当月生产甲、乙两种产品，共发生制造费用 50 000 元。当月生产甲、乙两种产品共耗用 20 000 工时，其中，甲产品耗用 16 000 工时，乙产品耗用 4 000 工时。则甲产品应分配的制造费用为（　　）元。
 A. 40 000　　　　B. 16 000　　　　C. 20 000　　　　D. 30 000

5. 某企业只生产一种产品，本月的成本资料如下：月初在产品成本为 8 000 元，本月生产该产品耗用材料 50 000 元，生产工人工资 8 000 元，月末在产品生产成本 4 200 元，则该车间本月完工产品生产成本为（　　）元。

A. 58 000　　　　B. 50 000　　　　C. 61 800　　　　D. 62 200

二、多项选择题（下列答案中至少两项是正确的，请将正确答案前的英文字母填入括号内）

1. 下列项目，应计入产品成本的有（　　）。
A. 行政管理人员工资　　　　　　B. 基本生产车间生产工人工资
C. 产品广告费　　　　　　　　　D. 基本生产车间固定资产的折旧费

2. 下列关于"生产成本"账户，表述正确的有（　　）。
A. "生产成本"账户属于成本类账户
B. "生产成本"账户用以核算企业生产各种产品（产成品、自制半成品等）、自制材料、自制工具、自制设备等发生的各项生产成本
C. "生产成本"账户贷方登记完工入库产成品应结转的生产成本
D. "生产成本"账户期末余额在贷方，反映企业期末尚未加工完成的在产品成本

3. 下列各项，应通过"制造费用"账户核算的有（　　）。
A. 基本生产车间管理人员工资　　B. 基本生产车间生产工人工资
C. 应由基本生产车间负担的电费　D. 生产产品发生的直接材料成本

4. 下列各项中，关于应付职工薪酬核算说法正确的有（　　）。
A. "应付职工薪酬"账户借方登记本月实际支付的职工薪酬数额
B. "应付职工薪酬"账户贷方登记本月计算的应付职工薪酬总额
C. "应付职工薪酬"账户期末余额在贷方，反映企业应付未付的职工薪酬
D. "应付职工薪酬"账户该账户可按"工资"、"职工福利"等进行明细核算

5. 下列关于完工产品生产成本的计算和结转，表述正确的有（　　）。
A. 完工产品生产成本 = 期初在产品成本 + 本期发生的生产费用 – 期末在产品成本
B. 完工产品生产成本 = 期初在产品成本 – 本期发生的生产费用 + 期末在产品成本
C. 完工产品生产成本 = 期末在产品成本 + 本期发生的生产费用 – 期初在产品成本
D. 完工产品生产成本 = 本期发生的生产费用 + 期初在产品成本 – 期末在产品成本

三、判断题（正确的在括号里打"√"，错误的打"×"）

1. 生产过程核算的两项主要内容，一是生产费用的归集和分配；二是产品成本的计算。（　　）

2. 企业计提生产用的固定资产折旧应借记"生产成本"账户，贷记"累计折旧"账户。（　　）

3. "生产成本"账户借方登记应计入产品生产成本的各项费用，包括直接计入产品生产成本的直接材料费、直接人工费和其他直接支出，以及期末按照一定的方法分配计入产品生产成本的制造费用。（　　）

4. 结转或分摊制造费用时，借记"生产成本"等科目，贷记"制造费用"科目。（　　）

5. 如果某产品月初月末均无在产品，则本月为生产该产品发生的全部生产费用就是

该产品本月完工产品成本。   （ ）

四、业务题

青城公司只生产 A、B 两种产品，2024 年 12 月有关账户的资料如下：

单位：元

账户名称	摘要	本期发生额		余额	
		借方	贷方	借方	贷方
生产成本——A 产品	期初结余			20 000	
	直接材料	100 000			
	直接人工	80 000			
生产成本——B 产品	期初结余			50 000	
	直接材料	100 000			
	直接人工	50 000			
制造费用	车间耗费材料	20 000			
	车间人员工资	30 000			
	车间办公费	10 000			

假设该企业按照生产产品的完工数量分配制造费用，本月 A、B 两种产品全部完工，A 产品完工 1 000 件，B 产品完工 2 000 件。

要求：

1. 计算本月制造费用总额；
2. 计算制造费用分配率；
3. 计算 A 产品分配的制造费用；
4. 计算 A 产品完工产品总成本；
5. 计算 B 产品完工产品单位成本。

任务5 销售过程业务的核算

【任务描述】

在销售过程中，企业向购货单位销售所生产的产品，收回货款，取得销售收入。在这个过程中，销售部门负责开具销售发票，仓库负责发出商品，财务部门负责结算货款，会计部门负责进行会计核算。对销售过程业务进行会计核算时，会计人员一是对相关原始凭证进行审核；二是进行会计确认；三是进行会计计量；四是根据审核无误的原始凭证和确认、计量的结果编制会计分录。

【综合知识】

一、销售过程基本知识

企业所生产的产品必须销售出去，收回销货款，生产经营活动才能继续下去。销售过程是指企业从仓库发出商品开始，到从购货方收回货款止的业务活动过程，销售过程是产品价值的实现过程。在这个过程中，企业将产品销售给购货单位，与购货单位进行货款结算收回销货款，取得销售收入，发生相应的销售费用，向国家缴纳税金及附加费等。销售过程的经济业务主要包括取得销售收入、收取销货款、计算和结转销售成本、发生销售费用、计算和缴纳税金及附加等。

二、账户设置

1. "主营业务收入"账户。该账户是损益类中的收入类账户，核算企业从销售商品、提供劳务等主营业务活动中所取得的收入，贷方登记取得的主营业务收入，借方登记期末转入"本年利润"账户的主营业务收入，平时余额在贷方，期末结转后无余额。该账户按主营业务的种类设置明细账户，进行明细核算。

2. "其他业务收入"账户。该账户是损益类中的收入类账户，核算企业除主营业务收入以外取得的收入，如销售材料、出租资产等取得的收入。其贷方登记取得的其他业务收入，借方登记期末转入"本年利润"账户的其他业务收入，平时余额在贷方，期末结转后无余额。该账户按其他业务收入的种类设置明细账户，进行明细核算。

3. "应收账款"账户。该账户是资产类账户，核算企业因销售商品、提供劳务等应向购货单位或接受劳务单位收取的款项，借方登记应收的账款，贷方登记收回或核销的账款，余额在借方，表示尚未收回的应收账款。该账户按债务人设置明细账户，进行明细核算。

4. "应收票据"账户。该账户是资产类账户，核算企业因销售商品、提供劳务等收到的商业汇票，借方登记企业应收的商业汇票款项，贷方登记到期收回的商业汇票款项，余额在借方，表示企业应收的商业汇票款项。该账户按开出、承兑商业汇票的单位设置明细账户，进行明细核算。

企业还应设置"应收票据备查簿"，逐笔登记商业汇票的种类、号数和出票日期、票面金额、票面利率、交易合同号等资料，应收票据到期结清票款或退票后，应当在备查簿内逐笔注销。

请注意：商业汇票销售与赊销都会在商品交易中形成应收债权。但是收到的商业汇票是票据信用，已由付款方或银行承兑，付款期限最长不超过 6 个月，比较有保证在票据到期时收回款项；而赊销是挂账信用，主要是靠购货单位或接受劳务单位的信誉收款，有可能很长时间收不回款项，影响资金周转，还有可能付款方由于种种原因而无法付款，形成坏账。因此，企业在销售商品时应谨慎选择收款方式。

5. "主营业务成本"账户。该账户是损益类中的费用类账户，核算企业销售商品、提供劳务等取得主营业务收入时结转的成本，借方登记转入主营业务成本，贷方登记期末转入"本年利润"账户的主营业务成本，平时余额在借方，期末结转后无余额。该账户按主营业务的种类设置明细账户，进行明细核算。

6. "其他业务成本"账户。该账户是损益类中的费用类账户，核算企业因取得其他业务收入所发生的支出，如销售材料的成本、经营出租固定资产的折旧额、出租无形资产的摊销额、出租包装物的成本等。其借方登记发生的其他业务成本，贷方登记期末转入"本年利润"账户的其他业务成本，平时余额在借方，期末结转后无余额。该账户按其他业务成本的种类设置明细账户，进行明细核算。

7. "税金及附加"账户。该账户是损益类中的费用类账户，核算企业因缴纳消费税、城市维护建设税、资源税和教育费附加等相关税费所形成的费用。其借方登记应负担的税金及附加，贷方登记期末转入"本年利润"账户的税金及附加，平时余额在借方，期末结转后无余额。

请注意：一般纳税人企业缴纳的增值税是价外税，采购材料物资所支付的增值税进项税额和抵扣后实际缴纳的增值税，都不属于"税金及附加"账户核算的范围。

提示：一般纳税人企业销售商品收取的增值税款记入"应交税费——应交增值税"账户贷方的"销项税额"专栏。

【任务设计】

【例3-6】荣达公司2024年12月发生下列有关产品销售的经济业务：

（1）9日，向中海公司销售A产品50件，开具增值税专用发票注明每件售价1 500元，价款合计75 000元，增值税款9 750元，全部款项已收存银行。

（2）12日，向威海公司销售B产品30件，开具增值税专用发票注明每件售价700元，价款合计21 000元，增值税款2 730元，全部款项尚未收回。

（3）19日，收到威海公司12日购货形成的前欠B产品的价税款存入银行。

（4）25日，销售W材料200公斤，开具增值税专用发票注明单价50元，增值税款1 300元，款项已收存银行。

（5）26日，以银行存款支付产品广告费，取得增值税专用发票注明广告费15 000元，增值税900元，款项已支付。

（6）31日，计提本月应缴城市维护建设税3 600.1元，应缴教育费附加1 542.9元，应缴地方教育附加1 028.6元。

（7）31日，结转本月产品销售成本：销售A产品50件，单位成本839.60元；B产品100件，单位成本270元。

（8）31日，结转本月W材料销售成本6 000元。

要求：根据上述经济业务编制会计分录。

工作过程如下：

12月9日：

步骤1：进行会计确认。

这项经济业务的发生，引起了资产要素中的银行存款、负债要素中的应交税费和收入要素中的主营业务收入同时发生增加的变化，应分别在"银行存款""主营业务收入""应交税费——应交增值税（销项税额）"三个账户中登记增加金额。

步骤2：进行会计计量。

该项经济业务应按实际成本计量，"银行存款"账户借方应记金额为84 750元，"主营业务收入"账户贷方应记金额为75 000元，"应交税费——应交增值税（销项税额）"账户贷方应记金额为9 750元。

步骤3：根据增值税专用发票、银行进账单、收账通知等原始凭证，编制会计分录如下：

借：银行存款　　　　　　　　　　　　　　　　　　　84 750
　　贷：主营业务收入——A产品　　　　　　　　　　　75 000
　　　　应交税费——应交增值税（销项税额）　　　　　9 750

12月12日：

步骤1：进行会计确认。

这项经济业务的发生，与上述销售A产品相类似，只是货款没有收到，应分别在"应收账款""主营业务收入"和"应交税费——应交增值税（销项税额）"三个账户中登记增加金额。

步骤2：进行会计计量。

该项经济业务应按实际成本计量，"应收账款"账户借方应记金额为23 730元，"主营业务收入"账户贷方应记金额为21 000元，"应交税费——应交增值税（销项税额）"账户贷方应记金额为2 730元。

步骤3：根据增值税专用发票等原始凭证，编制会计分录如下：

借：应收账款——威海公司　　　　　　　　　　　　　23 730
　　贷：主营业务收入——B产品　　　　　　　　　　　21 000
　　　　应交税费——应交增值税（销项税额）　　　　　2 730

提示：如果销售商品时收到了购买方开出、承兑的商业汇票，将上述分录中的"应收账款"改为"应收票据"即可。

12月19日：

步骤1：进行会计确认。

这项经济业务的发生，引起了资产要素中的银行存款和应收账款发生一增一减的变化，应在"银行存款"账户登记增加金额，在"应收账款"账户登记减少金额。

步骤2：进行会计计量。

该项经济业务应按实际成本计量，金额为 23 730 元。

步骤 3：根据银行进账单、收账通知等原始凭证，编制会计分录如下：

借：银行存款　　　　　　　　　　　　　　　　　　　　　　　23 730
　　贷：应收账款——威海公司　　　　　　　　　　　　　　　　　　　23 730

12 月 25 日：

步骤 1：进行会计确认。

这项经济业务的发生，与销售产品的业务相类似，只是收入属于其他业务收入，应分别在"银行存款""其他业务收入""应交税费——应交增值税（销项税额）"三个账户中登记增加金额。

步骤 2：进行会计计量。

该项经济业务应按实际成本计量，"银行存款"账户借方应记金额为 11 300 元，"其他业务收入"账户贷方应记金额为 10 000 元，"应交税费——应交增值税（销项税额）"账户贷方应记金额为 1 300 元。

步骤 3：根据增值税专用发票、银行进账单等原始凭证，编制会计分录如下：

借：银行存款　　　　　　　　　　　　　　　　　　　　　　　11300
　　贷：其他业务收入——材料销售　　　　　　　　　　　　　　　　10 000
　　　　应交税费——应交增值税（销项税额）　　　　　　　　　　　　1300

12 月 26 日：

步骤 1：进行会计确认。

这项经济业务的发生，引起了资产要素中的银行存款、费用要素中的销售费用和负债要素中的应交税费变化，应在"销售费用"和"应交税费——应交增值税（进项税额）"账户中登记增加金额，在"银行存款"账户中登记减少金额。

步骤 2：进行会计计量。

该项经济业务应按实际成本计量，金额为 15 000 元。

步骤 3：根据银行付款凭证、发票等原始凭证，编制会计分录如下：

借：销售费用——广告费　　　　　　　　　　　　　　　　　　15 000
　　应交税费——应交增值税（进项税额）　　　　　　　　　　　　　900
　　贷：银行存款　　　　　　　　　　　　　　　　　　　　　　　　15 900

12 月 31 日（第 6 项业务）：

步骤 1：进行会计确认。

这项经济业务的发生，引起了费用要素中的税金及附加和负债要素中的应交税费同时发生增加的变化，应分别在"税金及附加"和"应交税费"两个账户中登记增加金额。

步骤 2：进行会计计量。

该项经济业务应按实际成本计量，金额为 6 171.6 元。

步骤 3：根据纳税申报表等原始凭证，编制会计分录如下：

借：税金及附加　　　　　　　　　　　　　　　　　　　　　　　6 171.6

  贷：应交税费——应交城市维护建设税   3 600.1
      ——应交教育费附加   1 542.9
      ——应交地方教育附加   1 028.6

提示：企业的税金及附加不是在实际缴纳税款时确认为费用的，而是在当月确认费用、次月 10 日前缴纳税款，当月确认费用时形成应交税费负债。

12 月 31 日（第 7 项业务）：

步骤 1：进行会计确认。

这项经济业务的发生，引起了资产要素中的库存商品和费用要素中的主营业务成本发生一增一减的变化，应在"主营业务成本"账户中登记增加金额，在"库存商品"账户中登记减少金额。

步骤 2：进行会计计量。

该项经济业务应按实际成本计量，金额计算如下：

产品销售成本 = 销售数量 × 单位生产成本

A 产品销售成本 = 50 × 839.60 = 41 980（元）

B 产品销售成本 = 100 × 270 = 27 000（元）

步骤 3：根据销售成本计算表等原始凭证，编制会计分录如下：

  借：主营业务成本——A 产品   41 980
      ——B 产品   27 000
    贷：库存商品——A 产品   41 980
        ——B 产品   27 000

12 月 31 日（第 8 项业务）：

步骤 1：进行会计确认。

这项经济业务的发生，与结转产品销售成本业务相类似，只是属于其他业务成本，应在"其他业务成本"账户中登记增加金额，在"原材料"账户中登记减少金额。

步骤 2：进行会计计量。

该项经济业务应按实际成本计量，金额为 6 000 元。

步骤 3：根据销售成本计算表等原始凭证，编制会计分录如下：

  借：其他业务成本——材料销售   6 000
    贷：原材料——W 材料   6 000

【职业能力训练】

一、单项选择题（下列答案中只有一项是正确的，请将正确答案前的英文字母填入括号内）

1. 下列各项，不属于"其他业务收入"核算内容的是（   ）。

  A. 出租固定资产取得的租金收入   B. 出租包装物和商品取得的租金收入

C. 出售多余材料取得的收入　　　　D. 出售专利权取得的净收益

2. 下列各项中应计入其他业务成本的是（　　）。
   A. 向灾区捐赠的商品成本　　　　B. 自然灾害导致的意外损失
   C. 库存商品盘亏净损失　　　　　D. 经营租出固定资产折旧

3. 某企业 12 月共增加银行存款 236 800 元。其中，销售商品收入 80 000 元，增值税销项税额 10 400 元；出售固定资产取得收入 100 000 元；接受捐赠收入 40 000 元；出租固定资产收入 6 400 元。则该月收入（　　）元。
   A. 240 000　　　B. 226 000　　　C. 86 400　　　D. 186 400

4. 月末结转已售产品的销售成本 90 000 元，正确的会计分录为（　　）。
   A. 借：库存商品　90 000；贷：生产成本　90 000
   B. 借：主营业务成本　90 000；贷：主营业务收入　90 000
   C. 借：主营业务成本　90 000；贷：库存商品 90 000
   D. 借：主营业务成本　90 000；贷：生产成本 90 000

二、多项选择题（下列答案中至少两项是正确的，请将正确答案前的英文字母填入括号内）

1. 对于工业企业而言，下列属于主营业务收入的有（　　）。
   A. 产品销售收入　　　　　　　　B. 材料销售收入
   C. 自制半成品销售收入　　　　　D. 工业性劳务收入

2. 下列各项中，关于"主营业务收入"账户表述正确的有（　　）。
   A. "主营业务收入"账户属于损益类账户
   B. "主营业务收入"账户用以核算企业确认的销售商品、提供劳务等主营业务的收入
   C. "主营业务收入"账户贷方登记企业实现的主营业务收入，即主营业务收入的增加额
   D. "主营业务收入"账户期末结转后，该账户无余额

3. 下列各项，属于"其他业务收入"核算内容的有（　　）。
   A. 出租固定资产取得的租金收入　B. 出售商品所取得的收入
   C. 出售多余材料取得的收入　　　D. 出售专利权取得的净收益

4. 下列各项关于"其他业务收入"账户表述正确的有（　　）。
   A. "其他业务收入"账户用以核算企业确认的除主营业务活动以外的其他经营活动实现的收入
   B. "其他业务收入"账户贷方登记企业实现的其他业务收入
   C. "其他业务收入"账户借方登记期末转入"本年利润"账户其他业务收入
   D. "其他业务收入"账户期末结转后，该账户无余额

5. 企业确认销售商品收入时，"主营业务收入"对应的账户可能有（　　）。
   A. 银行存款　　B. 应收账款　　C. 应交税费　　D. 应收票据

三、判断题（正确的在括号里打"√"，错误的打"×"）

1. "主营业务收入"账户应按照主营业务的种类设置明细账户，进行明细分类核算。
（   ）
2. "应收账款"账户的月末借方余额表示应收但尚未收回的款项。（   ）
3. "应收票据"账户用来核算企业因销售产品等而收到的商业汇票。（   ）
4. "预收账款"账户属于资产类账户，该账户的余额表示预收购货单位的款项。
（   ）
5. 其他业务成本核算的内容包括销售材料的成本、经营出租固定资产的折旧额、出租无形资产的摊销额、出租包装物的成本或摊销额等。（   ）

四、业务题

龙创公司 2024 年 12 月发生下列经济业务：

1. 销售给华西公司 B 产品 900 件，开具增值税专用发票注明单价为 150 元，价款合计 135 000 元，增值税 17 550 元。龙创公司收到华西公司开出并承兑的一张面值 152 550 元的商业汇票。（A 产品单位成本 310 元，B 产品单位成本 90 元，以下销售产品单位成本同）

2. 出售多余 D 材料 100 千克，开具增值税专用发票注明单价为 30 元，计 3 000 元，增值税 390 元，货款收存银行。

3. 计算结转上述 D 材料的成本 2 600 元。

4. 本月应缴增值税 30 000 元，按其 7%、3% 和 2% 分别计算应缴城市维护建设税、教育费附加和地方教育附加。

要求：

1. 编制业务 1 的会计分录。
2. 编制业务 2 的会计分录。
3. 编制业务 3 的会计分录。
4. 编制业务 4 的会计分录。

任务6　相关费用与营业外收支业务的核算

【任务描述】

工业企业的生产经营过程主要包括供应过程、生产过程和销售过程三个基本阶段，但不局限于这三个阶段当中。除了任务 1 中的筹资业务以外，还有一些带全局性或者偶然性的经济活动和经济业务发生。例如，企业高层管理部门为组织和管理这三个阶段的活动所发生的活动、缴纳所得税的活动、发生直接计入利润的利得和损失的活动等，该任务解决的是对这些经济活动进行会计核算的问题。相关费用与营业外收支业务主要包括发生管理费用、信用减值损失、资产减值损失、所得税费用、投资收益、营业外收入和营业外支出等经济业务。对这些经济业务进行会计核算时，会计人员一是对相关原始凭证进行审核；二是进行会计确认；三是进行会计计量；四是根据审核无误的原始凭证和确认、计量的结果编制会计分录。

【综合知识】

一、管理费用的内容及核算

每一个企业都需要设置中高层管理部门并配置相应的管理人员来协调、组织和管理整个企业的生产经营活动。管理费用就是指企业为组织和管理生产经营所发生的各项费用，包括企业在筹建期间发生的开办费、董事会费、行政管理部门在企业的经营管理中发生的或由企业统一负担的公司经费（包括行政管理部门职工的各种薪酬、修理费、物料消耗、低值易耗品摊销、办公费、差旅费等）、工会经费、聘请中介机构费、咨询费、诉讼费、业务招待费、技术转让费、研究费用、排污费等。

企业发生的各种管理费用设置"管理费用"账户进行核算。该账户是损益类中的费用类账户，借方登记发生的各项管理费用，贷方登记期末转入"本年利润"账户的管理费用，平时余额在借方，期末结转后无余额。该账户按费用项目设置明细账户，进行明细核算。

二、销售费用的内容及核算

企业在销售商品过程中发生的包装费、保险费、展览费和广告费、运输费、装卸费等费用，借记"销售费用"科目，贷记"库存现金""银行存款"等科目。

企业发生的为销售本企业商品而专设的销售机构的职工薪酬、业务费等费用，借记"销售费用"科目，贷记"应付职工薪酬""银行存款""累计折旧"等科目。

三、财务费用的内容及核算

企业发生的财务费用包括利息收入和汇兑损益等。借记"财务费用"科目，贷记"银行存款""应付利息"等科目。发生的应冲减财务费用的利息收入、汇兑损益，借记"银行存款"等科目，贷记"财务费用"科目。

四、资产减值损失的内容及核算

资产减值损失是企业依据谨慎性原则，对资产在未来可能发生减值所预计的减值损失。预计资产减值损失就是采用适当的方法预计资产在未来可能发生的减值损失金额，将其确认为当期费用，在当期通过抵减收入形成相应的资产减值准备金。企业所建立的资产减值准备金就是用来弥补未来实际发生的资产减值损失。因此，会计上的资产减值损失并不是企业当期实际发生的资产减值损失，而是指企业计提各项资产减值准备所形成的损失。

企业的资产减值损失设置"资产减值损失"账户进行核算。该账户是损益类中的费用类账户，借方登记计提资产减值准备时确认的金额，贷方登记期末转入"本年利润"账户的金额，平时余额在借方，期末结转后无余额。

提示："信用减值损失"属于损益类账户，用于核算企业计提各项金融工具信用减值准备所形成的预期信用损失。例如，企业的应收账款、债权投资等，若预计未来可能无法全额收回，就需要根据预期信用损失模型计算应计提的减值准备，计入信用减值损失账户。

提示：为了核算企业提取的各项资产减值准备金，需要设置相应的账户，如"存货跌价准备"以及"固定资产减值准备"等各项非流动资产的减值准备账户。资产减值准备的计提及弥补实际发生的减值损失的核算很复杂，需留待后续专业课程中学习。

五、营业外收支的内容及核算

1. 营业外收入。营业外收入是指企业发生的与其日常活动无直接关系的各项利得。营业外收入并不是企业经营资金耗费所产生的，实际上是经济利益的净流入，不需要与有关费用进行配比。营业外收入主要包括捐赠利得、盘盈利得、与企业日常活动无关的政府补助等。

企业取得的营业外收入设置"营业外收入"账户进行核算。该账户是损益类中的利得类账户，贷方登记实际发生的营业外收入，借方登记期末转入"本年利润"账户的营业外收入，平时余额在贷方，期末结转后无余额。该账户按利得项目设置明细账户，进行明细核算。

2. 营业外支出。营业外支出是指企业发生的与其日常活动无直接关系的各项损失，主要包括非流动资产毁损报废损失、捐赠支出、盘亏损失、非常损失、罚款支出等。

企业发生的营业外支出设置"营业外支出"账户进行核算。该账户是损益类中的损失类账户，借方登记实际发生的营业外支出，贷方登记期末转入"本年利润"账户的营业外支出，平时余额在借方，期末结转后无余额。该账户按支出项目设置明细账户，进行明细核算。

六、所得税费用的内容及核算

1. 所得税与所得税费用。企业所得税是国家以企业取得的生产经营所得和其他所得为征税对象所征收的一种税。从会计角度说，企业所得税是国家就企业获得的利润征收的税。企业实现利润后应按税法规定计算缴纳所得税。企业缴纳所得税所形成的费用就是所得税费用。

企业的所得税费用不是在企业日常活动中发生的，而是企业从事日常活动获得利润以后发生的。这是所得税费用与费用要素中的其他费用项目相比所具有的一个重要特点。

2. 所得税费用的计算方法。在不考虑纳税调整的情形下，企业的所得税费用按当期的利润总额和税法规定的所得税税率计算，现行企业所得税税率为25%。计算公式如下：

$$所得税费用 = 利润总额 \times 所得税税率$$

利润总额是企业在计算扣除所得税费用之前的利润总金额，不是会计要素中定义的利润的总金额。可以用公式概括地表示如下：

$$利润总额 = 收入 - 所得税费用之外的各项费用 \pm 直接计入当期利润的利得和损失$$

3. 所得税费用的核算账户。企业的所得税费用设置"所得税费用"账户进行核算。该账户是损益类中的费用类账户，借方登记本期发生的所得税费用，贷方登记期末转入"本年利润"账户的所得税费用，期末结转后无余额。

提示：企业本期的所得税费用只有到了期末时计算出利润总额之后才能据以进行计算和进行账务处理，所以，"所得税费用"账户平时一般也没有余额。

【任务设计】

【例3-7】荣达实业有限公司2024年12月发生下列相关费用与营业外收支业务的经济业务，假定不考虑增值税：

（1）3日，签发转账支票一张支付广告费6 000元。
（2）6日，以银行存款支付公司业务招待费1 900元。
（3）20日，以银行存款2 180元支付公司电话费。
（4）26日，以银行存款向某希望小学捐款55 000元。
（5）31日，本期实现利润总额为50 000元，假定没有发生涉税调整事项，按25%计提本期应缴所得税。

要求：根据上述经济业务编制会计分录。

工作过程如下：

12月3日：

步骤1：进行会计确认。

这项经济业务的发生，引起了资产要素中的银行存款发生减少的变化及费用要素中销售费用增加的变化，应分别在"银行存款"登记减少金额和"销售费用"账户中登记增加金额。

步骤2：进行会计计量。

该项经济业务应按实际成本计量，"银行存款"账户贷方应记金额为6 000元，"销售费用"账户借方应记金额为 6 000 元。

步骤 3：根据银行付款单、发票等原始凭证，编制会计分录如下：

借：销售费用　　　　　　　　　　　　　　　　　　　　　6 000
　　贷：银行存款　　　　　　　　　　　　　　　　　　　　　　6 000

12 月 6 日：

步骤 1：进行会计确认。

这项经济业务的发生，引起了费用要素中的管理费用和资产要素中的库存现金发生一增一减的变化，应在"管理费用"账户中登记增加金额，在"银行存款"账户中登记减少金额。

步骤 2：进行会计计量。

该项经济业务应按实际成本计量，金额为 1 900 元。

步骤 3：根据费用报销单编制会计分录如下：

借：管理费用——业务招待费　　　　　　　　　　　　　　1 900
　　贷：银行存款　　　　　　　　　　　　　　　　　　　　　　1 900

12 月 20 日：

步骤 1：进行会计确认。

这项经济业务的发生，引起了费用要素中的管理费用和资产要素中的银行存款发生一增一减的变化，应在"管理费用"账户中登记增加金额，在"银行存款"账户中登记减少金额。

步骤 2：进行会计计量。

该项经济业务应按实际成本计量，金额为 2 180 元。

步骤 3：根据银行付款凭证和发票等原始凭证，编制会计分录如下：

借：管理费用——办公费　　　　　　　　　　　　　　　　2 180
　　贷：银行存款　　　　　　　　　　　　　　　　　　　　　　2 180

12 月 26 日：

步骤 1：进行会计确认。

这项经济业务的发生，引起了利润要素中的营业外支出和资产要素中的银行存款发生一增一减的变化，应在"营业外支出"账户中登记增加金额，在"银行存款"账户中登记减少金额。

步骤 2：进行会计计量。

该项经济业务应按实际成本计量，金额为 55 000 元。

步骤 3：根据银行付款凭证和受赠方的收据等原始凭证，编制会计分录如下：

借：营业外支出　　　　　　　　　　　　　　　　　　　　55 000
　　贷：银行存款　　　　　　　　　　　　　　　　　　　　　　55 000

12 月 31 日：

步骤 1：进行会计确认。

这项经济业务的发生，引起了费用要素中的所得税费用和负债要素中的应交税费同时发生增加的变化，应分别在"所得税费用"和"应交税费"两个账户中登记增加金额。

步骤2：进行会计计量。

按实际成本计量，本期所得税费用 = 50 000 × 25% = 12 500 元。因为没有发生涉税调整事项，所以，本期应交所得税也是 12 500 元。

步骤3：根据有关原始凭证，编制会计分录如下：

借：所得税费用　　　　　　　　　　　　　　　　　　　　　　　　12 500

　　贷：应交税费——应交所得税　　　　　　　　　　　　　　　　　　12 500

【职业能力训练】

一、单项选择题（下列答案中只有一项是正确的，请将正确答案前的英文字母填入括号内）

1. 期间费用不包括（　　）。

　　A. 管理费用　　　B. 财务费用　　　C. 制造费用　　　D. 销售费用

2. 某企业本月支付厂部管理人员工资 15 000 元，预支厂部半年（含本月）修理费 1 200 元，支付生产车间本月保险费 3 000 元，该企业本月管理费用发生额为（　　）元。

　　A. 15 000　　　B. 16 200　　　C. 15 200　　　D. 19 200

3. 企业支付的产品广告费，应通过（　　）科目核算。

　　A. 管理费用　　　　　　　　　　B. 销售费用

　　C. 制造费用　　　　　　　　　　D. 主营业务成本

4. 计提短期借款利息时，借方科目是（　　）。

　　A. 应付利息　　　B. 财务费用　　　C. 短期借款　　　D. 长期借款

二、多项选择题（下列答案中至少两项是正确的，请将正确答案前的英文字母填入括号内）

1. 下列属于期间费用性质的项目有（　　）。

　　A. 管理费用　　　　　　　　　　B. 营业外支出

　　C. 制造费用　　　　　　　　　　D. 财务费用

2. 企业发生的下列各项费用中，应计入销售费用的有（　　）。

　　A. 销售商品应结转的商品成本　　B. 销售商品广告费

　　C. 销售人员工资　　　　　　　　D. 销售部门办公设备折旧费

3. 下列账户中贷方登记增加的有（　　）。

　　A. 累计折旧　　　B. 管理费用　　　C. 销售费用　　　D. 营业外收入

4. 下列各项，与"财务费用"账户结构相同的包括（　　）。

　　A. 累计折旧　　　B. 管理费用　　　C. 销售费用　　　D. 营业外收入

5. 下列各项，属于财务费用核算内容的包括（　　）。

A. 利息支出　　　　B. 汇兑损益　　　　C. 银行手续费　　　　D. 利息收入

三、判断题（正确的在括号里打"√"，错误的打"×"）

1. 期间费用是指企业日常活动中不能直接归属于某个特定成本核算对象的，在发生时应直接计入当期损益的各种费用。（　　）
2. 制造费用、销售费用、管理费用和财务费用，均为企业的期间费用。（　　）
3. 管理费用，是指企业为管理和组织企业生产经营活动而发生的各项费用。（　　）
4. 销售费用，是指企业在销售商品过程中发生的各项费用以及专设销售机构的各项经费。（　　）
5. 财务部门设备的折旧费，应计入财务费用。（　　）

四、业务题

2024年12月，长江公司发生下列经济业务，不考虑增值税：

1. 以银行存款支付应由本月负担的财产保险费5 000元，报刊费1 200元。
2. 以银行存款支付第一季度短期借款利息15 000元，其中前两月已计提10 000元。
3. 以银行存款支付本月的报刊广告费6 000元。
4. 以银行存款支付公司办公设备修理费4 000元给科华设备修理厂。
5. 以银行存款支付本月绿化费2 000元。

要求：根据上述经济业务编制会计分录。

任务7　利润形成及分配业务的核算

【任务描述】

核算经营成果是企业会计核算工作的重要任务之一，企业经营成果表现为利润或亏损。净利润及其分配业务的核算一般在期末进行，首先，是进行净利润汇总的核算，将各损益账户的当前余额结转到"本年利润"账户。这项工作可以在中期期末分次进行，也可以在年末一次进行。其次，是进行净利润分配的核算，包括计算分配金额和在"利润分配"账户记录分配情况。同净利润汇总的核算一样，这项工作既可以在中期期末分次进行，也可以在年末一次进行。最后，是年末对本年度的全年净利润及其分配数额进行转销的处理。

提示：该任务所处理的经济业务与前面几个任务所处理的经济业务有所不同，该任务所处理的经济业务基本上不是在经济活动中直接发生的经济业务，而是在对经济活动中直接发生的经济业务进行了会计确认、计量和记录的基础上，根据已经形成的账户记录结果进行结转和相关处理的事项。编制会计分录的依据基本上不是来自于实际经济活动中的原始凭证，而是会计人员根据已有账户记录编制的相关计算表格。

【综合知识】

企业从事生产经营活动的目的是获得尽可能多的利润，最大限度地实现资本增值。但由于各种各样的原因，企业也可能发生亏损。不论是利润还是亏损，都是企业的经营结果。企业获得利润后，要按照规定对利润进行分配，一部分要留存企业作为发展资金；另一部分要分配给所有者，作为所有者的投资回报。如果企业发生亏损，则需要进行弥补，企业弥补亏损的资金来源主要是以后年度所获得的利润。本任务主要是对企业获得利润进行核算，企业发生亏损的核算将在后续专业课程中学习。

一、利润形成的账务处理

（一）利润形成概述

为了反映企业日常活动与非日常活动对于利润的贡献，从而增强对利润预测的准确性，企业利润被分为三个层次：

1. 营业利润。营业利润这一指标能够比较恰当地反映企业管理者的经营业绩，也可以认为是企业在日常活动中形成的利润，其计算公式如下：

$$营业利润 = 营业收入 - 营业成本 - 税金及附加 - 销售费用 - 管理费用 - 财务费用 - 研发费用 + 其他收益 - 信用减值损失 - 资产减值损失 + (公允价值变动收益 - 公允价值变动损失) + (投资收益 - 投资损失) + (资产处置收益 - 资产处置损失)$$

2. 利润总额。利润总额，又称税前利润，是营业利润加上营业外收入减去营业外支出后的金额，也可以认为是企业全部活动所形成的利润，其计算公式如下：

$$利润总额 = 营业利润 + 营业外收入 - 营业外支出$$

3. 净利润。净利润，又称税后利润，是利润总额扣除所得税费用后的净额，其计算公式如下：

$$净利润 = 利润总额 - 所得税费用$$

其中，在不考虑递延所得税的前提下，所得税费用等于当期应交所得税。

（二）账户设置

1. "本年利润"账户。该账户属于所有者权益类账户，用以核算企业当期实现的净利润（或发生的净亏损）。企业期（月）末结转利润时，应将各损益类账户的金额转入本账户，结平各损益类账户。

该账户贷方登记企业期（月）末转入的主营业务收入、其他业务收入、营业外收入和投资收益等；借方登记企业期（月）末转入的主营业务成本、税金及附加、其他业务成本、管理费用、财务费用、销售费用、营业外支出、投资损失和所得税费用等。

上述结转完成后,余额如在贷方,即为当期实现的净利润;余额如在借方,即为当期发生的净亏损。年度终了,应将本年收入和支出相抵后结出的本年实现的净利润(或发生的净亏损),转入"利润分配——未分配利润"账户贷方(或借方),结转后本账户无余额。

2. "所得税费用"账户。该账户属于损益类账户,用以核算企业确认的应从当期利润总额中扣除的所得税费用。

该账户借方登记企业应计入当期损益的所得税费用;贷方登记企业期末转入"本年利润"账户的所得税费用。期末结转后,该账户无余额。

(三) 账务处理

1. 结转损益类账户。企业在期末未结转各损益类账户之前,本期实现的各项收入和发生的各项费用分散在不同的损益类账户之中,为了确定本期经营成果,就需要编制记账分录,结清各损益类账户。

提示: 公允价值变动收益是在企业采用了公允价值计量的情况下,因公允价值变动所发生的收益,是利润的加项,设置"公允价值变动损益"账户核算。如果该账户和"投资收益"账户在结转"本年利润"之前为借方余额,则表示损失,是利润的减项。

2. 所得税费用的账务处理。通过结转收入类账户和费用类账户,当期的各项收入和费用(不包括所得税)都汇集到"本年利润"账户,此时"本年利润"账户的余额就是当期实现的利润总额。然后以利润总额为基础,计算并确认所得税费用。

二、利润分配的账务处理

利润分配是指企业根据国家有关规定和企业章程、投资者协议等,对企业当年可供分配利润指定其特定用途和分配给投资者的行为。利润分配的过程和结果不仅关系到每个股东的合法权益是否得到保障,而且还关系到企业的未来发展。

(一) 利润分配顺序

企业向投资者分配利润,应按一定的顺序进行。按照我国《公司法》的有关规定,利润分配应按下列顺序进行:

1. 计算可供分配的利润。企业在利润分配前,应根据本年净利润(或亏损)与年初未分配利润(或亏损)、其他转入的金额(如盈余公积弥补的亏损)等项目,计算可供分配的利润,即:

$$可供分配的利润 = 净利润(或亏损) + 年初未分配利润 - 弥补以前年度的亏损 + 其他转入的金额$$

如果可供分配的利润为负数(即累计亏损),则不能进行后续分配;如果可供分配利润为正数(即累计盈利),则可进行后续分配。

2. 提取法定盈余公积。按照《公司法》的有关规定,公司应当按照当年净利润(抵减年初累计亏损后）的 10% 提取法定盈余公积，提取的法定盈余公积累计额超过注册资本 50% 以上的，可以不再提取。

提示：盈余公积金达到注册资本 50% 时可以不再提取。盈余公积主要用于弥补亏损和转增资本。但弥补亏损、转增资本后的余额不得低于转增前注册资本的 25%。

3. 提取任意盈余公积。公司提取法定盈余公积后，经股东会决议，还可以从净利润中提取任意盈余公积。

提示：任意盈余公积金根据股东会决议提取。

4. 向投资者分配利润（或股利）。企业可供分配利润扣除提取的盈余公积后，形成可供投资者分配的利润，即：

$$可供投资者分配的利润 = 可供分配的利润 - 提取的盈余公积$$

企业可采用现金股利、股票股利和财产股利等形式向投资者分配利润（或股利）。

（二）账户设置

1. "利润分配"账户。该账户属于所有者权益类账户，用以核算企业利润的分配（或亏损的弥补）和历年分配（或弥补）后的余额。

该账户借方登记实际分配的利润额，包括提取的盈余公积和分配给投资者的利润，以及年末从"本年利润"账户转入的全年发生的净亏损；贷方登记用盈余公积弥补的亏损额等其他转入数，以及年末从"本年利润"账户转入的全年实现的净利润。年末，应将"利润分配"账户下的其他明细账户的余额转入"未分配利润"明细账户，结转后，除"未分配利润"明细账户可能有余额外，其他各个明细账户均无余额。"未分配利润"明细账户的贷方余额为历年累积的未分配利润（即可供以后年度分配的利润），借方余额为历年累积的未弥补亏损（即留待以后年度弥补的亏损）。

该账户应当分别"提取法定盈余公积""提取任意盈余公积""应付现金股利或利润""转作股本的股利""盈余公积补亏""未分配利润"等进行明细核算。

2. "盈余公积"账户。该账户属于所有者权益类账户，用以核算企业从净利润中提取的盈余公积。

该账户贷方登记提取的盈余公积，即盈余公积的增加额；借方登记实际使用的盈余公积，即盈余公积的减少额。期末余额在贷方，反映企业结余的盈余公积。

该账户应当分别"法定盈余公积""任意盈余公积"进行明细核算。

3. "应付股利"账户。该账户属于负债类账户，用以核算企业分配的现金股利或利润。

该账户贷方登记应付给投资者股利或利润的增加额；借方登记实际支付给投资者的股利或利润，即应付股利的减少额。期末余额在贷方，反映企业应付未付的现金股利或利润。

该账户可按投资者进行明细核算。

（三）账务处理

1. 净利润转入利润分配。会计期末，企业应将当年实现的净利润转入"利润分配——未分配利润"科目，即借记"本年利润"科目，贷记"利润分配——未分配利润"科目；如为净亏损，则作相反会计分录。

2. 提取盈余公积。企业提取的法定盈余公积，借记"利润分配——提取法定盈余公积"科目，贷记"盈余公积——法定盈余公积"科目；提取的任意盈余公积，借记"利润分配——提取任意盈余公积"科目，贷记"盈余公积——任意盈余公积"科目。

3. 向投资者分配利润或股利。企业根据股东会或类似机构审议批准的利润分配方案，按应支付的现金股利或利润，借记"利润分配——应付现金股利"科目，贷记"应付股利"等科目；以股票股利转作股本的金额，借记"利润分配——转作股本股利"科目，贷记"股本"等科目。

需注意的是，董事会或类似机构通过的利润分配方案中拟分配的现金股利或利润，不做账务处理，但应在附注中披露。

4. 企业未分配利润的形成。年度终了，企业应将"利润分配"科目所属其他明细科目的余额转入该科目"未分配利润"明细科目，即借记"利润分配——未分配利润"等科目，贷记"利润分配——提取法定盈余公积""利润分配——提取任意盈余公积""利润分配——应付现金股利""利润分配——转作股本股利"等科目。

结转后，"利润分配"科目中除"未分配利润"明细科目外，所属其他明细科目无余额。"未分配利润"明细科目的贷方余额表示累积未分配的利润；该科目如果出现借方余额，则表示累积未弥补的亏损。

需注意的是，企业发生的亏损，除用当年实现的净利润弥补外，还可使用累积的盈余公积弥补。以盈余公积弥补亏损时，借记"盈余公积"科目，贷记"利润分配——盈余公积补亏"科目。期末结转时，借记"利润分配——盈余公积补亏"科目，贷记"利润分配——未分配利润"科目。

【任务设计】

【例3-8】荣达实业公司采取每月进行净利润的汇总核算、年末一次进行利润分配的办法，以本年度利润作为向投资者分配利润的计算基数，比例为80%。2024年12月31日该公司进行净利润及其分配业务的核算如下：

（1）进行本月净利润的汇总核算：①应结转本月发生的收入和利得计200 000元，其中，主营业务收入135 000元，其他业务收入10 000元，营业外收入55 000元。②应结转本月发生的费用和损失计162 500元，其中，主营业务成本68 980元，其他业务成本6 000元，税金及附加3 600元，销售费用15 000元，管理费用29 420元，财务费用15 000元，营业外支出12 000元，所得税费用12 500元。

（2）对全年净利润进行分配：法定盈余公积提取比例10%。经查，"本年利润"账户11月末贷方余额为391 500元。

（3）结转本年度全年利润及其分配数。

要求：根据上述经济业务编制会计分录。

工作过程如下：
(1) 进行本月净利润的汇总核算。
步骤1：结转本月发生的收入和利得。
根据相关账户记录，编制会计分录如下：

借：主营业务收入	135 000
其他业务收入	10 000
营业外收入	55 000
贷：本年利润	200 000

步骤2：结转本月发生的费用和损失。
根据相关账户记录，编制会计分录如下：

借：本年利润	162 500
贷：主营业务成本	68 980
其他业务成本	6 000
税金及附加	3 600
销售费用	15 000
管理费用	29 420
财务费用	15 000
营业外支出	12 000
所得税费用	12 500

(2) 对全年净利润进行分配。将上述两笔结转分录登记入账以后，"本年利润"账户的当前贷方余额429 000元（391 500 + 200 000 − 162 500），就是本年度实现的净利润。其中，1~11月391 500元，本月37 500元（200 000 − 162 500）。

步骤1：计算分配数。
全年应提取法定盈余公积 = 429 000 × 10% = 42 900（元）
全年应向投资者分配利润 = 429 000 × 80% = 343 200（元）
步骤2：根据计算结果，编制会计分录如下：

借：利润分配——提取法定盈余公积	42 900
——应付利润	343 200
贷：盈余公积	42 900
应付股利	343 200

(3) 结转本年度全年利润及其分配数。
步骤1：结转本年度全年利润。
根据"本年利润"账户当前贷方余额，编制会计分录如下：

借：本年利润	429 000
贷：利润分配——未分配利润	429 000

步骤2：根据"利润分配"账户下核算本年度利润分配数的明细账户的当前借方余额，

编制会计分录如下：

借：利润分配——未分配利润　　　　　　　　　　　　386 100
　　贷：利润分配——提取法定盈余公积　　　　　　　　42 900
　　　　　　　　——应付利润　　　　　　　　　　　　343 200

提示：上述转销分录记入账户以后，"本年利润"账户和"利润分配"账户下核算本年度利润分配数的明细账户均已无余额，企业本年度实现的利润和对本年度利润的分配数在"未分配利润"明细账户中进行了抵销，企业截至本年末的累计未分配利润表现为"利润分配"账户和下设"未分配利润"明细账户的贷方余额。

【思政案例】 世界灯塔工厂里的"碳"索

2021年9月28日，宁德时代宁德工厂被世界经济论坛（WEF）评选为"灯塔工厂"，成为全球首座获此认可的电池工厂。世界经济论坛这样评价："为了应对日益复杂的制造工艺和满足高质量产品的需求，宁德时代利用人工智能、先进分析和边缘/云计算等技术，在三年内实现了在生产每组电池耗时1.7秒的速度下仅有十亿分之一的缺陷率，同时将劳动生产率提高了75%，将每年的能源消耗降低了10%。"

作为全球锂电新能源产业的领跑者，其生产制造能力不只有高产和高质，更有秉持高度的社会责任感和使命，通过技术实现低碳生产，为全球降碳减排做表率。宁德时代于2023年发布零碳战略目标，将在2025年达成核心运营碳中和，2035年达成价值链碳中和，致力于为人类新能源事业做出卓越贡献。

请查阅资料，了解什么是"碳会计"，思考如何以会计方式促进人类可持续发展。

【职业能力训练】

一、单项选择题（下列答案中只有一项是正确的，请将正确答案前的英文字母填入括号内）

1. 不影响本期营业利润计算的项目是（　　）。
   A. 主营业务成本　　　　　　　　B. 管理费用
   C. 主营业务收入　　　　　　　　D. 所得税费用

2. 下列各项中，不会影响营业利润金额增减的是（　　）。
   A. 财务费用　　　　　　　　　　B. 营业外收入
   C. 投资收益　　　　　　　　　　D. 资产减值损失

3. 企业本期营业收入1 000万元，营业成本800万元，管理费用为20万元，销售费用为35万元，资产减值损失为40万元，投资收益为45万元，营业外收入15万元，营业外支出10万元，所得税费用为32万元。假定不考虑其他因素，该企业本期营业利润为（　　）万元。

  A. 123　　　　　B. 200　　　　　C. 150　　　　　D. 155

 4. 企业本期全部损益状况如下：主营业务收入1 286 000元，主营业务成本663 000元，税金及附加24 000元，管理费用60 000元，销售费用30 000，投资收益50 000，营业外收入12 000元，营业外支出8 000元，所得税费用185 790元，则企业本期利润总额为（　　）元。

  A. 377 210　　　B. 323 210　　　C. 509 000　　　D. 563 000

二、多项选择题（下列答案中至少两项是正确的，请将正确答案前的英文字母填入括号内）

 1. 利润是指企业在一定会计期间的经营成果，包括（　　）。

  A. 营业利润　　　B. 利润总额　　　C. 净利润　　　D. 未分配利润

 2. 期末，下列各项账户的余额应转入本年利润账户的有（　　）。

  A. 制造费用　　　B. 投资收益　　　C. 主营业务成本　　　D. 管理费用

 3. 下列各项，属于"营业外支出"核算内容的有（　　）。

  A. 毁损固定资产净损失　　　　　B. 非常损失

  C. 罚款支出　　　　　　　　　　D. 公益性捐赠支出

 4. 企业实现的净利润可进行（　　）分配。

  A. 提取任意盈余公积　　　　　　B. 计算缴纳所得税

  C. 提取法定盈余公积　　　　　　D. 向投资者分配股利

 5. 对"利润分配"账户，下列表述中正确的有（　　）。

  A. 年末结转后贷方余额表示未分配利润

  B. 借方登记实际分配的利润数额

  C. 年末结转后本账户应无余额

  D. 年末结转后，借方余额表示未弥补亏损

三、判断题（正确的在括号里打"√"，错误的打"×"）

 1. 企业实现的营业利润减去所得税后即为净利润，它是企业的净收益。（　　）

 2. 年度终了，应将本年收入和支出相抵后结出的本年实现的净利润（或发生的净亏损），转入"利润分配——未分配利润"账户贷方（或借方），结转后本账户无余额。（　　）

 3. 盈余公积金是指按照国家有关规定从资本中提取的公积金。（　　）

 4. 按照《公司法》的有关规定，公司应当按照当年净利润（不得抵减年初累计亏损后）的10%提取法定盈余公积。（　　）

 5. 年末结转后，"利润分配"科目中除"未分配利润"明细科目外，所属其他明细科目无余额。"未分配利润"明细科目的贷方余额表示累积未分配的利润该科目如果出现借

方余额，则表示累积未弥补的亏损。   （   ）

四、业务题

珠江公司 2024 年有关损益类科目的年末结账前余额如下：主营业务收入 800 万元，主营业务成本 350 万元，税金及附加 13 万元，销售费用 67 万元，管理费用 40 万元，其他业务资料如下：年末一次性结转损益类科目。适用的所得税税率 25%，假定不存在纳税调整事项，按当年净利润的 10% 提取法定盈余公积，宣告向投资者分配利润 40 万元。

要求：

1. 编制珠江公司年末结转各损益类科目余额的会计分录；

2. 计算珠江公司 2024 年应缴所得税金额；

3. 编制珠江公司确认并结转所得税费用的会计分录；

4. 编制珠江公司将"本年利润"科目余额转入"利润分配——未分配利润"科目的会计分录；

5. 编制珠江公司提取法定盈余公积和宣告分配利润的会计分录。

项目四　会计凭证的填制与审核

📚 项目导航

企业在生产经营活动中所发生的经济业务都要记录在原始凭证上,这些记录经济业务发生或完成情况的原始凭证都要按照一定的程序传递到会计部门,会计人员审核无误后,进行会计确认和计量,据以填制记账凭证,再根据记账凭证登记账户。这是进行会计确认、计量和记录的基本程序。原始凭证和记账凭证统称为会计凭证。所谓会计凭证,是指记录经济业务,明确经济责任,作为登记会计账簿依据的书面证明。填制和审核会计凭证是会计的一项基本工作,也是会计核算的专门方法之一。原始凭证和记账凭证分别具有特定的基本内容、填制要求和方法。无论是原始凭证还是记账凭证,取得和填制以后,必须经过审核,只有审核无误的会计凭证才是登记账簿的依据。会计凭证是单位重要的经济档案,应按规定妥善保管。那么,什么是原始凭证和记账凭证?实际工作中有哪些原始凭证和记账凭证?怎样填制和审核?怎么进行归档?这些就是本项目要解决的基本问题。

本项目主要引导学生认知原始凭证和记账凭证,掌握原始凭证的填制与审核、记账凭证的填制与审核、会计凭证的传递与保管三项任务的工作步骤和方法,也为"项目五——会计账簿的设置与登记"的学习打好基础。

学习时,要注意理解原始凭证在会计核算中的重要性,思考记账凭证的必要性,体会原始凭证和记账凭证的关系,理解对原始凭证、记账凭证填制与审核要求的规定,思考"会计凭证的填制与审核"和其他会计核算环节的关系,熟悉会计凭证保管的要求,并将会计凭证与前面已经学习的经济业务、会计分录等内容有机地结合起来,融会贯通。

任务1　原始凭证的填制与审核

【任务描述】

会计主体在发生经济业务时,业务经办人员要根据业务发生的情况以及会计法律法规规定的要求,填制或取得原始凭证。无论是自行填制还是从外部取得的原始凭证,业务经办人员都要提交会计部门,由负责审核的会计人员进行合法性和合规性审核。审核无误的原始凭证,方可作为记账的依据,交由填制记账凭证的会计人员据以填制记账凭证。

【综合知识】

一、什么是原始凭证

原始凭证，又称单据，是指在经济业务发生或完成时取得或填制的，用以记录或证明经济业务的发生或完成情况的原始凭据。如增值税专用发票（见图4-1）、材料入库单（见图4-2）、银行回单（见图4-3）等。

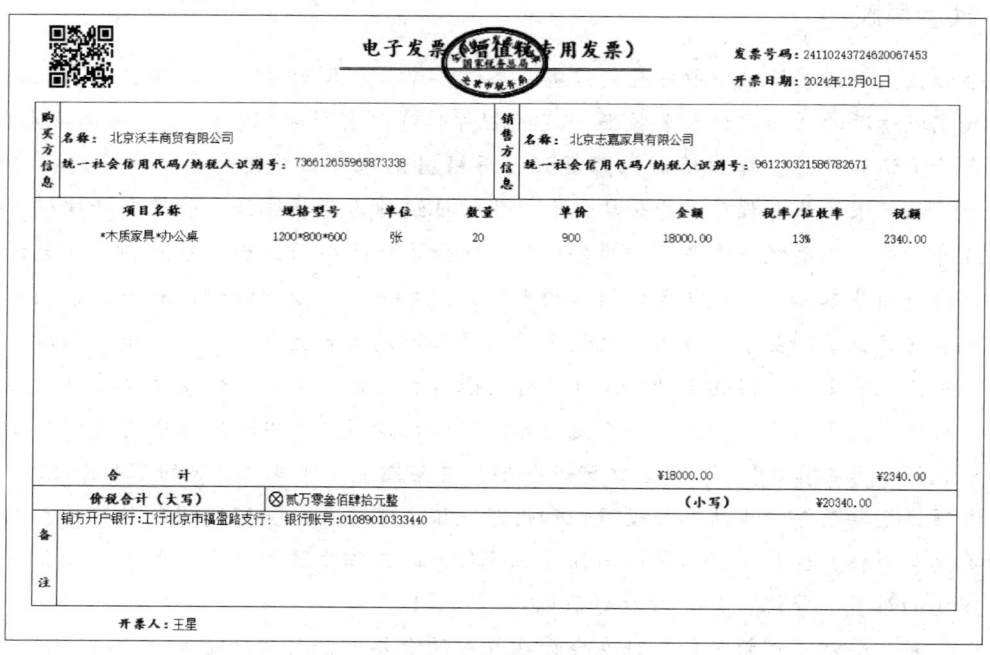

图4-1 增值税专用发票

图4-2 材料入库单

图 4-3　单位客户专用回单

通过填制和审核原始凭证，可以正确、及时地反映各项经济业务的发生、执行和完成情况，可以监督各项经济活动的合理性和合法性，可以划分清经济责任，强化经营管理上的责任制。原始凭证既是进行会计核算的原始依据，也是进行会计监督和其他各项管理工作的原始资料，还是相关利益主体之间处理经济利益关系的重要凭证，任何单位办理业务都必须填制或取得真实可靠的原始凭证。

二、原始凭证的基本要素

原始凭证一般应具备以下基本要素：

1. 原始凭证的名称，如图 4-1 中的"电子发票（增值税专用发票）"；
2. 填制凭证的日期，如图 4-1 中的"2024 年 12 月 01 日"；
3. 填制凭证单位名称或填制人姓名，如图 4-1 中的"北京志嘉家具有限公司"；
4. 经办人员签名或盖章，如图 4-1 中的"王星"；
5. 接受凭证单位名称，如图 4-1 中的"北京沃丰商贸有限公司"；
6. 经济业务的内容，如图 4-1 中的"办公桌"；
7. 数量、单价、金额，如图 4-1 中的 20 张（数量）、900 元（单价）、18 000 元（价款金额）、2 340 元（税额）、20 340 元（合计金额）等。

三、原始凭证的种类

原始凭证可以按照取得来源、格式、填制的手续和内容进行分类。

(一) 按取得来源分类

原始凭证按照取得的来源可分为自制原始凭证和外来原始凭证。

1. 自制原始凭证。自制原始凭证是指由本单位有关部门和人员，在执行或完成某项经济业务时填制或开具的，供本单位内部使用的原始凭证。如出差人员填制的"差旅费报销单"、会计人员填制的各种"费用分配表"、仓库保管人员填制的"材料入库单"（见图 4-2）等。

2. 外来原始凭证。外来原始凭证是指在经济业务发生或完成时，从其他单位或个人直接取得的原始凭证。如购买原材料时从供应单位取得的发票，出差乘车取得的火车票、汽车票，乘坐飞机取得的航空行程单，对外支付款项取得的银行回单（见图 4-3）等。

(二) 按照格式分类

原始凭证按照格式的不同，可分为通用凭证和专用凭证。

1. 通用凭证。通用凭证是指由有关部门统一印制，在全国或某个地区、部门范围内使用的具有统一格式和使用方法的原始凭证。如由银行统一印制的回单（见图 4-3）、税务部门统一印制的"增值税专用发票"（见图 4-1）等。

2. 专用凭证。专用凭证是指由单位自行印制、仅在本单位内部使用的，具有特定内容和专门用途的原始凭证。如单位自制的"材料入库单"（见图 4-2）、"费用报销单"（见图 4-4）等。

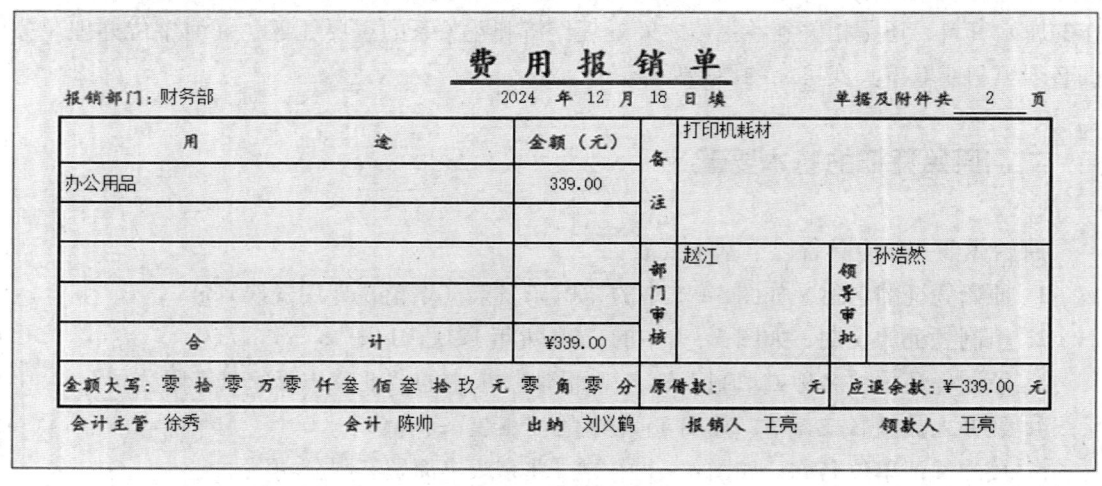

图 4-4 费用报销单

(三) 按填制方法和手续分类

原始凭证按照填制方法和手续的不同，划分为一次凭证、累计凭证和汇总凭证。

1. 一次凭证。一次凭证是指凭证的填制手续一次完成，用以记录一项或若干项同类经济业务的原始凭证。外来原始凭证和大部分自制原始凭证都是一次凭证，如"材料入库单"（见图 4-2）、增值税专用发票（见图 4-5）等。

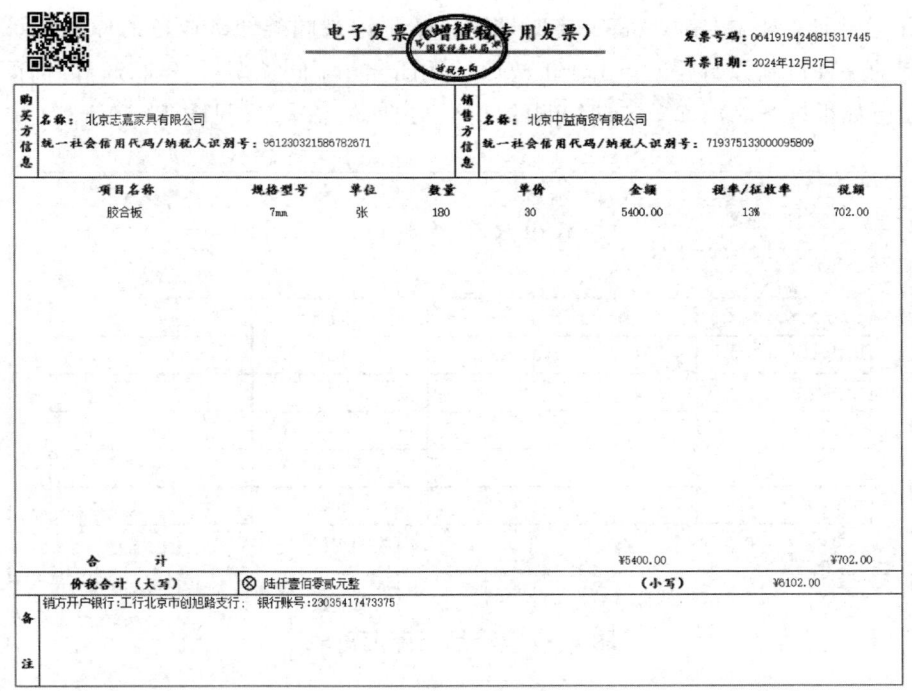

图 4-5 增值税专用发票

2. 累计凭证。累计凭证是指一定时期内在一张凭证中，连续记录同类经济业务，期末按其累计数作为记账依据的自制原始凭证。使用累计凭证可以简化核算手续，主要适用于大量重复发生的经济业务。常见的有"限额领料单"（见图4-6）。

北京志嘉家具有限公司
限额领料单

领料部门：一车间
用途：生产沙发　　　　　　　　2024 年 12 月　　　　　　　　编号：99556649

材料类别	材料名称	规格	计量单位	单价	领用限额	全月实领	
						数量	金额
皮革	人造皮革	PU	米	30.00	2000	1750	52500.00

日期	请领		实发		限额结余
	数量	领料单位负责人签章	领料人签章	数量	发料人签章	

日期	数量	领料单位负责人签章	领料人签章	数量	发料人签章	限额结余
2024-12-02	50	张强	李明	50	陈丽	1950
2024-12-06	800	张强	李明	800	陈丽	1150
2024-12-22	900	张强	李明	900	陈丽	250
合计	1750			1750		

生产计划部门负责人：张强　　　　供应部门负责人：夏安　　　　仓库管理员：陈丽

图 4-6 限额领料单

3. 汇总凭证。汇总凭证是将一定时期内，若干记录同类经济业务的原始凭证汇总而另行编制的一种自制原始凭证。由于汇总原始凭证合并了同类型经济业务，因而简化了记账工作量，如根据产品出库单定期编制的"产品出库汇总表"（见图4-7）。

图4-7 产品出库汇总表

四、原始凭证的填制要求

（一）记录真实

原始凭证上填制的日期、经济业务内容和有关数据，必须是经济业务发生或完成的实际情况，不得弄虚作假。

（二）内容完整

原始凭证应按规定的格式和内容逐项填写，不得遗漏和省略。

（三）填制及时

经济业务发生后，应及时填制或开具凭证，并按规定程序进行传递、审核，不得任意拖延或隔时补填。

（四）格式规范

在开具各类电子原始凭证时，应按照规定流程和权限执行，开具的电子原始凭证格式应符合国家有关规定，如开具发票应符合《中华人民共和国发票管理办法》的要求。

填制纸质原始凭证时，应符合《会计基础工作规范》（2019年修订）要求，具体如下：

1. 纸质的原始凭证必须用钢笔或碳素笔填写。
2. 阿拉伯数字应当一个一个的写，不得连笔写。阿拉伯金额数字前面应当书写货币币种符号或者货币名称简写和币种符号（如人民币符号为"￥"）。币种符号与阿拉伯金额数字之间不得留有空白。凡阿拉伯数字前写有币种符号的，数字后面不再写货币单位。

3. 所有以元为单位的阿拉伯数字，除表示单价等情况外，一律填写到角分；无角分的，角位和分位可写"00"，或者符号"—"；有角无分的，分位应当写"0"，不得用符号"—"代替。

4. 汉字大写数字金额如零、壹、贰、叁、肆、伍、陆、柒、捌、玖、拾、佰、仟、万、亿等，一律用正楷或者行书体书写，不得用〇、一、二、三、四、五、六、七、八、九、十等简化字代替。大写金额数字到元或者角为止的，在"元"或者"角"字之后应当写"整"字或者"正"字；大写金额数字有分的，分字后面不写"整"字或者"正"字。

5. 阿拉伯金额数字中间有"0"时，汉字大写金额要写"零"字；阿拉伯数字金额中间连续有几个"0"时，汉字大写金额中可以只写一个"零"字；阿拉伯金额数字元位是"0"，或者数字中间连续有几个"0"、元位也是"0"但角位不是"0"时，汉字大写金额可以只写一个"零"字，也可以不写"零"字。

6. 大写金额数字前未印有货币名称的，应当加填货币名称，货币名称与金额数字之间不得留有空白。

（五）顺序填写

各种凭证必须连续编号，以便查考。如果凭证已有预先编号，填制时应按照编号的次序使用，写错或开错作废的凭证，应加盖"作废"的戳记或按照要求在票据开具系统里作废处理，纸质凭证应连同存根一并保管，不得撕毁。

（六）改错规范

纸质原始凭证不得任意涂改、挖补、刮擦。填制时发现填制有误的单证，应将其作废并重新填制。作废的凭证要加盖"作废"戳记，并由填制人员签章，按原编号顺序与其他存根联一起保存。

五、原始凭证的审核

为了如实反映经济业务的发生和完成情况，充分发挥会计的监督职能，保证会计信息的真实、合法、完整和准确，会计人员必须对原始凭证进行严格审核。审核的内容主要包括：

1. 审核原始凭证的真实性。审核原始凭证所反映的内容有无掩盖、伪造、歪曲和颠倒。

2. 审核原始凭证的合法性。审核原始凭证所反映的经济业务内容是否符合国家政策、法律法规，有无违反财经纪律、贪污盗窃、虚报冒领、伪造凭证等违法乱纪行为。

3. 审核原始凭证的合理性。审核原始凭证中所记录的经济业务是否符合会计主体经济活动的需要，是否符合有关的计划和预算等。

4. 审核原始凭证的完整性。审核原始凭证填制的内容是否齐全，手续是否完备，包括应该填列的项目有无遗漏、填制日期和填制单位名称是否完整、相关数据和接受凭证单位或个人名称是否清晰、文字是否工整、有关经办人员的签章是否齐全、凭证联次是否正确等。

如果发现手续不完备、内容不全的凭证，若属于本单位填制的，应退回填制部门进行更正、补填或注销重新填制；若属于从外单位取得的，应拒绝接受，退回原单位。

5. 审核原始凭证的正确性。审核原始凭证中各项内容和数据的填写及计算是否正确，如大写和小写金额是否相符。对于数据填写有误的凭证，应退还经办人员进行更正后才能受理。

6. 审核原始凭证的及时性。审核原始凭证的填制日期，尤其是银行结算单据等时效性较强的原始凭证，更应仔细验证其签发日期。

须注意的是，经审核的原始凭证应根据不同情况处理：对于完全符合要求的原始凭证，应及时据以编制记账凭证入账；对于真实、合法、合理但内容不够完整、填写有错误的原始凭证，应退回给有关经办人员，由其负责将有关凭证补充完整、更正错误或重开后，再办理正式会计手续；对于不真实、不合法的原始凭证，会计机构、会计人员有权不予接受，并向单位负责人报告。

【任务设计】

【例 4－1】 北京志嘉家具有限公司 2024 年 12 月发生下列经济业务：

（1）11 日，从北京凯玉商贸有限公司购入高密度纤维板一批，当天到达，取得增值税专用发票上注明的材料数量为 1 800 张，单价 30 元，经检验合格后办理入库，货款尚未支付。

（2）16 日，生产车间领用不锈钢 500 千克，单位成本 12 元，用于生产电视柜。

（3）20 日，生产完工入库电视柜 100 个，单位成本 1 800 元；茶几 50 个，单位成本 1 000 元。

要求：根据上述经济业务填制材料入库单、领料单、完工产品入库单（见图 4－8 至图 4－10）。

材料入库单

发票号码：78456703948596045601

供应单位：　　　　　　　　　　　　　　　　收料单编号：241290

收发类别：　　　　年　　月　　日　　　　　收料仓库：1号仓库

编号	名称	规格	单位	数量		实际成本				
				应收	实收	买价		运杂费	其他	合计
						单价	金额			
合计										
备注										

采购员：　　　　检验员：　　　　记账员：　　　　保管员：

图 4－8　材料入库单

领 料 单

领料部门：车间A
用　途：　　　　　　　　　年　月　日　　　　编号：703

材料编号	材料名称	规格	计量单位	数量		成本	
				请领	实发	单价	金额
100		#301					
		合　计					

主管：　　　记账：　　　仓管主管：　　　领料：　　　发料：

图4-9 领料单

完工产品入库单

入库部门：　　　　　　年　月　日　　　　编号：

完工产品名称	完工产品总成本	完工产品单位成本

记账员：　　　　　检验员：　　　　　保管员：

图4-10 完工产品入库单

工作过程如下：

12月11日：

步骤1：仓库保管人员根据收到的经验收人员检验合格的原材料、采购人员提供的购货发票等，按照原始凭证的填制要求填写"材料入库单"。

步骤2："材料入库单"填写完成后，保管人员签名或盖章，并交由检验人员、采购人员、供应部门主管分别签名或盖章。

步骤3：按照"材料入库单"各联次的用途分别传递到相应的部门和岗位，一联留存仓库，一联送交供应部门，另一联送交财会部门（见图4-11）。

材料入库单

发票号码: 78456703948596045601								收料单编号: 241290			
供应单位: 北京凯玉商贸有限公司											
收发类别: 外购入库				2024 年 12 月 11 日				收料仓库: 1号仓库			
编号	名称	规格	单位	数量		实际成本					
				应收	实收	买价		运杂费	其他	合计	
						单价	金额				
	高密度纤维板	122024402.0mm	张	1800	1800	30.00	54000.00			54000.00	
合 计				1800	1800		¥54000.00			¥54000.00	
备 注											
采购员: 徐欣怡		检验员: 吴娟			记账员: 陈帅			保管员: 吴娟			

图 4-11 材料入库单

12 月 16 日：

步骤 1：领料人员根据生产车间负责人批准，按照原始凭证的填制要求填写一式三联领料单中的相关内容，包括领用部门、领用时间、材料名称、规格型号、计量单位、请领数量、用途，并由领料人员和车间负责人在领料单上签名或盖章。

步骤 2：仓库发料人员根据实际发料情况补充填写"领料单"的其他内容，包括实发数量、单位成本、金额以及领料单编号，然后由发料人员、仓库负责人签名或盖章。

步骤 3：按领料单各联次的用途，传递到相应的部门和岗位，一联留存仓库，一联返领料车间，一联送交财会部门（见图 4-12）。

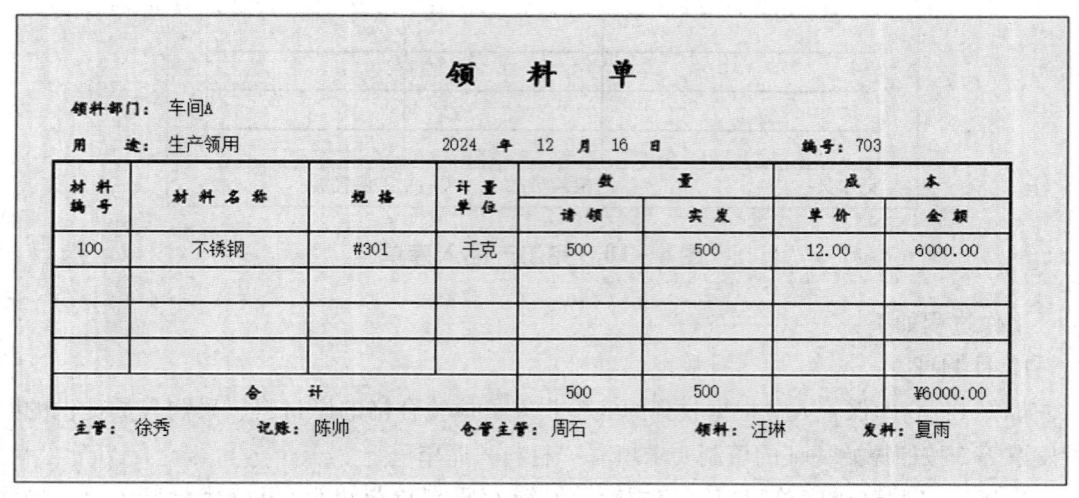

图 4-12 领料单

12 月 20 日：

步骤 1：仓库保管人员根据完工商品验收合格的结果，按照原始凭证的填制要求填写一式三联的"完工产品入库单"(见图 4-13)。

完工产品入库单

入库部门:A车间　　2024年12月20日　　编号:241220

完工产品名称	完工产品总成本	完工产品单位成本
电视柜	180 000	1 800
茶几	50 000	1 000

记账员:陈帅　　检验员:吴娟　　保管员:吴娟

图 4-13　完工产品入库单

步骤 2:"完工产品入库单"填写完成后,保管人员签名或盖章,并交由检验人员、生产部门主管分别签名或盖章。

步骤 3:按照"完工产品入库单"各联次的用途分别传递到相应的部门和岗位,一联留存仓库,一联送交生产部门,一联送交财会部门。

【例 4-2】北京志嘉家具有限公司 2024 年 12 月 1 日销售办公桌,开具的增值税专用发票如图 4-14 所示。

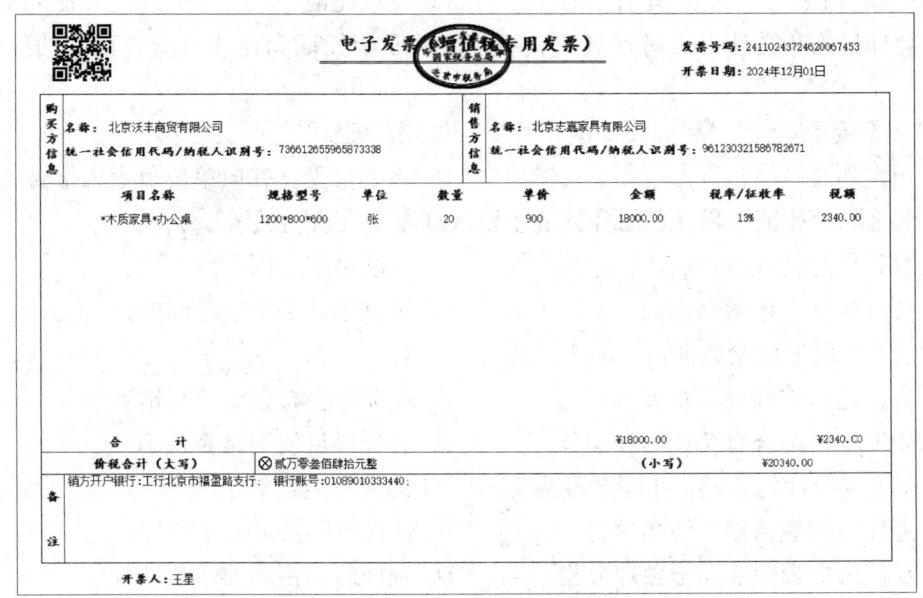

图 4-14　增值税专用发票

要求：审核销售发票。

工作过程如下：

步骤1：审核发票基础信息，主要是检查购销双方信息是否有误。

步骤2：内容审核，包括货物或服务信息、发票备注栏等。

步骤3：发票真实性与合规性审核，包括发票的电子签名和版式、业务的真实性等。如果是从外部取得的发票，可以通过登录国家税务总局网站里"发票查验"模块，输入发票号码、开票日期、开具金额等信息，验证所取得发票的真实性。

步骤4：对于有多个附件或与其他业务相关联发票，要检查发票与相关附件、业务的关联性，确保资料齐全、完整，并按照规定进行电子归档，便于后续查询和管理；对于一些特殊业务，如销售退回、折扣折让等开具的发票，要审核相关手续是否完备，是否符合税务规定，有无相应的证明材料和审批流程。

动脑动手：查一查全电发票与过去的纸质发票、电子发票有哪些区别？

【职业能力训练】

一、单项选择题（下列答案中只有一项是正确的，请将正确答案前的英文字母填入括号内）

1. 经济业务发生时直接取得或填制的凭证是（   ）。
   A. 合同或协议   B. 记账凭证
   C. 收、付款凭证   D. 原始凭证
2. 差旅费报销单按填制的手续及内容分类，属于原始凭证中的（   ）。
   A. 一次凭证   B. 累计凭证   C. 汇总凭证   D. 专用凭证
3. 会计机构和会计人员对不真实、不合法的原始凭证和违法收支，正确的处理方法是（   ）。
   A. 不予接受   B. 予以退回
   C. 予以纠正   D. 不予接受，并向单位负责人报告
4. 汇总原始凭证与累计原始凭证的主要区别点是（   ）。
   A. 登记的经济业务内容不同   B. 填制时期不同
   C. 会计核算工作繁简不同   D. 填制手续和方法不同
5. 下列不属于原始凭证审核内容的是（   ）。
   A. 凭证是否有经办人员签章   B. 凭证是否有数据填写错误
   C. 凭证是否符合有关计划和预算 D. 会计科目使用是否正确
6. 在填制会计凭证时，小写金额为1 516.54的大写金额数字为（   ）。
   A. 壹仟伍佰壹拾陆元伍角肆分   B. 壹仟伍佰拾陆元伍角肆分整
   C. 壹仟伍佰壹拾陆元伍角肆分整   D. 壹仟伍佰拾陆元伍角肆分
7. 以下项目中，属于一次凭证和累计凭证的主要区别是（   ）。

A. 一次凭证是通用凭证，累计凭证是专用凭证
B. 累计凭证是自制原始凭证，一次凭证是外来原始凭证
C. 累计凭证的填制手续是多次完成的，一次凭证填制的手续是一次完成的
D. 累计凭证是汇总凭证，一次凭证是单式凭证

8. 对于一些经常重复发生的经济业务，可以根据同类原始凭证编制的是（   ）。
A. 记账凭证   B. 汇总原始凭证
C. 收料汇总表   D. 发料汇总表

9. 审核原始凭证所记录的经济业务是否符合企业生产经营活动的需要、是否符合有关的计划和预算，属于原始凭证审核内容的是（   ）。
A. 合理性   B. 合法性   C. 真实性   D. 完整性

10. 下列凭证中属于外来原始凭证的是（   ）。
A. 完工产品入库单   B. 发出材料汇总表
C. 购货发票   D. 领料单

11. 限额领料单属于（   ）。
A. 通用凭证   B. 一次凭证   C. 累计凭证   D. 汇总凭证

12. 下列不属于原始凭证的是（   ）。
A. 一次凭证   B. 累计凭证
C. 财务部门会议记录   D. 工资结算汇总表

13. 下列关于原始凭证填制的说法，错误的是（   ）。
A. 纸质的原始凭证必须用钢笔或碳素笔填写
B. 各种凭证必须连续编号，以便查考
C. 原始凭证在填写的时候可以将错误凭证撕毁，重新编制一张
D. 阿拉伯数字应当一个一个的写，不得连笔写

14. 下列属于累计凭证的是（   ）。
A. 限额领料单   B. 材料入库单
C. 货物销售发票   D. 差旅费报销单

15. 下列单据中，属于自制原始凭证的是（   ）。
A. 采购发票   B. 银行回单
C. 工资计算单   D. 运输部门填制的运费发票

二、多项选择题（下列答案中至少两项是正确的，请将正确答案前的英文字母填入括号内）

1. 下列项目中符合填制会计凭证要求的有（   ）。
A. 汉字大小写金额必须相符且填写规范
B. 阿拉伯数字连笔书写
C. 阿拉伯数字前面的人民币符号写为"￥"
D. 大写金额有分的，分字后面不写"整"或"正"字

2. 以下属于汇总原始凭证的有（　　）。
   A. 差旅费报销单　　　　　　　　　　B. 收料凭证汇总表
   C. 限额领料单　　　　　　　　　　　D. 发料凭证汇总表
3. 下列凭证属于外来原始凭证的有（　　）。
   A. 购物时取得的增值税专用发票
   B. 银行转来的各种结算凭证
   C. 工资发放明细表
   D. 出差人员用于报销的机票、车票
4. 原始凭证的审核要求包括（　　）。
   A. 完整性　　　B. 真实性　　　C. 及时性　　　D. 合法性
5. 关于原始凭证的审核，下列表述正确的有（　　）。
   A. 审核原始凭证所记录的经济业务是否符合企业生产经营活动的需要，是否符合有关计划和预算等
   B. 自制原始凭证必须有经办部门领导或者经办人员的签名或者盖章
   C. 外来原始凭证必须有填制人员的签章
   D. 原始凭证的项目必须填写完整
6. 各种原始凭证必须具备的基本内容包括（　　）。
   A. 凭证名称、填制日期　　　　　　　B. 接受原始凭证的单位名称
   C. 经济业务内容　　　　　　　　　　D. 经办人签章
7. 属于一次原始凭证的单据有（　　）。
   A. 发票　　　　B. 收料单　　　　C. 限额领料单　　　　D. 领料单
8. 下列属于自制原始凭证的有（　　）。
   A. 购货发票　　　B. 领料单　　　C. 发货单　　　D. 材料入库单
9. 下列各项中属于原始凭证填制要求的有（　　）。
   A. 原始凭证的书写要规范
   B. 有大小写的原始凭证，大小写必须相等
   C. 原始凭证的填制要及时
   D. 原始凭证都必须加盖单位公章
10. 限额领料单同时属于（　　）。
    A. 自制原始凭证　　　　　　　　　　B. 累计原始凭证
    C. 汇总原始凭证　　　　　　　　　　D. 记账凭证

三、判断题（正确的在括号里打"√"，错误的打"×"）

1. 企业从外单位取得的原始凭证，如果发现手续不完备、内容不全的，应拒绝接受，退回原单位。（　　）
2. 为了简化工作手续，可以将不同内容和类别的原始凭证汇总，填制在一张记账凭证上。（　　）

3. 如果原始凭证已预先印定编号,在写坏作废时,应加盖"作废"戳记,妥善保管,不得撕毁。（　　）
4. 原始凭证发生错误,正确的更正方法是由出具单位在原始凭证上更正或重新开具。（　　）
5. 填制会计凭证,所有以元为单位的阿拉伯数字,除单价等情况外,一律填写到角分;有角无分的,分位应当写"0"或用符号"—"代替。（　　）
6. 累计凭证是在一定期间内根据多张相同的原始凭证累计而成。（　　）
7. 企业的各种原始凭证都不得涂改、刮擦和变造,如果发生错误,应采用划线更正法予以更正。（　　）
8. 所有记账凭证都必须附有原始凭证,否则,不能作为记账的依据。（　　）
9. 自制原始凭证的填制,都应由会计人员填写,以保持原始凭证填制的正确性。（　　）
10. 在审核原始凭证时,发现有伪造、涂改或不合法的原始凭证,应退还经办人更改后再受理。（　　）

任务2　记账凭证的填制与审核

【任务描述】

会计主体的制单人员根据审核无误的原始凭证中记载的经济业务内容,运用借贷复式记账方法,确定应入账户的名称、记账方向和金额,按照记账凭证的填制要求,及时填制记账凭证。填制完成的记账凭证由专门的审核人员对其进行审核,审核无误后,据以登记账簿。

【综合知识】

一、什么是记账凭证

记账凭证,又称记账凭单,是会计人员根据审核无误的原始凭证或原始凭证汇总表,用以确定会计分录后所填制的会计凭证。它是登记账簿的直接依据。

从不同来源取得的原始凭证种类繁多、格式不一,难以作为登记账簿的直接依据。在实际工作中,为了便于正确、规范地登记账户,还需要根据原始凭证填制记账凭证,确定会计分录,作为登记账簿的直接依据。填制记账凭证是会计核算工作的又一重要环节。

二、记账凭证的基本内容

1. 填制记账凭证的日期。
2. 记账凭证的编号。

3. 经济业务的摘要。
4. 会计科目及其记账方向。
5. 经济业务事项的金额。
6. 所附原始凭证张数。
7. 记账标记。
8. 填制凭证人员、稽核人员、记账人员、会计主管人员签名或者盖章。涉及收款或付款的记账凭证还应当由出纳人员签名或者盖章。

三、记账凭证的样式

在会计实务工作中，企业一般采用一种格式统一的通用记账凭证，可为各类经济业务所共同使用。一般格式如下表所示（纸质记账凭证见图4-15，会计电算化凭证见图4-16）。

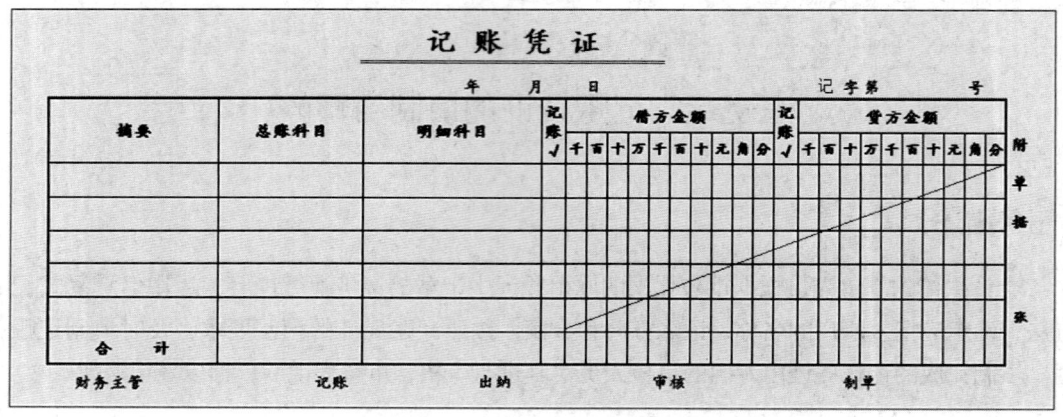

图4-15 记账凭证（纸质）

图4-16 记账凭证（电子）

四、记账凭证的填制方法及要求

记账凭证是登记账簿的直接依据，填制记账凭证是经济业务进入会计核算系统的第一个关口，会计人员必须严格按照要求填制记账凭证。

1. 必须以审核无误的原始凭证或原始凭证汇总表为依据填制。对于期末结账业务和更正错账的业务，则可以根据有关的账簿记录进行填制。

2. 日期应填写填制日期，不一定是经济业务的发生日期。

3. 摘要应准确、简明填写，反映经济业务的核心与重点。

4. 正确填写会计分录。包括正确使用和填写总分类科目及明细科目、规范填写金额；按行从上到下逐行填写，不得跳行，借、贷方的金额必须相等。

5. 连续编号。记账凭证的编号必须连续，一般是每月从第 1 号编起，顺序编至月末，中间不得重号、漏号、错号，以防丢失和舞弊。

如果一笔经济业务需要使用多张记账凭证才能填制完成，采用总号带分号的方式编号。如某经济业务需要使用两张记账凭证，这一业务的凭证顺序号为第 9 号，那么这两张凭证的编号就是 $9\frac{1}{2}$、$9\frac{2}{2}$ 号。

6. 填写附件数量。记账凭证附件数量的填写应完整、规范，一般按所附原始凭证的自然张数填写。除结账和更正错账的记账凭证可以不附原始凭证外，其他记账凭证必须附有相应的原始凭证。

如果记账凭证中附有原始凭证汇总表，则应该把所附的原始凭证和原始凭证汇总表的张数一起计入附件的张数之内。但报销差旅费等的零散票券，可以粘贴在一张纸上，作为一张原始凭证。如果根据一张原始凭证填制两张或两张以上记账凭证，可以将该原始凭证附在一张主要的记账凭证后面，在其他记账凭证上注明该主要记账凭证的编号，如"附件××张，见第××号记账凭证"。如有重要资料或原始凭证过多，需要另行保管的，也应在记账凭证附件栏目内加以说明。

7. 签章。填制完成的记账凭证应按制单→审核→出纳（存款或付款业务）→记账→会计主管的顺序传递，每一个经手人员都应在记账凭证的相关栏目中签名或盖章，以明确责任。

五、记账凭证的审核

为了保证会计信息的质量，在记账之前应由有关稽核人员对记账凭证进行严格的审核，审核的内容主要包括：

1. 内容是否真实，即审核记账凭证是否附有原始凭证，原始凭证是否齐全，内容是否合法，记账凭证所记录的经济业务与所附原始凭证所反映的经济业务是否相符。

2. 项目是否齐全，即审核记账凭证项目填写是否完整，包括日期、摘要、凭证编号、会计科目、附件张数以及有关人员签章等。

3. 科目是否正确，即审核记账凭证的应借、应贷科目是否正确，账户对应关系是否清晰，所使用的会计科目及其核算内容是否符合会计制度的规定等。

4. 金额是否正确，即审核记账凭证和原始凭证的对应金额是否一致，计算是否准确等。

5. 书写是否规范，即审核记账凭证上文字、数字是否工整清晰，是否按规定更正等。

6. 手续是否完备，即审核记账凭证上的相关签字盖章是否齐全等。

【任务设计】

【例4-3】北京志嘉家具有限公司2024年12月20日发生的入库业务，并相应填制了完工产品入库单。

要求：根据完工产品入库单（见图4-13），填制通用记账凭证。

工作过程如下：

步骤1：复核入库单无误。

步骤2：填写记账凭证的日期、编号。

步骤3："摘要"栏填写"产成品入库"。

步骤4：填写会计分录和金额合计栏。根据入库单记载的内容进行会计确认和计量，确定会计分录并填写在相应的栏目内。先填写总账科目，再填写明细科目，然后填写应记入的金额。填写金额时，应记入账户借方的在"借方金额"栏填写，应记入贷方的在"贷方金额"栏填写。最后，分别加计借方金额合计和贷方金额合计，并在合计金额前面写上"¥"符号。

步骤5：记账凭证"金额"栏在填制完经济业务事项后，如有空行，应当自金额栏最后一笔金额数字下的空行处至合计数上的空行处划斜线或"S"形线注销。

步骤6：填写附单据张数，并将入库单粘贴在记账凭证之后。

步骤7：制单人员签名。

步骤8：将记账凭证传给审核人员，审核人员按规定进行审核无误后签名。

填制完成并经审核的通用式记账凭证如图4-17所示。

图4-17 记账凭证

【职业能力训练】

一、单项选择题（下列答案中只有一项是正确的，请将正确答案前的英文字母填入括号内）

1. 会计核算的初始环节是（　　）。
   A. 填制和审核会计凭证　　　　　　B. 登记会计账簿
   C. 财产清查　　　　　　　　　　　D. 编制财务报表

2. 记账凭证的编制依据是（　　）。
   A. 会计分录　　　　　　　　　　　B. 经济业务
   C. 原始凭证或汇总原始凭证　　　　D. 账簿记录

3. 下列各项中，不属于记账凭证基本要素的是（　　）。
   A. 交易或事项的内容摘要　　　　　B. 交易或事项的数量、单价
   C. 应记会计科目、方向及金额　　　D. 凭证的编号

4. 记账凭证应根据审核无误的（　　）编制。
   A. 收款凭证　　B. 付款凭证　　C. 转账凭证　　D. 原始凭证

5. 可以不附原始凭证的记账凭证是（　　）。
   A. 更正错误的记账凭证　　　　　　B. 从银行提取现金的记账凭证
   C. 发放职工工资的记账凭证　　　　D. 职工临时性借款的记账凭证

6. 填制记账凭证是（　　）的前提和依据。
   A. 编制财务报表　　B. 登记账簿　　C. 成本计算　　D. 设置账户

7. 记账凭证与所附原始凭证的金额（　　）。
   A. 必须相等　　B. 可能相等　　C. 可能不相等　　D. 一定不相等

二、多项选择题（下列答案中至少两项是正确的，请将正确答案前的英文字母填入括号内）

1. 下列人员中，应在记账凭证上签名或盖章的有（　　）。
   A. 审核人员　　　　　　　　　　　B. 会计主管人员
   C. 记账人员　　　　　　　　　　　D. 制单人员

2. 记账凭证应具有的共同的基本内容有（　　）。
   A. 填制凭证的日期和凭证的编号
   B. 科目的名称、记账方向和金额
   C. 所附原始凭证的张数
   D. 制单、复核、会计主管等有关人员的签章

3. 记账凭证的审核内容包括（　　）。
   A. 手续是否完备　　　　　　　　　B. 应借应贷科目和金额是否正确
   C. 项目的填列是否齐全　　　　　　D. 书写是否规范

4. 关于会计凭证的表述，正确的有（   ）。
   A. 会计凭证可以明确经济责任　　B. 会计凭证是记录经济业务的书面证明
   C. 会计凭证是编制财务报表的依据　　D. 会计凭证是登记会计账簿的依据

三、判断题（正确的在括号里打"√"，错误的打"×"）

1. 记账凭证只能根据每一原始凭证单独填制，不能将若干张同类的原始凭证汇总填制。（   ）
2. 在编制记账凭证时，可以只填会计科目编号，不填会计科目的名称，以简化工作。（   ）
3. 记账凭证的编号必须连续，以便日后查考，避免凭证散失。（   ）
4. 审核无误的原始凭证是登记账簿的直接依据。（   ）
5. 根据规定，记账凭证必须附有原始凭证，但是，结账和更正错误的记账凭证可以不附原始凭证。（   ）

任务3　会计凭证的传递与保管

【任务描述】

会计凭证是重要的经济资料和会计档案，每个单位在完成经济业务手续和记账以后，都应当按规定的立卷归档制度，形成会计档案资料，以便日后查阅。会计凭证保管是保证会计资料完整与安全的重要环节。

【综合知识】

一、会计凭证的传递

会计凭证的传递是指从会计凭证取得或填制时起至归档保管过程中，在单位内部有关部门和人员之间的传送程序。会计凭证的传递，应当满足内部控制制度的要求，使传递程序合理有效，同时尽量节约传递时间，减少传递的工作量。各单位应根据具体情况确定每一种会计凭证的传递程序和方法。

会计凭证的传递具体包括传递程序和传递时间。各单位应根据经济业务特点、内部机构设置、人员分工和管理要求，具体规定各种凭证的传递程序；根据有关部门和经办人员办理业务的情况,确定凭证的传递时间。

二、会计凭证的保管

会计凭证的保管是指会计凭证记账后的整理、装订、归档和存查工作。会计凭证作为记账的依据,是重要的会计档案和经济资料。本单位以及其他有关单位,可能由于各种需要查阅会计凭证,特别是发生违法乱纪行为时,会计凭证还是依法处理的有效证据。因此,任何单位在完成经济业务手续和记账后,必须将会计凭证按规定的立卷归档制度形成会计档案资料,妥善保管,防止丢失,不得任意销毁,以便日后随时查阅。

会计凭证的保管要求主要有:

1. 会计凭证应定期装订成册,防止散失。会计部门在依据会计凭证记账以后,应定期(如每月)对各种会计凭证进行分类整理,将各种记账凭证按照编号顺序,连同所附的原始凭证一起加具封面和封底,装订成册,并在装订线上加贴封签,由装订人员在装订线封签处签名或盖章。

从外单位取得的原始凭证遗失时,应取得原签发单位盖有公章的证明,并注明原始凭证的号码、金额、内容等,由经办单位会计机构负责人(会计主管人员)和单位负责人批准后,才能代作原始凭证。若确实无法取得证明的,则应由当事人写明详细情况,由经办单位会计机构负责人(会计主管人员)和单位负责人批准后,代作原始凭证。

2. 会计凭证封面应注明单位名称、凭证种类、凭证张数、起止号数、年度、月份、会计主管人员和装订人员等有关事项,会计主管人员和保管人员应在封面上签章。会计凭证封面的一般格式如图4-18所示。

会计凭证封面

单位名称:		
起止日期:自 年 月 日起至 年 月 日止		
凭证号数:自 号至 号 凭证类别:		
凭证账数:本月共 册 本册是第 册		
原始凭证、汇总凭证张数:共 张		
全宗号:	目录号:	案卷号:
会计:	复核:	
装订人:		年 月 日装订

图4-18 会计凭证封面

3. 会计凭证应加贴封条,防止抽换凭证。原始凭证不得外借,其他单位如有特殊原因确实需要使用时,经本单位会计机构负责人(会计主管人员)批准,可以复制。向外单位提供的原始凭证复制件,应在专设的登记簿上登记,并由提供人员和收取人员共同签名、盖章。

4. 原始凭证较多时，可单独装订，但应在凭证封面注明所属记账凭证的日期、编号和种类，同时在所属的记账凭证上应注明"附件另订"及原始凭证的名称和编号，以便查阅。

对各种重要的原始凭证，如押金收据、提货单等，以及各种需要随时查阅和退回的单据，应另编目录，单独保管，并在有关的记账凭证和原始凭证上分别注明日期和编号。

5. 每年装订成册的会计凭证，在会计年度终了后，可由单位会计管理机构临时保管一年，再移交单位档案管理机构保管。因工作需要确需推迟移交的，应当经单位档案管理机构同意。单位会计管理机构临时保管会计档案最长不超过三年。临时保管期间，会计档案的保管应当符合国家档案管理的有关规定，且出纳人员不得兼管会计档案。

6. 单位会计管理机构在办理会计档案移交时，应当编制会计档案移交清册，详细登记所移交档案的名称、卷号、册数、起止年度、应保管期限、已保管期限等内容。

7. 纸质会计档案移交时应当保持原卷的封装，电子会计档案移交时应当将电子会计档案及其元数据一并移交，特殊格式的电子会计档案应当与其读取平台一并移交。单位档案管理机构接收电子会计档案时，应当对电子会计档案的准确性、完整性、可用性、安全性进行检测，符合要求的才能接收。

动脑动手： 2022 年 4 月 7 日国家档案局发布了《电子会计档案管理规范》，请查阅其中关于电子档案移交和保管的具体要求。

8. 严格遵守会计凭证的保管期限要求，期满前不得任意销毁。

请注意： 会计档案的保管期限分为永久、定期两类。定期保管期限一般分为 10 年和 30 年。会计档案的保管期限，从会计年度终了后的第一天算起。

【思政案例】 中国的印章文化

中国的印章文化最早可追溯到商周时期，甲骨文的出现使印章具有初步明确的含义。在公，它是官署长官在执政时所持的信物；在商，它是货物交流的证明；在私，它是交换信件、防止私拆的信验。钤下印章，便是立下言信。此外，印章因不同材质、造型、字体及其布局，形成艺术的单独门类，令人赏心悦目，获得美的享受，在唐宋文人的书画里更是得到了清新优雅的自我表达。将印章用于会计，是对印章文化的发扬，不盖章合同不能成立、货款不能支付、货物不能收发，所有的原始凭证都成了无效凭证。会计最常用的公司印章、合同专用章、财务专用章、发票章以及法人代表章，都有规范的使用场景和使用规则，会计用章已然成为会计的一部分。

请查阅资料，熟悉印章管理规定，做到在工作中合规合理使用和保管印章。

【职业能力训练】

一、单项选择题（下列答案中只有一项是正确的，请将正确答案前的英文字母填入括号内）

1. 会计凭证的传递，是指（　　）在单位内部有关部门及人员之间的传递程序。

A. 会计凭证的填制或取得时起至归档保管过程中

B. 会计凭证的填制到登记账簿止

C. 会计凭证审核后到归档止

D. 会计凭证的填制或取得到汇总登记账簿止

2. 会计档案的保管期限分为永久和（　　）两类。

A. 5年　　　　B. 10年　　　　C. 30年　　　　D. 定期

二、多项选择题（下列答案中至少两项是正确的，请将正确答案前的英文字母填入括号内）

1. 以下说法正确的有（　　）。

A. 会计凭证应定期装订成册，防止散失

B. 原始凭证一般不得外借

C. 单位会计管理机构临时保管会计档案最长不超过五年

D. 出纳人员不得兼管会计档案

2. 会计凭证的传递具体内容有（　　）。

A. 传递程序　　　B. 传递时间　　　C. 传递人员　　　D. 传递地点

3. 会计凭证的保管包括会计凭证记账后的工作有（　　）。

A. 整理　　　　B. 装订　　　　C. 归档　　　　D. 存查

4. 从外单位取得的原始凭证遗失后，若确实无法取得证明，则应由当事人写明详细情况，由经办单位（　　）批准后，代作原始凭证。

A. 出纳员　　　　　　　　　　B. 会计机构负责人

C. 单位负责人　　　　　　　　D. 经办会计人员

三、判断题（正确的在括号里打"√"，错误的打"×"）

1. 从外单位取得的原始凭证遗失时，必须取得原签发单位盖有公章的证明，并注明原始凭证的号码、金额、内容等，由经办单位会计机构负责人、会计主管人员审核签章后，才能代作原始凭证。（　　）

2. 会计凭证传递是指从原始凭证的填制或取得起，到会计凭证归档保管止，在财会部门内部按规定的路线进行传递和处理的程序。（　　）

3. 原始凭证原则上不得外借，其他单位如有特殊原因确实需要使用时，经本单位会计机构负责人、会计主管人员批准，可以外借。（　　）

4. 如果遗失了从外单位取得的原始凭证，应及时向开具单位请求重开。（　　）

5. 会计凭证在保管期满后，必须及时销毁。（　　）

项目五　会计账簿的设置与登记

📚 项目导航

原始凭证提供了大量的原始经济信息，这些信息是零散的、不系统的。会计人员通过填制记账凭证，对这些信息进行了归类处理，确定了应记入的账户、在账户中应记的方向和金额，接下来的工作就是根据记账凭证登记会计账簿。任何单位都必须按规定设置和登记会计账簿。通过设置和登记账簿，不仅可以了解会计主体在一定时期的全部经济活动情况，取得经营管理上所需要的比较系统、完整的会计核算资料，而且可以连续反映各项财产物资的增减变动及其结存情况，保证财产物资的安全完整，还可以为会计分析和会计检查提供资料和依据。设置和登记账簿是会计核算的基本方法之一。

会计账簿简称账簿，是指由具有一定格式、相互联结的若干账页组成的，以审核无误的会计凭证为依据，全面、连续、系统地记录各项经济业务的簿籍。

账簿是多种多样的，但可以按照一定的标志对其进行分类。账簿按用途分类，可分为序时账簿、分类账簿和备查账簿；按外表形式分类，可分为订本式账簿、活页式账簿和卡片式账簿。

本项目主要学习账簿的设置与登记、账簿的核对与结账、账簿的启用与更换、错账更正以及会计账簿的更换与保管等工作任务的操作步骤与方法。

学习时，要注意体会设置账簿的意义与作用，体会不同账簿之间的区别与联系，并融会贯通会计科目、会计账户和会计账簿之间的内在关系，把握审核原始凭证、填制记账凭证和登记会计账簿之间的工作程序和环节。

任务1　日记账簿的设置与登记

【任务描述】

为了加强货币资金的管理，各单位必须按照会计法规的规定，设置库存现金日记账和银行存款日记账。库存现金日记账和银行存款日记账由出纳人员根据相关记账凭证为依据，按照账簿登记规则，逐日逐笔进行登记，每日结出余额。库存现金日记账余额要每天与库存现金实有数核对相符，银行存款日记账要定期与银行对账单核对相符。

【综合知识】

一、什么是日记账簿

日记账簿也称序时账簿，简称日记账，是指按照经济业务发生时间的先后顺序，逐日逐笔进行登记的账簿。

二、日记账簿的种类与格式

（一）日记账簿的种类

日记账按其记录内容的范围不同，可分为普通日记账和特种日记账两种。

1. 普通日记账。普通日记账也称分录簿，是指用来登记全部经济业务的日记账。它是把每天发生的经济业务，根据原始凭证，按照时间先后顺序，在账簿中编制会计分录，并以此作为登记分类账的依据。在我国的会计实务中，因为采用了更加灵活方便的记账凭证，所以已经不再使用普通日记账。

2. 特种日记账。特种日记账是指用来登记某一类经济业务的日记账。它可以反映某一特定项目经济业务的详细情况。按照我国会计制度规定，各单位必须设置库存现金日记账和银行存款日记账。这两种日记账就是专门提供库存现金和银行存款收付情况等详细资料的特种日记账。根据需要，其他项目也可以设置特种日记账，如购货日记账、销货日记账等。

（二）日记账簿的格式

1. 库存现金日记账。库存现金日记账是用来核算和监督库存现金日常收、付和结存情况的序时账簿。库存现金日记账的格式主要有三栏式和多栏式两种，库存现金日记账必须使用订本账。

（1）三栏式库存现金日记账。三栏式库存现金日记账是用来登记库存现金的增减变动及其结果的日记账。设"借方""贷方""余额"三个金额栏。一般将其分别称为"收入""支出""结余"三个基本栏目。

为了清晰地反映现金收入的来源和支出的用途，还设有"对应科目"栏，用来作对应科目作备查记录。三栏式库存现金日记账账页的一般格式如表5-5所示。

（2）多栏式库存现金日记账。多栏式库存现金日记账将收入栏按与库存现金相对应的贷方科目设置出若干专栏，将支出栏按与库存现金相对应的借方科目设置出若干专栏，一般格式如表5-1所示。

表 5-1　　　　　　　　　库存现金日记账（多栏式）

年		凭证		摘要	收入			支出			结余
月	日	字	号		对应贷方科目	合计	过账	对应贷方科目	合计	过账	

如果库存现金的对应科目较多，采用表 5-1 格式，会使账页过长，为避免这种情况，可以分别设置库存现金收入日记账和支出日记账，其一般格式如表 5-2 和表 5-3 所示。

表 5-2　　　　　　　　　库存现金收入日记账（多栏式）

年		凭证		摘要	贷方科目	收入合计	支出合计	过账	结余
月	日	字	号						

表 5-3　　　　　　　　　库存现金支出日记账（多栏式）

年		凭证		摘要	借方科目	支出合计	过账
月	日	字	号				

动脑动手：账簿与账户是什么关系？

2. 银行存款日记账。银行存款日记账是用来逐日逐笔登记银行存款增减变化及其结余情况的特种日记账。银行存款日记账必须采用订本式，账页格式一般采用三栏式，基本格式与库存现金日记账基本相同。但为了便于与银行对账和反映银行存款收付所采用的结算方式，在银行存款日记账中增设了反映结算凭证种类和号数的专栏。

在规模比较大、银行存款收付业务比较多的单位，为了简化记账手续，银行存款日记账的账页格式也可以采用多栏式，其一般格式与"库存现金日记账"基本相同。

知识与能力拓展：

订本式账簿是指在启用前，就将若干已顺序编号的账页固定装订成册的账簿。采用订本式账簿，可以防止账页的散失或抽换。但由于已经编定账页序号，账页数量是固定的，不能根据需要进行增减，所以，如果分类账簿也采用订本式账簿，就必须为每一个账户预留空白账页。这样，在使用中可能出现某些账户预留账页少了，而有些账户预留账页过多了，结果可能会影响账簿记录的连续性或者是造成浪费。另外，这种账簿在同一时间只能由一个人登账，不便于分工记账。订本式账簿主要适用于日记账，总分类账簿也可以采用。

三、日记账簿的登记方法

库存现金日记账和银行存款日记账由出纳人员根据审核无误的相关记账凭证逐日逐笔顺序登记。登记时，应根据相关记账凭证，逐行进行登记，一笔业务登记一行，依次填写日期、凭证号数、摘要、对应科目、收入金额或支出金额。登记账簿之后，要在记账凭证的"记账符号"栏中画"√"号，并在记账凭证上签章。每日终了，分别计算出收入、支出金额的合计数和本日余额，并登记在日记账中。库存现金的账面余额与库存现金实有数要每天核对相符，银行存款的账面余额与银行对账单余额要定期核对相符。

【任务设计】

【例 5 – 1】华润公司 2024 年 12 月 1 日库存现金日记账和银行存款日记账的月初余额分别为 1 000 元和 760 000 元，12 月库存现金和银行存款收付业务及经审核无误的记账凭证（简化格式，见表 5 – 4）如下。

表 5 – 4　　　　　　　　　记账凭证（简化式）　　　　　　　　　单位：元

2024 年		凭证号数	摘要	科目名称		借方金额	贷方金额
月	日			总账科目	明细科目		
12	1	记1	提取备用金	库存现金		2 500	
				银行存款			2 500
12	9	记7	收到预收款	银行存款		20 000	
				预收账款	华商公司		20 000
12	10	记8	购买原材料	原材料	甲材料	45 000	
				应交税费	应交增值税	5 850	
				银行存款			50 850

159

续表

2024年		凭证号数	摘要	科目名称		借方金额	贷方金额
月	日			总账科目	明细科目		
12	16	记19	购买办公用品	管理费用	办公费	500	
				库存现金			500
12	17	记20	退回余款	库存现金		200	
				其他应收款	陈丽		200
12	24	记22	销售产品	银行存款		40 680	
				主营业务收入	A产品		36 000
				应交税费	应交增值税		4 680

（1）12月1日，签发现金支票，从银行提取现金2 500元备用，支票号码为20143581。

（2）12月9日，收到客户华商公司预付款20 000元。对方以转账支票支付，支票号码为20148374。

（3）12月10日，从鑫源公司购买甲材料1 000千克、单价45元，增值税专用发票列示：金额45 000元、增值税额5 850元、价税合计50 850元。材料已验收入库，开出一张转账支票支付货款，支票号码为20146572。

（4）12月16日，以库存现金购买办公用品，金额共计500元，由财务科和办公室直接领用。

（5）12月17日，业务部陈丽报销差旅费退回现金200元。

（6）12月24日，向海河公司销售A产品72台，开具增值税专用发票注明每件售价500元、金额36 000元、增值税额4 680元、价税合计40 680元。对方以转账支票支付货款，支票号码为20145421。

要求：根据上列记账凭证及其所附原始凭证登记库存现金日记账和银行存款日记账。

工作过程如下：

12月1日：

步骤1：在库存现金日记账和银行存款日记账的第一行登记期初余额。

提示：在实际工作中，每月的第一笔业务是在上月月末结账行的次行开始连续进行登记的，上月月末余额即为本月月初余额，故没有"步骤1"的操作。

步骤2：根据1号记账凭证逐栏登记库存现金日记账。

步骤3：在记账凭证上"库存现金"科目所在行的"过账"栏画"√"号，并在记账凭证上签章。

步骤4：根据1号记账凭证逐栏登记银行存款日记账。

步骤5：在记账凭证上"银行存款"科目所在行的"过账"栏画"√"号，并在记账凭证上签章。

步骤6：当日终了，加计库存现金本日收付合计和余额，在日记账当日最末一行记录的次行进行登记，在"摘要"栏填写"本日合计"，并填写当日日期。

步骤7：当日终了，加计银行存款本日收付合计和余额，在日记账当日最末一行记录的次行进行登记，在"摘要"栏填写"本日合计"，并填写当日日期。

提示：由于本例每天只列举了一笔业务，下面其他日期有关"本日合计"的操作省略，只在"余额"栏结出余额。

12月9日：

步骤1：根据7号记账凭证逐栏登记银行存款日记账。

步骤2：在记账凭证上"银行存款"科目所在行的"过账"栏画"√"号，并在记账凭证上签章。

步骤3：结出当天银行存款账面余额。

12月10日：

步骤1：根据8号记账凭证逐栏登记银行存款日记账。

步骤2：在记账凭证上"银行存款"科目所在行的"过账"栏画"√"号，并在记账凭证上签章。

步骤3：结出当天银行存款账面余额。

12月16日：

步骤1：根据19号记账凭证逐栏登记库存现金日记账。

步骤2：在记账凭证上"库存现金"科目所在行的"过账"栏画"√"号，并在记账凭证上签章。

步骤3：结出当天库存现金账面余额。

12月17日：

步骤1：根据20号记账凭证逐栏登记库存现金日记账。

步骤2：在记账凭证上"库存现金"科目所在行的"过账"栏画"√"号，并在记账凭证上签章。

步骤3：结出当天库存现金账面余额。

12月24日：

步骤1：根据22号记账凭证逐栏登记银行存款日记账。

步骤2：在记账凭证上"银行存款"科目所在行的"过账"栏画"√"号，并在记账凭证上签章。

步骤3：结出当天银行存款账面余额。

本例收付业务登记完毕后的库存现金日记账和银行存款日记账分别如表5-5和表5-6所示。

表 5-5　　　　　　　　　　　库存现金日记账　　　　　　　　　　　第 15 页

2024年		记账凭证		摘要	对应科目	收入 亿千百十万千百十元角分	√	支出 亿千百十万千百十元角分	√	结余 亿千百十万千百十元角分
月	日	字	号							
12	1			期初余额						1 0 0 0 0 0
	1	记	1	提取备用金	银行存款	2 5 0 0 0 0				
	1			本日合计		2 5 0 0 0 0				3 5 0 0 0 0
	16	记	19	购买办公用品	管理费用			5 0 0 0 0		3 0 0 0 0 0
	17	记	20	退回余款	其他应收款	2 0 0 0 0				3 2 0 0 0 0

表 5-6　　　　　　　　　　　银行存款日记账　　　　　　　　　　　第 20 页
种类：结算户存款　　　　　　　　　　　　　　　　　　　　　开户行：工行友林支行

2024年		记账凭证		摘要	结算凭证		对应科目	收入 亿千百十万千百十元角分	√	支出 亿千百十万千百十元角分	√	结余 亿千百十万千百十元角分
月	日	字	号		种类	号数						
12	1			期初余额								7 6 0 0 0 0 0 0
	1	记	1	提取备用金	现支	20143581	库存现金			2 5 0 0 0 0		
	1			本日合计						2 5 0 0 0 0		7 5 7 5 0 0 0 0
	9	记	7	收到预收款	转支	20148374	预收账款	2 0 0 0 0 0 0				7 7 7 5 0 0 0 0
	10	记	8	购买原材料	转支	20146572	原材料等			5 0 8 5 0 0 0		7 2 6 6 5 0 0 0
	24	记	22	销售产品	转支	20145421	主营业务收入等	4 0 6 8 0 0 0				7 6 7 3 3 0 0 0

提示：日记账中的"√"栏是对账时使用的，栏目金额核对无误的就画"√"。

【职业能力训练】

一、单项选择题（下列答案中只有一项是正确的，请将正确答案前的英文字母填入括号内）

1. 库存现金日记账的日期栏应填列的日期是（　　）。
   A. 结账日期　　　　　　　　　　　B. 登记账簿的日期

C. 现金实际收付的日期　　　　　　D. 编制记账凭证的日期

2. 库存现金日记账的登记处理，不正确的是（　　）。

A. 逐日逐笔顺序登记

B. 由出纳员负责登记

C. 每日结出余额，以便进行核对

D. 根据收付款业务的原始凭证登记

二、多项选择题（下列答案中至少两项是正确的，请将正确答案前的英文字母填入括号内）

1. 应当采用订本账的有（　　）。

A. 总分类账　　　　　　　　　　B. 明细分类账

C. 现金日记账　　　　　　　　　D. 银行存款日记账

2. 下列说法中正确的有（　　）。

A. 银行存款日记账属于特种日记账

B. 库存现金日记账必须是订本式账簿

C. 库存现金日记账必须采用三栏式账页

D. 银行存款日记账应按企业在银行开立的账户和币种分别设置，每个银行账户设置一本日记账

三、判断题（正确的在括号里打"√"，错误的打"×"）

1. 银行存款日记账按规定应采用订本式账簿。　　　　　　　　　　　（　　）
2. 库存现金日记账的账页格式只能采用三栏式账页。　　　　　　　　（　　）
3. 库存现金日记账属于序时账簿。　　　　　　　　　　　　　　　　（　　）

任务2　分类账簿的设置与登记

【任务描述】

　　分类账簿包括总分类账簿和明细分类账簿两种。总分类账簿根据总分类科目设置，由总账会计根据记账凭证进行逐笔登记，或对记账凭证定期汇总后进行登记；明细分类账簿根据管理的需要，依据财产物资种类、单位名称或人名、成本费用项目等明细科目设置，由明细账会计根据记账凭证及所附原始凭证或原始凭证汇总表进行逐日逐笔登记。

【综合知识】

一、什么是分类账簿

　　分类账簿简称分类账，是指对全部经济业务按照会计科目进行分类登记的账簿。

二、分类账簿的种类与格式

(一) 分类账簿的种类

分类账簿按照其反映内容的详细程度可分为总分类账簿和明细分类账簿两种。

1. 总分类账簿。总分类账簿简称总分类账或总账,是指根据总分类科目设置,对全部经济业务进行总括分类记录的账簿。按照现行会计制度规定,各单位必须设置总分类账簿。

2. 明细分类账簿。明细分类账簿,简称明细分类账或明细账,是指根据明细分类科目设置,对各类经济业务进行详细分类记录的账簿。各单位在设置总分类账簿的基础上,应根据会计核算和经营管理的需要设置明细分类账簿,进行明细分类核算。例如,为了详细记录各购货单位所欠本单位货款的增减变动及其结余情况,应按购货单位名称或者人名设置应收账款明细分类账簿。

(二) 总分类账簿的格式

总分类账簿一般应采用订本式,账页格式一般采用三栏式,即账页上分设为"借方""贷方""余额"三个金额栏。根据实际需要,又可分为不设对应科目的三栏式(见表5-7)和设对应科目的三栏式(见表5-14)两种。

表5-7　　　　　　　　　　　总分类账　　　　　　　　　　　第1页

会计科目:

年		记账凭证		摘要	借方										贷方										借或贷	余额									
月	日	字	号		亿	千	百	十	万	千	百	十	元	角	分	亿	千	百	十	万	千	百	十	元	角	分		亿	千	百	十	万	千	百	十	元	角

在总分类账户设置较少的单位,总分类账簿的账页格式也可以采用多栏式,即把全部总分类账户集中设置在一张账页上,按会计科目分设专栏,设置了多少个总分类科目就需要相应设置多少个专栏。在记账时,按照经济业务发生的先后顺序在总分类账簿中进行分类登记。这种账簿将日记账和分类账结合在一起,所以称为"联合账簿",又叫"日记总账",其一般格式如表5-8所示。

表5-8　　　　　　　　多栏式总分类账(日记总账)

年		记账凭证		摘要	发生额	科目1		科目2		科目3		科目4		(略)	
月	日	字	号			借	贷	借	贷	借	贷	借	贷	借	贷

（三）明细分类账簿的格式

明细分类账簿一般采用活页式，个别采用卡片式，账页格式主要有三栏式、数量金额式和多栏式等几种。

1. 三栏式明细账。三栏式明细账的账页格式与总账的账页格式基本相同，适用于只需要进行金额核算而不需要进行数量核算的明细账户，如"应收账款""应付账款"等债权债务结算账户的明细账户。在实际工作中称之为甲式账，其一般格式如表5-18所示。

2. 数量金额式明细账。数量金额式明细账的账页，在借方（收入栏）、贷方（发出栏）和余额（结存栏）三大栏内，分设了"数量""单价""金额"三个小栏，适用于既要进行金额核算，又要进行实物数量核算的各种财产物资明细账户，如"原材料""库存商品"等存货账户的明细账户。其一般格式如表5-15和表5-16所示。

3. 多栏式明细账。多栏式明细账的账页，在借、贷方金额栏内，按照某一总账科目所属的明细项目分设若干专栏，集中记录各明细项目的金额，适用于只进行金额核算，明细项目比较固定且数量比较少的成本、费用、收入、利润等明细账户。多栏式明细账按栏目设置方法的不同，可分为借方多栏式、贷方多栏式和借贷方多栏式三种具体的格式。

借方多栏式明细账在账页的借方设置若干专栏，贷方不分设专栏，适用于成本、费用类明细账，其一般格式如表5-17所示。

贷方多栏式明细账在账页的贷方设置若干专栏，借方不分设专栏，适用于收入类明细账，其一般格式如表5-9所示。

表5-9　　　　　　　　　　　　　　（科目）明细账

_____级科目编号及名称_____　　　　　　　　　　总第　　页
_____级科目编号及名称_____　　　　　　　　　　分第　　号　第　　页

年		记账凭证		摘要	借方	贷方					余额
月	日	字	号							合计	

借贷方多栏式明细账在账页的借方、贷方均设置若干专栏，适用于"本年利润""利润分配""应交增值税"等明细账，其一般格式如表5-10所示。

表5-10　　　　　　　　　　　　　　（科目）明细账

_____级科目编号及名称_____　　　　　　　　　　总第　　页
_____级科目编号及名称_____　　　　　　　　　　分第　　号　第　　页

年		记账凭证		摘要	借方	借方			贷方			余额
月	日	字	号					合计			合计	

知识与能力拓展：

活页式账簿是指将活动账页相对固定地装置在账夹内，可以根据需要添加和抽减账页的账簿。采用活页式账簿，可以根据实际需要随时增加空白账页，而且在同一时间可以由多人分工记账，但账页容易散失和被抽换。因此，空白账页在使用时必须顺序编号。一个会计年度结束更换新账时，要将使用过的账页装订成册。活页式账簿主要适用于各种明细账。卡片式账簿是利用分散的、印有专门格式的卡片进行登记的账簿。卡片式账簿是一种特殊的活页账，适用于明细项目比较多、记录内容比较复杂的财产物资明细账，如固定资产卡片等。

三、分类账簿的登记方法

总分类账由总账会计登记，其登记依据和登记方法取决于会计核算所采用的账务处理程序，可以是根据记账凭证进行逐日逐笔登记，也可以是定期对记账凭证进行汇总后根据汇总的结果进行登记。逐日逐笔登记时，具体操作步骤、方法与日记账的登记基本相同。汇总登记时，根据科目汇总表进行登记，具体程序和方法将在项目八中进行学习。

明细分类账由明细账会计登记，如债权债务明细账由往来会计登记、原材料明细账由材料会计登记、成本费用明细账由成本核算会计登记等。其登记依据是记账凭证及其所附的原始凭证或原始凭证汇总表，登记方法一般是逐日逐笔登记，具体操作步骤、方法与日记账的登记基本相同。

四、总分类账与明细分类账的平行登记

总分类账与其所属的明细分类账核算的经济内容是相同的，只不过总分类账是总括核算，提供总括的会计信息；明细分类账是明细核算，提供详细的会计信息。一笔经济业务，既要在总分类账户中进行登记，又要在该总分类账户所属的相关明细账户中进行登记，即总分类账与明细分类账是平行登记的。

平行登记是指对一项经济业务，根据会计凭证一方面要在有关总分类账中进行登记，另一方面又要在该总分类账所属的有关明细账中进行登记。平行登记包括四个方面的要点：

1. 登记的依据相同。登记总分类账及其所属的明细分类账依据的是同一记账凭证及其所附的原始凭证。
2. 登记的期间一致。一笔经济业务，总分类账记在哪个会计期间，所属的明细账也记在哪个会计期间。
3. 登记的方向一致。一笔经济业务，总分类账户记在哪方，所属的明细账户也记在哪方。
4. 登记的金额相等。一笔经济业务，记入总分类账的金额与记入所属明细账的金额之和相等。

通过平行登记,使总分类账和其所属的明细账之间具有以下等量关系:

总分类账期末(期初)余额 = 所属明细账期末(期初)余额之和

总分类账本期借方(贷方)发生额 = 所属明细账本期借方(贷方)发生额之和

在会计实务中,可以利用上述等量关系检验账簿记录的正确性。检验时,一般方法是根据各总分类账户所属明细账户的记录,编制明细账户本期发生额及余额表,与各该总分类账的记录进行核对。如果核对不相符,表明账簿登记有差错,必须查明原因,及时更正。明细账户本期发生额及余额表通常是一个总分类账户编制一张,每月编制一次,一般格式如表 5-11 所示。该格式适用于进行金额的总、细核对,对原材料等财产物资账户进行总、细核对时,如有必要,可在表中借、贷方下再分为"数量"和"金额"两个小栏。

表 5-11 ××明细分类账本期发生额及余额

年　月

明细分类账户名称	期初余额		本期发生额		期末余额	
	借方	贷方	借方	贷方	借方	贷方
合计						

知识与能力拓展:

备查账簿也称辅助账簿,是对某些在日记账簿和分类账簿中未能反映和记录的事项进行补充登记的账簿。主要用来提供某些必要的、有用的参考资料或补充信息,如"受托代销商品登记簿""租入固定资产登记簿"等。各单位应根据实际需要设置备查账簿,如果没有备查事项,也可以不设。备查账簿只是对正式账簿记录的一种补充,没有固定的格式,由单位根据需要自行设计,它与其他账簿之间不存在严密的依存勾稽关系。

【任务设计】

【例 5-2】华润公司的总账采取根据记账凭证逐笔登记的账务处理程序,总账与所属明细账之间采取先登记明细账、后登记总账的流转程序;全部账户体系之间采取一个总账及其明细账登记完后,再登记另一个总账及其明细账的程序。该公司 2024 年 12 月 1 日期初"原材料"总账账户账面余额 145 000 元,其所属明细账期初余额如表 5-12 所示;经审核无误的部分经济业务的记账凭证如表 5-13 所示(均以简略的分录簿形式表示,原始凭证略)。

(1) 12 月 10 日,从鑫源公司购买甲材料 1 000 千克、单价 45 元,增值税专用发票列示:金额 45 000 元、增值税额 5 850 元、价税合计 50 850 元。材料已验收入库,开出一张转账支票支付货款。

(2) 12月11日,一车间领用甲材料600千克,单价45元;领用乙材料500千克,单价50元,用于生产A产品。

(3) 12月15日,向百川公司销售A产品100台,开具增值税专用发票注明每件售价500元、金额50 000元、增值税额6 500元、价税合计56 500元。产品已发出,款项尚未收回。

要求:根据上列记账凭证登记原材料总分类账和原材料、生产成本、应收账款明细分类账(12月1日登记月初余额的操作从略,其余账户的登记从略)。

表5-12　　　　　　　　　　　明细分类账期初余额

名称	数量(千克)	单价(元)	金额(元)
甲材料	2 000	45	90 000
乙材料	1 100	50	55 000
合计	3 100		145 000

表5-13　　　　　　　　　　　记账凭证(简化式)　　　　　　　　　　　单位:元

2024年		凭证号数	摘要	科目名称		借方金额	贷方金额
月	日			总账科目	明细科目		
12	10	记8	购买原材料	原材料	甲材料	45 000	
				应交税费	应交增值税	5 850	
				银行存款			50 850
12	11	记9	领用原材料	生产成本	A产品	52 000	
				原材料	甲材料		27 000
				原材料	乙材料		25 000
12	15	记18	销售产品	应收账款	百川公司	56 500	
				主营业务收入	A产品		50 000
				应交税费	应交增值税		6 500

工作过程如下:

12月10日:

步骤1:登记原材料明细账。材料明细账会计根据8号记账凭证及其所附的收料单,在甲材料明细账中进行逐项登记,并计算登记本日结存数量和金额。

步骤2:材料明细账会计在8号记账凭证的"甲材料"所在行"过账"栏画"√"号,并在凭证上签章,然后将8号记账凭证转材料总账会计。

步骤3:登记原材料总账。总账会计根据8号记账凭证在"原材料"总账中进行逐项登记。

步骤4:总账会计在8号记账凭证的"原材料"所在行"过账"栏画"√"号,并在凭证上签章,然后将8号记账凭证转其他岗位会计进行登记。

提示：分类账不要求逐日逐笔结算余额。如果要结算余额，则：12月10日"原材料"总账账户的借方余额 = 145 000 + 45 000 = 190 000 元，将该余额记入"余额"栏后，再在"借或贷"栏填写"借"字，以表明余额的方向和性质。

12月11日：

步骤1：登记生产成本明细账。成本明细账会计根据9号记账凭证及其所附的领料单，在A产品成本明细账中进行逐项登记，并计算登记余额。

步骤2：成本明细账会计在9号记账凭证的"A产品"所在行"过账"栏画"√"号，并在凭证上签章，然后将9号记账凭证转总账会计。

提示：本例省略了成本总账的登记工作。总账会计登记完成后将9号记账凭证转材料明细账会计。

步骤3：登记原材料明细账。材料明细账会计根据9号记账凭证及其所附的领料单，在甲材料明细账中以及乙材料明细账进行逐项登记，并计算登记本日结存数量和金额。

步骤4：材料明细账会计在9号记账凭证的"甲材料"和"乙材料"所在行"过账"栏画"√"号，并在凭证上签章，然后将9号记账凭证转总账会计。

步骤5：登记原材料总账。总账会计根据9号记账凭证在"原材料"总账中进行逐项登记。

步骤6：总账会计在9号记账凭证的"原材料"所在行"过账"栏画"√"号，并在凭证上签章，然后将9号记账凭证交付记账凭证管理人员。

12月15日：

步骤1：登记应收账款明细账。往来明细账会计根据18号记账凭证，在"应收账款"百川公司明细账中进行逐项登记。

步骤2：往来明细账会计在18号记账凭证的"百川公司"所在行"过账"栏画"√"号，并在凭证上签章，然后将18号记账凭证转总账会计。

提示：本例省略了应收账款总账的登记工作。总账会计登记完成后将18号记账凭证转其他岗位会计。

本例业务登记完毕后的有关总账和明细账如表5-14~表5-18所示。

表5-14　　　　　　　　　　　　总分类账　　　　　　　　　　　　第30页

会计科目：原材料

2024年		记账凭证		摘要	对应科目	借方 亿千百十万千百十元角分	√	贷方 亿千百十万千百十元角分	借或贷	余额 亿千百十万千百十元角分
月	日	字	号							
12	1			期初余额					借	1 4 5 0 0 0 0 0
	10	记	8	购买原材料	银行存款	4 5 0 0 0 0 0				
	11	记	9	领用原材料	生产成本			5 2 0 0 0 0 0		

表 5-15   原材料明细账   总第　　页

类别：原材料及主要材料   分第　号第　页

名称和规格：甲材料   编号：   存放地点：材料仓库

                                                                               计量单位：千克

2024年		记账凭证		摘要	对应科目	收入			支出			结存		
月	日	字	号			数量	单价	金额	数量	单价	金额	数量	单价	金额
12	1			期初余额								2 000	45	900 000.00
	10	记	8	购买原材料	银行存款	1 000	45	45 000.00				3 000	45	135 000.00
	11	记	9	领用原材料	生产成本				600	45	27 000.00	2 400	45	108 000.00

表 5-16   原材料明细账   总第　　页

类别：原材料及主要材料   分第　号第　页

名称和规格：乙材料   编号：   存放地点：材料仓库

                                                                               计量单位：千克

2024年		记账凭证		摘要	对应科目	收入			支出			结存		
月	日	字	号			数量	单价	金额	数量	单价	金额	数量	单价	金额
12	1			期初余额								1 100	50	55 000.00
	11	记	9	领用原材料	生产成本				500	50	25 000.00	600	50	30 000.00

表 5-17   生产成本明细账

一级科目编号及名称：生产成本   总第　　页

二级科目编号及名称：A产品   分第　号第　页

2024年		记账凭证		摘要	借方				贷方	余额
月	日	字	号		直接材料	直接人工	制造费用	合计		
12	1			期初余额						略
	11	记	9	领用原材料	52 000			52 000		

表 5-18　　　　　　　　　　　应收账款明细账　　　　　　　　　　　总第　　页
　　　　　　　　　　　　　　　　　　　　　　　　　　　　　　　　　分第　号第　页

子目：百川公司　　　　　　　　　　　　　　　　　　　　　　　　　　户名：百川公司

2024年		记账凭证		摘要	对应科目	借方										贷方										借或贷	余额									
月	日	字	号			亿	千	百	十	万	千	百	十	元	角	分	亿	千	百	十	万	千	百	十	元	角	分		亿	千	百	十	万	千	百	十	元	角	分
12	1			期初余额																									略											
	15	记	18	销售产品	主营业务收入等					5	6	5	0	0	0	0												略											

【职业能力训练】

一、单项选择题（下列答案中只有一项是正确的，请将正确答案前的英文字母填入括号内）

1. 下列明细分类账中，一般不宜采用三栏式账页格式的是（　　）。
   A. 应收账款明细账　　　　　　　　B. 应付账款明细账
   C. 实收资本明细账　　　　　　　　D. 原材料明细账

2. "管理费用"明细账应采用的账页格式是（　　）。
   A. 两栏式　　　B. 三栏式　　　C. 多栏式　　　D. 数量金额式

3. 不宜采用多栏式明细分类账页格式的科目是（　　）。
   A. 利润分配　　　B. 应交税费　　　C. 管理费用　　　D. 预付账款

4. 下列表述中，正确的是（　　）。
   A. 明细账根据明细分类科目设置
   B. 总账的余额不一定等于其所属的明细账的余额的合计数
   C. 所有资产类总账的余额合计数应等于所有负债类总账的余额合计数
   D. 库存现金日记账实质上就是库存现金的总账

5. "短期借款"明细账应采用的账页格式是（　　）。
   A. 两栏式　　　B. 三栏式　　　C. 多栏式　　　D. 数量金额式

二、多项选择题（下列答案中至少两项是正确的，请将正确答案前的英文字母填入括号内）

1. 下列各账户中，只需反映金额指标的有（　　）。
   A. 原材料账户　　　　　　　　B. 实收资本账户
   C. 库存商品账户　　　　　　　D. 预收账款账户

2. 数量金额式账簿的收入、发出和结存三大栏内，都分设（　　）三个小栏。

A. 数量　　　　B. 种类　　　　C. 单价　　　　D. 金额

3. 下列登记总分类账的说法中，正确的有（　　）。

A. 根据原始凭证登记总分类账　　B. 根据科目汇总表登记总分类账
C. 根据明细账逐笔登记总分类账　　D. 根据记账凭证逐笔登记总分类账

4. 会计账簿应具备的基本要素有（　　）。

A. 封面　　　　B. 扉页　　　　C. 账页　　　　D. 封底

5. 总分类账户与明细分类账户的平行登记的要点有（　　）。

A. 方向相同　　B. 期间一致　　C. 金额相等　　D. 依据相同

三、判断题（正确的在括号里打"√"，错误的打"×"）

1. 多栏式账簿主要适用于既需要记录金额，又需要记录实物数量的财产物资明细账户。（　　）

2. "生产成本"账户月末如有余额，表示企业期末有在产品，因而该账户进行明细分类核算时既要提供实物指标又要提供金额指标，所以必须选用数量金额式账页登记。（　　）

3. 总分类账可以根据记账凭证直接登记。（　　）

4. 三栏式明细分类账适用于只进行金额核算而不需要进行数量核算的明细分类账。（　　）

5. 总分类账户是所属明细分类账户的统驭账户，对所属明细分类账户起着控制作用；明细分类账户则是总分类账户的从属账户，对其所隶属的总分类账户起着辅助作用。（　　）

任务3　对账与结账

【任务描述】

为了保证会计账簿记录的正确性，要定期核对账目，将账簿记录与凭证、账簿记录与账簿记录以及账簿记录与结存实物进行核对，做到账证相符、账账相符和账实相符。为了总结账簿的记录结果，为编制财务会计报告提供依据，应在账簿记录核对无误的基础上进行期末结账，在账户中结出各账户的本期借方发生额、贷方发生额和期末余额，并作结账标记。

【综合知识】

一、什么是对账

对账是指对各种账簿记录进行核对。对账是保证会计记录正确性和真实性的重要措施和工作环节。会计部门要通过定期和不定期的对账，做到账证相符、账账相符和账实相符。对账一般在月末、季末、年末结账之前进行。遇特殊情况，如有关人员办理调动或发生非常事件，应及时进行对账。

二、对账的内容

对账的内容包括账证核对、账账核对和账实核对。

1. 账证核对。账证核对是指各种账簿记录与据以登记的记账凭证及其所附原始凭证进行核对。账证核对一般在日常登记账簿的过程中进行。期末，如果发现账证不符，就应对账簿记录与会计凭证进行详细的检查核对，保证二者相符。

2. 账账核对。账账核对是指各种账簿之间的核对。包括所有总账之间的核对、总账与明细账之间的核对、总账与日记账之间的核对、会计部门的各种财产物资明细账与财产物资保管部门和使用部门的有关明细账之间的核对等。

3. 账实核对。账实核对是指各种财产物资和债权债务的账面结存与实有数额之间的核对。包括库存现金日记账的账面余额与库存现金实际结存数之间的核对；银行存款日记账的账面余额与银行对账单之间的核对；各种材料物资明细账的账面结存数与实际结存数之间的核对；各种债权债务明细账的账面余额与债权人、债务人账目之间的核对等。账实核对需要进行财产清查，具体内容将在项目六中进行学习。

三、对账的方法

（一）账证核对的方法

进行账证核对，通常是将账簿记录的各项内容，包括经济业务、发生时间、凭证字号、内容摘要、记账方向、数量、金额等与会计凭证逐一进行核对。

（二）账账核对的方法

1. 总账之间的核对。总账之间的核对是将全部总账账户的发生额和余额进行核对，通常在期末通过编制总分类账发生额及余额试算平衡表来进行。

2. 总账与明细账之间的核对。总账与明细账之间的核对是将各总账账户的发生额及余额与其所属的明细账户的发生额及余额进行核对，通常在期末通过编制明细分类账本期发生额及余额表来进行。

3. 总账与日记账之间的核对。总账与日记账之间的核对是将库存现金总账和银行存款总账的本期借、贷方发生额及期末余额，分别与库存现金日记账和银行存款日记账的本期借、贷方发生额及期末余额进行核对。该项核对通常由总账会计与出纳人员于期末时直接根据账簿记录进行。

4. 会计部门各种财产物资明细账与财产物资保管和使用部门有关明细账之间的核对。该项核对通常是由财产物资保管和使用部门定期编制财产物资收发结存汇总表报会计部门,与会计部门的财产物资明细账的收入、发出和结存数进行核对。

四、什么是结账

结账是指会计期末,在本会计期间内所发生的经济业务全部登记入账并核对相符的基础上,结算各账户的本期发生额和期末余额。会计部门应在每个会计期末做好结账工作,为编制财务会计报告提供依据。

五、结账的要求

1. 保证账簿记录完整、正确。结账前,应检查本期所发生的经济业务是否均已填制记账凭证,并据以记入相关账簿,有无漏记、重记和其他错误记录。如果发现账簿记录错误,应及时进行更正。

2. 按照权责发生制的要求及时调整需要在期末调整的账项,合理反映本期的财务状况、经营成果和现金流量。属于本期的应收收益和预收收益应确认计入本期收入,属于本期的应付费用和应分摊的费用应确认计入本期费用。

3. 正确计算各账户的本期发生额和期末余额,按照规范的结账方法结算账簿记录。

4. 年末结账前,要结清所有损益账户和"本年利润"账户。

5. 按时结账。结账日期为每个会计期的最后一天,不能提前或延后结账。

六、结账的方法

结账方法的要点主要有:

1. 对不需按月结计本期发生额的账户,每次记账以后,都要随时结出余额,每月最后一笔余额是月末余额,即月末余额就是本月最后一笔经济业务记录的同一行内余额。月末结账时,只需要在最后一笔经济业务记录之下通栏划单红线,不需要再次结计余额。

2. 库存现金日记账、银行存款日记账和需要按月结计发生额的收入、费用等明细账,每月结账时,要在最后一笔经济业务记录下面通栏划单红线,结出本月发生额和余额,在摘要栏内注明"本月合计"字样,并在下面通栏划单红线。

3. 对于需要结计本年累计发生额的明细账户,每月结账时,应在"本月合计"行下结出自年初起至本月末止的累计发生额,登记在月份发生额下面,在摘要栏内注明"本年累计"字样,并在下面通栏划单红线。12月末的"本年累计"就是全年累计发生额,全年累计发生额下通栏划双红线。

4. 总账账户平时只需结出月末余额。年终结账时,为了总括地反映全年各项资金运动情况的全貌,核对账目,要将所有总账账户结出全年发生额和年末余额,在摘要栏内注明"本年合计"字样,并在合计数下通栏划双红线。

5. 年度终了结账时，有余额的账户，应将其余额结转下年，并在摘要栏注明"结转下年"字样；在下一会计年度新建有关账户的第一行余额栏内填写上年结转的余额，并在摘要栏注明"上年结转"字样，使年末有余额账户的余额如实地在账户中加以反映，以免混淆有余额的账户和无余额的账户。

知识与能力拓展：

在会计软件中，通常会有专门的结账功能模块。点击结账按钮后，系统会自动进行一系列的检查和处理，如检查是否存在未记账的凭证、是否存在未结账的子模块等。如果一切正常，系统会将本期的账目进行封存，并自动开启下一个会计期间。

【任务设计】

【例5-3】根据蓝天公司2024年12月全部总分类账户、应收账款明细账户的发生额和期初、期末余额（此略），编制总分类账户发生额及余额试算平衡表和应收账款明细分类账本期发生额及余额表。

工作过程1——总账之间的核对：

步骤1：填写"试算平衡表"的所属期间和金额单位。

步骤2：将有记录的所有总分类账户的名称填入试算平衡表"账户名称"栏。

步骤3：将各总分类账户的期初余额分别填入"期初余额"栏的借方或贷方、本期借方发生额和贷方发生额分别填入"本期发生额"栏的借方和贷方、期末余额分别填入"期末余额"栏的借方或贷方。

步骤4：计算"期初余额"栏的借方合计数、贷方合计数，并分别填入本栏合计行的借方和贷方；计算"本期发生额"栏的借方合计数、贷方合计数，并分别填入本栏合计行的借方和贷方；计算"期末余额"栏的借方合计数、贷方合计数，并分别填入本栏合计行的借方和贷方。

步骤5：分别核对三组合计数的借方和贷方，如果有一组不平衡，表示总账的登记有错误，应进一步查找。本例核对相符。

编制总分类账户发生额及余额试算平衡表（见表5-19）。

表5-19　　　　　　总分类账户发生额及余额试算平衡表

2024年12月　　　　　　　　　　　　　　　　　　　　　　　　单位：元

账户名称	期初余额		本期发生额		期末余额	
	借方	贷方	借方	贷方	借方	贷方
库存现金	10 000.00		2 200.00	4 311.00	7 889.00	
银行存款	259 990.20		318 047.75	267 628.64	310 409.32	
应收票据	56 160.00		210 600.00	266 760.00		
应收账款	140 400.00		852 234.00	254 600.00	738 034.00	

续表

账户名称	期初余额 借方	期初余额 贷方	本期发生额 借方	本期发生额 贷方	期末余额 借方	期末余额 贷方
预付账款	10 000.00				10 000.00	
其他应收款			5 264.30	2 000.00	3 264.30	
坏账准备		702.00	1 440.00	4 378.17		3 640.17
库存商品	1 160 000.00		241 888.06	463 343.06	938 545.00	
原材料	480 000.00		130 000.00	208 000.00	402 000.00	
周转材料	50 000.00				50 000.00	
固定资产	347 000.00		78 400.00	9 000.00	416 400.00	
累计折旧		47 183.33	5 960.00	3 065.07		44 288.40
固定资产减值准备				2 000.00		2 000.00
短期借款		200 000.00				200 000.00
应付票据		21 060.00	21 060.00	58 500.00		58 500.00
应付账款		11 700.00	128 700.00	152 100.00		35 100.00
预收账款		10 000.00	10 000.00	10 000.00		10 000.00
应交税费		111 055.00	35 115.00	125 760.51		201 700.51
应付职工薪酬			81 222.04	82 945.54		1 723.50
实收资本		2 000 000.00				2 000 000.00
资本公积		55 849.87				55 849.87
本年利润			528 460.83	736 200.00		207 739.17
利润分配		56 000.00				56 000.00
生产成本			241 888.06	241 888.06		
制造费用			12 856.66	12 856.66		
主营业务收入			736 200.00	736 200.00		
主营业务成本			463 343.06	463 343.06		
资产减值损失			5 938.17	5 938.17		
财务费用			181.05	181.05		
管理费用			43 576.35	43 576.34		
销售费用			15 372.20	15 372.20		
营业外支出			50.00	50.00		
合计	2 513 550.20	2 513 550.20	4 169 997.53	4 169 997.53	2 876 541.62	2 876 541.62

工作过程2——应收账款总账与明细账之间的核对：

步骤1：填写"余额表"的所属期间和金额单位。

步骤2：将"应收账款"所属有记录的各明细账户的名称填入"余额表"的"明细分类账户名称"栏。

步骤3：将各明细账户的期初余额分别填入"期初余额"栏的借方、本期借方发生额和贷方发生额分别填入"本期发生额"栏的借方和贷方、期末余额分别填入"期末余额"栏的借方。

步骤4：计算"期初余额"栏的借方合计数，并填入本栏合计行的借方；计算"本期发生额"栏的借方合计数、贷方合计数，并分别填入本栏合计行的借方和贷方；计算"期末余额"栏的借方合计数，并填入本栏合计行的借方。

步骤5：将表中"合计行"的四个数据顺序与"应收账款"总分类账户的期初余额、本期借方发生额、本期贷方发生额、期末余额核对，只要有一个数据不相符，表示平行登记存在错误，应进一步查找。本例核对相符。

编制应收账款明细分类账本期发生额及余额表（见表5-20）。

表 5-20　　　　　　应收账款明细分类账本期发生额及余额
2024年12月　　　　　　　　　　　　　　　　　　　　　　　　　　　单位：元

明细分类账户名称	期初余额		本期发生额		期末余额	
	借方	贷方	借方	贷方	借方	贷方
鸿达物流			53 530.00	1 880.00	51 650.00	
百盛脚轮						
新兴铸管			545 984.00		545 984.00	
联华公司	56 160.00				56 160.00	
恒大焊条			42 120.00	42 120.00		
金海木业	84 240.00		210 600.00	210 600.00	84 240.00	
合计	140 400.00		852 234.00	254 600.00	738 034.00	

提示：在简化核算预收账款的情况下，有些应收账款明细账户可能出现贷方余额，表示预收款，编制应收账款明细分类账本期发生额及余额表时，应填入"期初余额"或"期末余额"的贷方。与总账余额核对时，"余额表""期初余额"栏的借、贷方合计数相抵减后的净额和"期末余额"栏的借、贷方合计数相抵减后的净额，分别与应收账款总账的期初、期末余额相符。

【例5-4】蓝天公司2024年12月库存现金总账的记录如表5-21（截至22日记录行）所示，本年度全年收入合计74 632元、支出合计68 320元。

要求：进行库存现金总账账户2024年12月的月度结账和年度结账。

工作过程如下：

步骤1：在12月22日业务记录行的下面划一条通栏单红线。

步骤2：在红线的次行进行月结。计算12月的收入合计、支出合计及月末结余（本例为提供的数据），填入对应栏次并填写相关栏目。

步骤3：在月结行下面划一条通栏单红线。

步骤4：在月结行的次行进行年结。计算本年度收入合计、支出合计（本例为提供的数据），填入对应栏次，"余额栏"照抄上行的余额并填写相关栏目。

步骤5：在年结行下面划两条通栏红线。结账结束。

表5-21　　　　　　　　　　　　总分类账　　　　　　　　　　　　第8页

会计科目：库存现金

2024年		记账凭证		摘要	对应科目	借方											√	贷方											√	借或贷	余额										
月	日	字	号			亿	千	百	十	万	千	百	十	元	角	分		亿	千	百	十	万	千	百	十	元	角	分			亿	千	百	十	万	千	百	十	元	角	分
12	1			期初余额																										借					3	0	0	0	0	0
	1	记	1	提现备用	银行存款					2	0	0	0	0	0														借					5	0	0	0	0	0
	14	记	16	购买办公用品	管理费用																		3	0	0	0	0	0	借					4	7	0	0	0	0
	22	记	24	支付修理费	管理费用																		5	8	5	0	0	借					4	1	1	5	0	0
	31			本月合计						2	0	0	0	0	0								8	8	5	0	0	借					4	1	1	5	0	0
	31			本年合计					7	4	6	3	2	0	0						6	8	3	2	0	0	0	借					4	1	1	5	0	0
	31			结转下年																																				

【职业能力训练】

一、单项选择题（下列答案中只有一项是正确的，请将正确答案前的英文字母填入括号内）

1. 下列对账工作中，属于账实核对的是（　　）。

   A. 总分类账与日记账核对

   B. 总分类账与所属明细分类账核对

   C. 银行存款日记账与银行对账单核对

   D. 会计部门的财产物资明细账与财产物资保管部门的有关明细账相核对

2. 下列各项中，不属于账账核对的是（　　）。

   A. 明细分类账簿之间的核对

B. 会计账簿与原始凭证之间的核对

C. 总分类账簿与序时账簿之间的核对

D. 总分类账簿与所属明细分类账簿之间的核对

3. 下列各项中，属于账证核对内容的是（　　）。

A. 会计账簿与记账凭证核对

B. 原始凭证与记账凭证核对

C. 银行存款日记账与银行对账单核对

D. 总分类账簿与所属明细分类账簿核对

4. 下列各项中，不属于账实核对内容的是（　　）。

A. 账簿记录与原始凭证核对

B. 现金日记账余额与库存现金数核对

C. 银行存款日记账余额与银行对账单余额核对

D. 债权债务明细账余额与对方单位的账面记录核对

5. 年度终了结账时，有余额的账户，要将其余额结转下年，并在摘要栏注明的字样是（　　）。

　　A. 上年结转　　　　B. 本年累计　　　　C. 本年合计　　　　D. 结转下年

二、多项选择题（下列答案中至少两项是正确的，请将正确答案前的英文字母填入括号内）

1. 下列各项中，属于对账内容的有（　　）。

A. 账证核对　　　　B. 账账核对　　　　C. 账实核对　　　　D. 账户核对

2. 下列对账工作中，属于账账核对的有（　　）。

A. 银行存款日记账与银行对账单的核对

B. 现金日记账余额与库存现金总账余额核对

C. 财产物资明细账与财产物资保管明细账核对

D. 应收、应付款项明细账与债权债务单位账项核对

3. 下列对账工作中，属于账实核对的有（　　）。

A. 银行存款日记账与银行对账单的核对

B. 现金日记账余额与库存现金总账余额核对

C. 财产物资明细账与财产物资保管明细账核对

D. 应收、应付款项明细账与债权债务单位账项核对

4. 结账的程序通常包括（　　）。

A. 结账前，将本期发生的经济业务全部登记入账，并保证其正确性。对于发现的错误，应采用适当的方法进行更正

B. 在本期经济业务全面入账的基础上，根据权责发生制的要求，调整有关账项，合理确定应计入本期的收入和费用

C. 结出资产、负债和所有者权益账户的本期发生额和余额，并转入下期

D. 将各损益类账户余额全部转入"本年利润"账户，结平所有损益类账户

　5. 每月结账时，要在最后一笔经济业务记录下面通栏划单红线，结出本月发生额和余额的账簿通常包括（　　　）。

　　A. 库存现金日记账　　　　　　　B. 银行存款日记账
　　C. 主营业务收入明细账　　　　　D. 管理费用明细账

三、判断题（正确的在括号里打"√"，错误的打"×"）

　1. 会计部门的财产物资明细账期末余额与财产物资使用部门的财产物资明细账期末余额相核对，属于账实核对。　　　　　　　　　　　　　　　　　　　　　　（　　）

　2. 对需要按月进行月结的账簿，结账时，应在"本月合计"字样下面通栏划单红线，而不是划双红线。　　　　　　　　　　　　　　　　　　　　　　　　　　（　　）

　3. 年度终了结账时，有余额的账户，应将其余额结转下年，并在摘要栏注明"结转下年"字样；在下一会计年度新建有关账户的第一行余额栏内填写上年结转的余额，并在摘要栏注明"上年结转"字样，使年末有余额账户的余额如实地在账户中加以反映，以免混淆有余额的账户和无余额的账户。　　　　　　　　　　　　　　　　　　（　　）

　4. 对不需要按月结计本期发生额的账户，要在最后一笔经济业务记录下面通栏划单红线，结出本月发生额和余额，在摘要栏内注明"本月合计"字样，并在下面通栏划单红线。　　　　　　　　　　　　　　　　　　　　　　　　　　　　　　　　（　　）

　5. 对于需要结计本年累计发生额的明细账户，每月结账时，应在"本月合计"行下结出自年初起至本月末止的累计发生额，登记在月份发生额下面，在摘要栏内注明"本年累计"字样，并在下面通栏划单红线。12月末的"本年累计"就是全年累计发生额，全年累计发生额下通栏划双红线。　　　　　　　　　　　　　　　　　　（　　）

任务4　账簿启用与登记规则及错账更正

【任务描述】

　　在单位成立或新的会计年度开始时，要按照账簿启用规则启用新账。将发生的经济业务在账簿上登记时，必须遵守一定的记账规则，保证账簿登记工作的正确性和规范性。如果发生记账错误应按规定的方法进行更正，不得随意刮擦、挖补、涂改或用褪色药水更改。

【综合知识】

一、账簿启用规则

　　账簿由封面、扉页和账页三部分构成。启用账簿时，应在封面上写明账簿名称和记账

单位名称；在扉页上填写账簿使用登记表和账户目录。在账簿使用登记表上据实完整填写单位名称、账簿名称、启用日期、账簿册数、账簿编号、账簿页数、记账人员和会计机构负责人或会计主管人员姓名等，加盖法人代表名章和单位公章，粘贴印花税票并注销。记账人员或会计机构负责人（或会计主管人员）调动工作或因故离职时，在账簿使用登记表交接记录栏内，注明交接日期、接替人员和监交人员姓名，并由交接双方人员签名或盖章。账户目录由记账人员在账簿中开设账页户头后，按每个账户的名称和页码数顺序进行填写。活页式账簿和卡片式账簿应在使用完毕装订成册，标注账页总的连续页码后，再填写账户目录。

二、年度更换新账的余额结转

会计年度终了时，除了明细账户比较多的原材料、固定资产等财产物资明细账户以外，其余账簿都要更换新账簿。在启用新账簿时，须将上年度旧账账户的年末余额转入下年度的新账账户中，作为下年度新账的年初余额。年度余额结转的一般方法如下：在上年度旧账年结行的次行，"摘要"栏内注明"结转下年"字样，在下一会计年度新建有关会计账簿的第一行摘要栏注明"上年结转"字样，"余额"栏内填写上年末转入的余额，"借或贷"栏填写"借"或"贷"，方向与上年一致。新年度经济业务，根据记账凭证从第二行开始逐行进行登记。

使用财务软件核算时，可以按照下列步骤开设新账：打开软件登录上年的账务数据所在的账套，了解上年的账务情况；确定新的会计期间，并在财务软件中新建账套；按照账套规则进行设置，包括账套名称、类别、起始日期等；迁移历史数据，将上年度账套中的历史数据及科目余额迁移到新账套中；清理上年账套中不再需要的资料，如过期的凭证、报表等，同时在新账套中新建需要的科目，并检查账户设置是否正确；在开新账之前，需要核对此前累计的差错及错漏，确保数据的准确性；在财务软件账套管理中，点击启用账套按钮，开始新会计年度的记账工作。

三、账簿登记规则

账簿是单位的重要历史资料，在手工账环境下，登记时应遵循以下规则：
1. 根据审核无误的会计凭证进行登记。
2. 做到数字准确、摘要清楚、内容完整、登记及时。
3. 登记账簿后，要在记账凭证上签名或者盖章，并在记账凭证的过账标记栏注明已经登账的符号，如画"√"等，以避免重记或漏记。
4. 必须使用蓝黑墨水或碳素墨水登记账簿，不得使用圆珠笔（银行的复写账簿除外）或铅笔，以防涂改并便于长期保存。但下列情况可以使用红色墨水：
（1）按照红字冲账的记账凭证，冲销错误记录。

(2) 在不设"借方"或"贷方"栏的多栏式账页中,登记减少数。

(3) 在未设置"借或贷"的三栏式账户余额栏登记反方向余额。

(4) 会计制度中规定可以用红字登记的其他会计记录,如结账划线等。

5. 账簿中的文字和数字书写要符合规范,易于辨认。文字数字紧靠底线,一般占格距1/2,上方留适当空距,便于更正错账。没有角分的整数,小数点后的两个"0"不得省略不写。

6. 各种账簿按页次顺序连续登记,不得跳行、隔页。如果发生跳行、隔页,应将空行、空页用红色墨水笔划对角线注销,或注明"此行空白""此页空白"字样,并由记账人员签章,以示证明。不得撕毁订本式账簿的账页和任意抽换活页式账簿的账页。

7. 每一账页登记完毕结转下页时,应结出本页发生额合计数及余额,写在本页最后一行和下页第一行有关栏内,并在本页的"摘要"(也可只在次页第一行做承前操作)。对需要结计本月发生额的账户,结计"过次页"的本页合计数应当为自本月初起至本页末止的发生额合计数;对需要结计本年累计发生额的账户,结计"过次页"的本页合计数应当为自年初起至本页末止的累计数;对既不需要结计本月发生额,也不需要结计本年累计发生额的账户,可以只将每页末的余额结转至次页。这样,就保证了相关账页之间记录的连续性。

8. 定期结算账簿记录。凡需要结出余额的账户,结出余额后,在标明余额方向的"借或贷"栏内写明"借"或"贷"字样。没有余额的账户,应在该栏内写"平"字,并在余额栏"元"位上用"0"表示。

实行会计信息化的单位,总账和明细账应当定期打印。发生的收款和付款业务,在输入收款凭证和付款凭证的当天必须打印出库存现金日记账和银行存款日记账,并与库存现金核对无误。打印的会计账簿必须连续编号,经审核无误后装订成册,并由记账人员和会计机构负责人或会计主管人员签章,以防止账页的散失和被抽换,保证会计资料真实、完整。

四、错账的更正

(一) 错账的主要类型

在记账过程中,可能发生各种各样的差错,产生错账,如重记、漏记、数字错位、科目使用错误等。错账按照发生的时间不同可以区分为前期错账和本期错账。按照发生的环节和影响的范围不同,可以划分为下列两种基本类型:

1. 记账凭证正确而账簿记录错误,俗称"记账笔误"。

2. 记账凭证错误导致账簿记录随之发生错误。这类错账主要有科目错误、借贷方向错误和金额错误三种情况。金额错误又包括多记和少记等。

不同类型的错账须采用不同的更正方法进行更正。

（二）错账的更正方法

前期错账的更正方法将在后续专业课程中学习，这里仅介绍在手工账环境下，本期错账的更正方法。本期错账，应根据其发生的环节和影响的范围不同，分别采用划线更正法、红字冲销法和补充登记法进行更正。

1. 划线更正法。如果在结账前发现记账凭证正确而账簿记录有文字或数字错误，应采用划线更正法进行更正。更正的方法是：先在错误的文字或数字上划一条红线，表示注销；然后将正确的文字或数字用蓝字书写在注销文字或数字上方的空白处，并由记账人员（更正人员）和会计机构负责人（会计主管人员）在更正处盖章，以明确责任。

请注意：采用划线更正法，必须保证被划销的文字或数字仍应清晰可辨。更正时，对于文字错误可只划销更正错误的个别文字；数字错误则须划销更正整笔数字，不能仅就其中一个或几个写错的数码字进行划销更正。

2. 红字冲销法。如果发现账簿记录出现以下两种情况的错误，应采用红字冲销法更正。

提示：红字冲销法也叫红字冲账法、红字更正法。

一是记账凭证中使用的会计科目或借贷方向发生错误，并已按错误凭证登记入账。更正的方法是：首先用红字金额填制一张与原错误记账凭证内容完全一致的记账凭证，并据以用红字金额登记入账，冲销原错误的账簿记录；然后再用蓝字重新填制一张正确的记账凭证，并据以用蓝字登记入账，达到正确记录的目的。

二是记账凭证中使用的应借、应贷会计科目正确，只是所记金额大于应记金额，并已登记入账。更正的方法是：按多记的金额用红字金额填制一张与原错误记账凭证账户对应关系相同的记账凭证，并据以用红字金额登记有关账户，以冲销多记金额，反映出正确金额。

3. 补充登记法。如果发现记账凭证中使用的应借、应贷会计科目正确，只是所记金额小于应记金额，并已登记入账，造成账簿记录金额少记时，应采用补充登记法进行更正。更正的方法是：按少记的金额用蓝字填制一张与原记账凭证账户对应关系相同的记账凭证，并据以用蓝字登记有关账户，以补记少记金额，反映出正确金额。

提示：采用红字冲销法和补充登记法时，所填制的更正凭证的"摘要"栏填写"更正×年×月×日×号记账凭证"字样；凭证编号为更正时的正常顺序号。

【任务设计】

【例5-5】华润公司2024年12月部分账簿记录发生错误，均于12月31日结账前发现。

（1）12月10日，收到威海公司前欠的货款14 040元，存入银行。记账凭证上的会计分录如下：

借：银行存款　　　　　　　　　　　　　　　　　　　　　　　　14 040
　　贷：应收账款　　　　　　　　　　　　　　　　　　　　　　　　14 040

根据该凭证登记账簿时,在"应收账款"账簿中登记的金额为1 404元,其他账簿记录与记账凭证一致。

(2)12月18日,生产车间生产产品直接耗用材料2 000元。记账凭证上的会计分录如下:

借:制造费用　　　　　　　　　　　　　　　　　　　　　2 000
　　贷:原材料　　　　　　　　　　　　　　　　　　　　　　2 000

账簿记录与记账凭证一致。

(3)12月27日,厂部管理人员购买办公用品300元,现金付讫。

借:管理费用　　　　　　　　　　　　　　　　　　　　　3 000
　　贷:库存现金　　　　　　　　　　　　　　　　　　　　　3 000

账簿记录与记账凭证一致。

(4)12月30日,结转本月生产成本165 000元。记账凭证上的会计分录如下:

借:库存商品　　　　　　　　　　　　　　　　　　　　　156 000
　　贷:生产成本　　　　　　　　　　　　　　　　　　　　　156 000

账簿记录与记账凭证一致。

要求:采用适当的方法更正上述错账。

工作过程如下:

12月31日(业务1):

步骤1:确定错误性质和更正方法。记账凭证是正确的,"应收账款"账户记录错误是由于登记该账簿时笔误造成的,应采用划线更正法进行更正。

步骤2:更正。在"应收账款"账户借方的错误金额1 404上划一条红线,在已划销的错误金额1 404上方空白处,用蓝字写上正确的金额14 040。

步骤3:签章。更正人员和会计主管人员在更正处盖章。划线更正后的记录如图5-1所示。

提示:如果据以计算的余额随之发生了错误,应逐行进行划线更正。以上更正由总账会计进行,如果应收账款明细账也发生了同样的错误,应由往来明细账会计进行同样的更正。

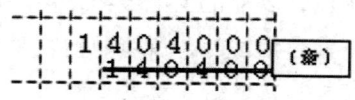

图5-1　划线更正后的记录

12月31日(业务2):

步骤1:确定错误性质和更正方法。记账凭证上的借方科目使用错误,应为"生产成本",而误记为"制造费用",致使这两个账户的记录都发生了错误,应采用红字冲销法进行更正。

步骤2:冲销原错误记账凭证。用红字金额填制记账凭证,会计分录如下:

借:制造费用　　　　　　　　　　　　　　　　　　　　　-2 000

贷：原材料　　　　　　　　　　　　　　　　　　　　　　　　　　　　　-2 000

　　提示：在实际工作中，要用红色墨水或碳素笔书写红字金额，这里用负数表示红字（下同）。

　　步骤3：填制正确记账凭证。用蓝字编制记账凭证，会计分录如下：
　　借：生产成本　　　　　　　　　　　　　　　　　　　　　　　　　　　　2 000
　　　　贷：原材料　　　　　　　　　　　　　　　　　　　　　　　　　　　　2 000

　　提示：以上两张记账凭证的日期均为更正日期12月31日，凭证编号按当天凭证顺序号编写，"摘要"栏中填写"更正2024年12月18日转字第×号凭证错误"（除时间以外，下面填制更正错账的记账凭证的操作与此相同）。

　　步骤4：更正账簿记录。根据上述两份记账凭证，登记"制造费用""原材料""生产成本"账户。登账时先登记红字凭证，再登记蓝字凭证。登账步骤前面已经述及，不再赘述（下同）。

　　12月31日（业务3）：

　　步骤1：确定错误性质和更正方法。记账凭证上的会计科目是正确的，但金额多记2 700元（3 000-300），致使"管理费用"和"库存现金"两个账户都多记了2 700元，应采用红字冲销法进行更正。

　　步骤2：冲销原记账凭证的多记金额。用红字金额填制记账凭证，会计分录如下：
　　借：管理费用　　　　　　　　　　　　　　　　　　　　　　　　　　　　-2 700
　　　　贷：库存现金　　　　　　　　　　　　　　　　　　　　　　　　　　　-2 700

　　步骤3：冲销账户中的多记金额。根据上述红字金额的记账凭证，登记"管理费用"和"库存现金"账户。

　　12月31日（业务4）：

　　步骤1：确定错误性质和更正方法。记账凭证上的会计科目是正确的，但金额少记了9 000元（165 000-156 000），致使"库存商品"和"生产成本"两个账户都少记了9 000元，应采用补充登记法进行更正。

　　步骤2：补充原记账凭证的少记金额。用蓝字金额填制记账凭证，会计分录如下：
　　借：库存商品　　　　　　　　　　　　　　　　　　　　　　　　　　　　9 000
　　　　贷：生产成本　　　　　　　　　　　　　　　　　　　　　　　　　　　9 000

　　步骤3：补充账户中少记金额。根据上述记账凭证，登记"库存商品"和"生产成本"账户。

【职业能力训练】

　　一、单项选择题（下列答案中只有一项是正确的，请将正确答案前的英文字母填入括号内）

　　1. 在结账前发现账簿记录有文字或数字错误，而记账凭证没有错误应采用（　　）。

A. 划线更正法 B. 红字更正法
C. 补充登记法 D. 平行登记法

2. 企业生产车间因生产产品领用材料 10 000 元，在填制记账凭证时，将借方科目记为"管理费用"并已登记入账，应采用的错账更正方法是（　　）。
A. 划线更正法 B. 红字更正法
C. 补充登记法 D. 重填记账凭证法

3. 记账之后，发现记账凭证中将 20 000 元误写为 2 000 元，会计科目名称及应记方向无误，应采用的错账更正方法是（　　）。
A. 划线更正法 B. 红字更正法
C. 补充登记法 D. 红字冲销法

4. 下列错账中，可以采用补充登记法更正的是（　　）。
A. 记账后在当年内发现记账凭证所记的会计分录错误
B. 记账后在当年内发现记账凭证所记金额大于应记金额
C. 在结账前发现账簿记录有文字或数字错误，而记账凭证没有错误
D. 记账后发现记账凭证填写的会计科目无误，只是所记金额小于应记金额

二、多项选择题（下列答案中至少两项是正确的，请将正确答案前的英文字母填入括号内）

1. 错账更正的方法一般有（　　）。
A. 平行登记法 B. 划线更正法
C. 补充登记法 D. 红字更正法

2. 记账后，适用于红字更正法的情形有（　　）。
A. 记账凭证中的应借、应贷会计科目有错误所引起的记账错误
B. 结账前发现账簿记录有文字或数字错误，而记账凭证没有错误
C. 记账凭证和账簿记录中应借、应贷会计科目无误，只是所记金额小于应记金额
D. 记账凭证和账簿记录中应借、应贷会计科目无误，只是所记金额大于应记金额

3. 下列说法中，正确的有（　　）。
A. 原材料明细账一般采用活页式账簿
B. 管理费用明细账应该采用多栏式账页格式登记
C. 明细分类账一般根据记账凭证和相应的原始凭证来登记
D. 企业银行存款日记账与银行对账单的核对属于对账工作中的账账核对

4. 下列各项中，可以作为登记明细账依据的有（　　）。
A. 记账凭证 B. 原始凭证
C. 汇总原始凭证 D. 汇总记账凭证

三、判断题（正确的在括号里打"√"，错误的打"×"）

1. 会计人员根据记账凭证登记总账后，发现记账凭证会计科目名称和方向正确，但将 63 000 元写成 36 000 元，更正时应采用划线更正法。（　　）

2. 如果在结账前发现账簿记录有文字或数字错误，而记账凭证没有错误，则可采用划线更正法，也可采用红字更正法。（　　）

3. 红字更正法适用于记账凭证所记会计科目错误，或者会计科目无误而所记金额大于应记金额，从而引起的记账错误。（　　）

任务5　会计账簿的更换与保管

【任务描述】

账簿是企业的重要档案，企业在会计年度开始时都要更换使用新的会计账簿，同时对旧的账簿加以妥善保管。

【综合知识】

一、会计账簿的更换

会计账簿的更换通常在新会计年度建账时进行。总账、日记账和多数明细账应每年更换一次，变动较小的明细账可以连续使用，不必每年更换。备查账簿可以连续使用。

二、会计账簿的保管

各种账户在结转下年、建立新账后，一般应将旧账集中统一管理。会计账簿暂由本单位财务会计部门临时保管一年，期满后，由本单位财务会计部门编造清册移交本单位的档案部门保管。因工作需要确需推迟移交的，应经单位档案管理机构同意。单位会计管理机构临时保管会计档案最长不超过三年。

各种账簿应当按年度分类归档，编造目录，妥善保管。既保证在需要时迅速查阅，又保证各种账簿的安全和完整。保管期满后，还要按照规定的审批程序经批准后才能销毁。

【思政案例】　隐匿、故意销毁会计凭证、会计账簿、财务会计报告罪

被告人徐某自2018年12月起兼职为上海某装饰有限公司负责会计核算工作，并于2019年4月1日正式入职上海某装饰有限公司担任财务主管，负责上海某投资集团有限公司及其下属公司的会计工作，使用某财务管理软件进行财务记账、制作财务账册、财务会

计报告等。某软件安装在被告人徐某的办公电脑内,由徐个人负责电脑开机密码。同年9月27日,徐某因对公司不满而提出辞职,10月31日离职,离职时将部分文件拷贝至个人U盘、点击删除办公电脑内包括会计账簿、财务会计报告等文件,未与上海某装饰有限公司进行工作交接,亦未交付电脑开机密码后关机离开,致上海某装饰有限公司财务系统无法工作,造成直接损失。2020年1月14日,公安人员将被告人徐某抓获。被告人徐某到案后如实供述上述犯罪事实。

上海市虹口区人民法院于2021年4月27日作出判决,以破坏生产经营罪判处被告人徐某有期徒刑一年;追缴损失发还被害单位。一审判决后,公诉机关不服判决,提起抗诉。上海市第二中级人民法院于2022年3月11日作出刑事裁定书,驳回抗诉,维持原判。

请查阅资料,了解与会计工作相关的犯罪行为有哪些,牢固树立会计法律意识、依法从事财会工作。

【职业能力训练】

一、单项选择题（下列答案中只有一项是正确的,请将正确答案前的英文字母填入括号内）

1. 会计账簿暂由本单位财务会计部门保管（　　）年,期满之后,由财务会计部门编造清册移交本单位的档案部门保管。

　　A. 1　　　　　　　B. 3　　　　　　　C. 5　　　　　　　D. 10

2. 会计账簿的更换通常在（　　）时进行。

　　A. 新会计年度建账　　　　　　　B. 年终结账
　　C. 更换会计人员　　　　　　　　D. 会计主体变更

二、多项选择题（下列答案中至少两项是正确的,请将正确答案前的英文字母填入括号内）

1. 可以跨年度继续使用的账簿有（　　）。

　　A. 备查账簿　　　　　　　　　　B. 总分类账簿
　　C. 银行存款日记账　　　　　　　D. 应收账款明细账

2. 下列选项中,关于会计账簿的更换和保管表述,正确的有（　　）。

　　A. 日记账每年更换一次
　　B. 备查账簿可以连续使用
　　C. 变动较小的明细账可以连续使用,不必每年更换
　　D. 会计账簿暂由本单位财务会计部门保管半年,期满以后,移交档案部门保管

三、判断题（正确的在括号里打"√",错误的打"×"）

1. 年度终了,各种账户在结转下年、建立新账后,一般都要把旧账送交出纳集中统一管理。　　　　　　　　　　　　　　　　　　　　　　　　　　　　　　（　　）

2. 所有账簿,每年必须更换新账。　　　　　　　　　　　　　　　　（　　）

项目六 财产清查

📚 项目导航

对于企业发生的各项经济业务事项，会计人员根据会计凭证，在账簿中进行了连续的登记，但处于生产经营过程中的各项财产物资是否安全完整，账面记录与财产物资的实际收发结存是否完全一致，仅凭账簿记录难以确定。所以，为了确保财产物资的安全完整和做到账实相符，企业应当定期或不定期地进行财产清查。

财产清查是对各项财产物资和往来款项进行实地盘点和核对，查明财产物资、货币资金和结算款项的实有数额，确定其账面结存数额和实际结存数额是否一致，以保证账实相符的一种会计专门方法。

财产清查是会计核算的重要工作环节，是内部会计监督的一个重要组成部分，对确保会计信息真实可靠，保护财产物资的安全完整，提高资产的有效使用具有重要的意义和作用。通过财产清查，还可以查明企业内部控制制度的执行情况，查明国家有关法律、法规、规章制度的执行情况，明确责任，提高企业员工遵纪守法的意识。

财产清查可以按照不同的标准进行分类，如按照清查的范围不同，可以分为全面清查和局部清查；按照清查的时间不同，可以分为定期清查和不定期清查；按照清查的实施主体不同，可以分为内部清查和外部清查等。

全面清查是指对全部财产和债权债务进行全面的清查。全面清查范围大、内容多、时间长、参与部门和人员较多。一般在年终结算前或单位撤销、合并、改变隶属关系前或清产核资前或单位主要领导调离工作岗位前实施全面清查。

局部清查是指根据需要对部分财产物资或债权债务进行清查。相对而言，局部清查范围小、内容少、时间短、参与部门和人员较少。例如，现金应每日清点一次；银行存款每月至少与银行核对一次；债权债务每年至少核对一至两次，各项存货应有计划、有重点地抽查，贵重物品每月清查一次，财产物资或债权债务管理人员岗位变动时临时清查等。

定期清查是指按照规定的时间对财产物资进行的清查。一般在资产负债表日进行，如年末、半年末、季度末或月末结账时进行。定期清查可以是全面清查，也可以是局部清查。

不定期清查是指根据实际需要对财产物资进行的随机的、临时性的清查。不定期清查一般是局部清查，例如，更换财产物资保管人员所进行的财产物资的清查；发生自然灾害或意外损失时进行的清查；财政、税务或审计等部门进行突击会计检查时所进行的清查等。

内部清查是指由本单位内部组织人员进行的财产清查。外部清查是指由单位外部机构实施的财产清查。

在实际工作中，考虑到成本、效益等因素，企业可以根据实际情况实施财产清查。

财产清查是一项复杂、细致的工作，涉及面广，工作量大，为保证财产清查工作顺利、有效地进行，在财产清查时应成立专门的财产清查领导小组，一般应由单位主要负责人和总会计师牵头，由财会、业务、仓库等有关部门人员参加，具体实施财产清查。

一般而言，在实施财产清查前，应做好以下准备工作：

（1）成立清查小组，制订财产清查计划，确定清查对象和范围，明确清查任务。

（2）将全部经济业务登记入账，结出余额，并将有关账簿记录整理齐全，账证、账账核对相符，为清查提供完整、准确的账面资料。

（3）对于银行存款、借款以及往来款项，要事先取得对账单，以便查对。

（4）财产物资管理部门要将保管的物品整理放好，标明品名、规格、数量，与财产物资保管明细账核对，结出账面余额，以便盘点核对。

（5）准备好必要的记录计量器具及有关表格、账册，如盘存表、账存实存对比表、未达账项登记表、询证函等，以备清查时使用。

本项目主要讲述对货币资金、往来款项、存货等进行清查的基本知识与方法。通过本项目的学习，要了解清查的程序，掌握清查的方法，能够熟练填制财产清查所使用的单据，掌握清查差异的会计处理方法。

任务1 货币资金的清查

【任务描述】

货币资金的清查主要包括库存现金和银行存款的清查。进行库存现金清查时，由清查人员与出纳人员共同盘点库存现金、填制库存现金盘存表和盘点报告表，发现长款或短款及相关问题要查明原因、分清责任并报领导审批，最后由会计人员对长款和短款进行会计处理。对长短款进行会计处理要设置"待处理财产损溢"账户，财务处理分为报批前和批准后两个阶段。进行银行存款清查时，清查人员与出纳人员共同勾对银行存款日记账与对账单，存在未达账项时编制银行存款余额调节表进行余额核对，发现差错及时查明原因予以处理。

【综合知识】

一、货币资金清查的范围

货币资金一般包括库存现金、银行存款和其他货币资金。本任务主要介绍库存现金的清查和银行存款的清查，其他货币资金可参照银行存款的清查进行。

二、货币资金清查的程序与方法

（一）库存现金清查的程序与方法

库存现金的清查采用实地盘点的方法，由清查人员和出纳人员共同逐一清点库存现金，根据清点结果填制库存现金盘存表，并将实际盘存数与库存现金日记账的账面余额进行核对，根据核对结果填制库存现金盘点报告表，并由清查人员和出纳人员在两个表上签章确认。

库存现金盘点报告表又称库存现金账存实存对比表，如果有长款或短款，是调整会计账簿记录和明确经济责任的依据。

知识与能力拓展：

库存现金清查，不但要查明账实是否相符，还要检查出纳及相关人员有无违反现金管理制度的情况，如挪用现金、白条抵库、坐支现金等。挪用现金指出纳人员不按规定用途、未经办理规定的审批手续私自使用经管的现金。白条抵库指以不符合财务制度和会计凭证手续的字条与单据充抵库存现金。坐支现金指将本单位业务收入的现金直接用于现金支出。

（二）银行存款清查的程序与方法

银行存款的清查采用核对法，即将银行对账单与银行存款日记账的记录逐笔进行核对，查明银行存款收、付及余额是否正确相符。核对相符的，在日记账的"√"栏画"√"。

通过逐笔核对，如果双方账目一致，表明双方记账一般没有错误，银行存款实存数得到确认。如果发现双方账面不一致，则说明存在未达账项或记账错误等其他问题。

银行存款未达账项是指对于同一项收付业务，由于结算凭证的传递及记账时间的不同，导致企业和银行之间，一方已经取得凭证并已登记入账，而另一方由于未取得凭证尚未登记入账的款项。主要有以下四种类型：（1）企业已经收款入账，银行尚未收款入账。（2）企业已经付款入账，银行尚未付款入账。（3）银行已经收款入账，企业尚未收款入账。（4）银行已经付款入账，企业尚未付款入账。

未达账项会导致银行存款清查时出现双方账面余额不相等，但未达账项不是记账错误，可以通过编制银行存款余额调节表来进行核实。银行存款余额调节表以企业银行存款日记账和银行对账单的账面余额为基础，分别加、减对方已经记账而自身尚未记账的金额，得出调节后的余额。调节后的余额相等，表明企业和银行双方记账无误。如果调节后的余额不相等，表明除了未达账项以外，还存在记账错误或其他问题，需要进一步核对账目，查明原因，及时处理。

（三）库存现金清查差异的责任处理

在库存现金清查中，如果发现挪用现金、白条抵库的情况，应追回现金，超限额留存的现金应及时送存银行，并对相关人员进行教育和按规定予以处理。如果发现账实不符，应及时查明原因，分别处理。

账实不符有长款和短款两种情况。库存现金长款，也称现金溢余，即实存数大于账存数。现金长款，如果是应付未付或少付其他单位或个人的款项，应予以补付；如果无法查明具体原因，作为营业外收入处理。

库存现金短款，也称现金短缺，即实存数小于账存数。现金短款，如果是应收未收或少收其他单位或个人的款项，应予以补收；如果是由于出纳人员工作失误造成的损失，应由其赔偿；由企业负担的，作为管理费用处理。

（四）货币资金清查差异的核算程序与账户

在清查中发现库存现金长款或短款等差异，应及时查明原因，将盘点报告表等凭证上报领导审批处理。核算上，会计部门应根据盘点报告表等原始凭证及时调整账面记录，将清查差异记入"待处理财产损溢"账户等待处理，使账实达到相符；待领导批准后，根据批准的处理意见将清查差异转入相关账户。

"待处理财产损溢"账户核算企业各种财产物资的盘盈、盘亏及毁损的发生及处理情况，报批前，借方登记待处理的财产物资盘亏及毁损额，贷方登记待处理的财产物资盘盈额；批准后，待处理的盘盈、盘亏及毁损额从相反方向转出，转入相关账户；平时，借方余额表示尚待批准处理的财产物资净损失，贷方余额表示尚待批准处理的财产物资净溢余；期末结转后无余额。该账户设置"待处理流动资产损溢"和"待处理非流动资产损溢"两个明细账户，进行明细核算。

【任务设计】

【例 6-1】 华川公司 2024 年 11 月 30 日进行库存现金盘点，当日库存现金日记账余额为 5 682.60 元。经盘点人张华和出纳员李明共同清点，填写库存现金盘存表（见表 6-1）和库存现金盘点报告表（见表 6-2）。当即确定短款为出纳员收付差错所致，上报领导审批。11 月 30 日，领导批示短款由出纳员赔偿。

表 6-1　　　　　　　　　　华川公司库存现金盘存表
2024 年 11 月 30 日

面值	张数（张）	金额（元）	面值	张数（张）	金额（元）
100 元	48	4 800.00	5 角	4	2.00
50 元	11	550.00	2 角	10	2.00
20 元	8	160.00	1 角	6	0.60
10 元	5	50.00	5 分		
5 元	9	45.00	2 分		
1 元	12	12.00	1 分		
金额总计（元）					￥5 621.60

盘点人：张华　　　　　　　　　　　　　　　　　　　出纳员：李明

表 6-2 华川公司库存现金盘点报告表

2024 年 11 月 30 日   单位：元

实存金额	账存金额	实存金额与账存金额的对比		备注
		盘盈	盘亏	
5 621.60	5 682.60		61	原因待查

盘点人：张华   出纳员：李明

要求：编制库存现金盘亏处理的会计分录。

工作过程如下：

步骤 1：由出纳人员核对相关经济业务，登记入账，结出现金日记账余额，即 5 682.60 元。

步骤 2：由财产清查人员和出纳人员共同逐张分面值清点现金，填写库存现金盘存表（见表 6-1）。经计算，盘点的实存数为 5 621.60 元。

步骤 3：根据清点的结果，编制"库存现金盘点报告表"，并上报有关部门审批。

步骤 4：根据批准前的库存现金盘点报告表，编制会计分录如下：

借：待处理财产损溢——待处理流动资产损溢   61
　　贷：库存现金   61

步骤 5：根据领导批示后的库存现金盘点报告表，编制会计分录如下：

借：其他应收款——李明   61
　　贷：待处理财产损溢——待处理流动资产损溢   61

【例 6-2】华川公司 2024 年 11 月 30 日经逐笔核对的银行对账单（见表 6-3）和银行存款日记账（见表 6-4）。

表 6-3 账户对账单

客户名称：华川公司   出账日期：2024 年 11 月 30 日   单位：元

记账日期	传票编号	摘要	借方发生额	对账(√)	贷方发生额	对账(√)	余额
11 月 2 日	略	交存现金			5 000	√	316 388
11 月 16 日		代付水电费	4 520				311 868
11 月 18 日		偿还货款	7 200	√			304 668
11 月 20 日		代收货款			7 046		311 714

表 6-4 银行存款日记账

单位：元

2024 年		凭证		摘要	借方	对账(√)	贷方	对账(√)	余额
月	日	字号	票号						
11	1			期初余额					311 388
	2	略	略	交存现金	5 000	√			316 388
	12			购入设备			127 480		188 908

续表

2024 年		凭证		摘要	借方	对账 (√)	贷方	对账 (√)	余额
月	日	字号	票号						
	16			销售产品	32 620				221 528
	18			偿还货款			7 200	√	214 328
	30			本月合计	37 620		134 680		214 328

要求：(1) 根据银行对账单和银行存款日记账进行对账，查找未达账项。

(2) 根据对账结果，编制"银行存款余额调节表"。

工作过程如下：

步骤1：核对银行对账单和银行存款日记账，如果双方余额不一致，则逐笔核对，查找未达账项（勾兑已达账项，结果见表6-3和表6-4）。

步骤2：针对存在的四笔未达账项，编制"银行存款余额调节表"（见表6-5）。

表 6-5　　　　　　　　　银行存款余额调节表

2024 年 11 月 30 日　　　　　　　　　　　　　　　单位：元

项目	金额	项目	金额
企业银行存款日记账余额	214 328	银行对账单余额	311 714
加：银行已记企业未记	7 046	加：企业已记银行未记	32 620
减：银行已记企业未记	4 520	减：企业已记银行未记	127 480
调节后的余额	216 854	调节后的余额	216 854

核对人：张华　　　　　　　　　　　　　　　　　出纳员：李明

步骤3：银行存款日记账调节后的余额与银行对账单调节后的余额相等，表明双方记录正确，银行存款核对相符。核对工作结束，将对账单和调节表妥为保存。

提示：银行存款余额调节表不是原始凭证，不能据以调整账面记录。待次月结算凭证到达并据以记账后，未达账项自动消除。

【职业能力训练】

一、单项选择题（下列答案中有一项是正确的，请将正确答案前的英文字母填入括号内）

1. 企业年终决算前，对财产清查表述正确的是（　　）。
   A. 对所有财产进行实物盘点　　　　B. 对重要财产进行局部清查
   C. 对所有财产进行全面清查　　　　D. 对流动性较大的财产进行重点清查

2. 库存现金清查发现无法查明原因的溢余，应贷记的账户是（　　）。

A. 其他应付款 B. 其他应收款
C. 管理费用 D. 营业外收入

3. 对于企业已付款并入账但银行尚未入账的未达账项，在编制"银行存款余额调节表"时，处理正确的是（ ）。

A. 银行对账单余额方调减 B. 企业存款余额方调减
C. 银行对账单余额方调增 D. 企业存款余额方调增

4. 财产清查遇到账实不符时，用于调整账簿记录的原始凭证是（ ）。

A. 银行对账单 B. 库存现金盘存表
C. 库存现金盘点报告表 D. 银行存款余额调节表

5. 财产清查的目的是（ ）。

A. 账账相符 B. 账证相符 C. 账实相符 D. 账表相符

6. 出纳员每日业务终了对现金进行清点属于（ ）。

A. 局部清查和不定期清查 B. 全面清查和定期清查
C. 局部清查和定期清查 D. 全面清查和不定期清查

7. 产生未达账项的原因是（ ）。

A. 双方结账时间不一致 B. 双方记账时间不一致
C. 双方对账时间不一致 D. 双方记账金额不一致

8. 2024 年 11 月 30 日企业银行存款日记账的余额为 100 万元，经逐笔核对，未达账项如下：银行已收，企业未收的款项为 2 万元；银行已付，企业未付的款项为 1 万元。调整后企业银行存款的余额应为（ ）万元。

A. 100 B. 101 C. 102 D. 103

二、多项选择题（下列答案中至少两项是正确的，请将正确答案前的英文字母填入括号内）

1. 全面清查一般是在（ ）时进行。

A. 年终 B. 月终 C. 清产核资 D. 单位合并

2. 不定期清查一般在（ ）时进行。

A. 年终 B. 财产保管员变动
C. 审计部门临时检查 D. 自然灾害造成部分财产损失

3. 与外单位核对账目的方法适用于（ ）的清查。

A. 库存现金 B. 银行存款 C. 往来款项 D. 固定资产

4. 下列关于库存现金清查的表述中，正确的有（ ）。

A. 库存现金应该每日清点一次
B. 库存现金应采用实地盘点法
C. 要根据盘点结果填制"库存现金盘点报告表"
D. 在清查过程中可以用借条、收据抵充库存现金

5. 下列款项中属于未达账项的有（ ）。

A. 企业已收款记账，银行未收款未记账的款项
B. 企业已付款记账，银行未付款未记账的款项
C. 银行已收款记账，企业未收款未记账的款项
D. 银行已付款记账，企业未付款未记账的款项

6. 下列各项业务中，属于编制"银行存款余额调节表"时应调整银行对账单余额的有（　　）。

A. 企业已收，银行未收　　　　B. 企业已付，银行未付
C. 银行已收，企业未收　　　　D. 银行已付，企业未付

三、判断题（正确的在括号里打"√"，错误的打"×"）

1. 一般情况下，全面清查是定期清查，局部清查是不定期清查。（　　）
2. 清查盘点现金时，出纳员必须在现场。（　　）
3. 银行存款余额调节表是企业在银行存款清查核对时编制的资料，是进行账务处理的重要依据。（　　）
4. 产生未达账项的原因是记账错误，应采用适当的方法予以纠正。（　　）
5. 在某一时点上，企业的银行存款日记账余额与银行对账单的余额不相等是正常的，并不一定存在错误。（　　）
6. 未达账项是造成企业银行存款日记账与银行对账单余额不等的唯一原因。（　　）

四、业务题

1. 练习库存现金清查的处理。宏达公司 2024 年 11 月 30 日进行库存现金清查，现金日记账余额为 3 100.70 元；现场盘点现金结果如表 6-6 所示。

表 6-6　　　　　　　　　　**库存现金盘存表**
2024 年 11 月 30 日

面值	张数（张）	金额（元）	面值	张数（张）	金额（元）
100 元	14		5 角	4	
50 元	26		2 角	1	
20 元	12		1 角	5	
10 元	18		5 分		
5 元	10		2 分		
1 元	8		1 分		
金额总计（元）					

盘点人：刘超　　　　　　　　　　　　　　　　　　出纳员：王艳

要求：（1）根据库存现金盘点结果，编制库存现金盘点报告表（见表 6-7）。

（2）根据清查结果，做相关账务处理（假定该清查结果原因不明，批准转账）。

表 6-7　　　　　　　　　　　**库存现金盘点报告表**
单位名称：　　　　　　　　　　　　年　月　日

实存金额	账存金额	实存金额与账存金额的对比		备注
		盘盈	盘亏	

盘点人：　　　　　　　　　　　　　　　　出纳员：

2. 练习银行存款的清查。宏达公司 2024 年 11 月 30 日进行银行存款的对账工作，有关资料如表 6-8 和表 6-9 所示。

表 6-8　　　　　　　　　　　**账户对账单**
客户名称：宏达公司　　　　　　　出账日期：2024 年 11 月 30 日　　　　　　单位：元

记账日期	传票编号	摘要	借方发生额	对账(√)	贷方发生额	对账(√)	余额
11月2日	略	交纳税款	1 230				75 850
11月10日		代付水电费	2 860				72 990
11月18日		支付货款	6 500				66 490
11月23日		代收货款			12 515		79 005
11月30日		存款利息			3 420		82 425

表 6-9　　　　　　　　　　　**银行存款日记账**　　　　　　　　　　　　　单位：元

2024年		凭证		摘要	借方	对账(√)	贷方	对账(√)	余额
月	日	字号	票号						
11	1			期初余额					77 080
	2	略	略	交纳税款			1 230		75 850
	10			销售货物	10 650				86 500
	26			支付货款			6 500		80 000
	31			本月合计	10 650		7 730		80 000

要求：（1）根据上述资料进行对账，勾兑已达账项。
　　　（2）根据未达账项编制"银行存款余额调节表"。

任务 2　往来款项的清查

【任务描述】

进行往来款项清查，由清查人员根据往来明细账户记录，填制往来款项询证函寄给各债权、债务单位进行核对确认。待收到各债权、债务单位回函后，根据询证结果填制往来款项清查报告表，如果发现差异应及时查明原因进行处理。

【综合知识】

一、往来款项清查的范围

往来款项主要包括应收款、应付款、暂收款等款项。通过往来款项的清查，企业可以及时掌握债权、债务的真实情况，及时催收债权，加快资金流动，提高企业资金利用率，如期归还债务，维护企业信用。

二、往来款项清查的程序与方法

往来款项的清查一般采用发函询证，与对方单位核对账目的方法。一般程序如下：

1. 根据账户记录，按照每一个款项往来单位填制往来款项询证函，寄往各有关往来单位。

往来款项对账单通过电函、信函寄发或派人送交对方面询等方式，请对方进行核对。对账单应按明细账户逐笔抄列，一式三联，两联寄对方单位，其中一联作为回单，另一联对方留底。对方单位核对相符，应在回单上盖章后退回本单位；如果发现双方账目不符，应将有关情况在回单上注明，或另抄对账单退回，作为进一步核对的依据。

2. 收到对方单位的回单后，根据回单内容编制往来款项清查报告表（见表6-10）。

表 6-10　　　　　　　　　往来款项清查报告表
年　月　日

总分类账户		明细分类账户		核对结果		核对不符原因			备注
名称	余额	名称	余额	相符金额	不符金额	未达账项金额	有争议款项金额	其他	

清查人员（签章）：　　　　　　　　　　　　　　记账人员（签章）：

在往来款项清查报告表中注明核对相符和不相符的款项，对于不相符的款项按照有争议、无法回收等情况归类合并，针对具体情况及时采取措施予以解决。

【任务设计】

【例6-3】华川公司2024年11月清查往来款项，有关账簿记录如表6-11所示。

表6－11　　　　　　　　　　　往来款项账簿记录　　　　　　　　　　　单位：元

账户名称	日期	项目	金额	备注
应收账款——A公司	2024年1月15日	销售1#钢材	602 894	销货清单号123
	2024年9月8日	销售2#钢材	57 162	销货清单号902

要求：根据上述资料，填制"应收账款——A公司"往来款项询证函。

工作过程如下：

步骤1：根据账户记录，填制对A公司的往来款项询证函（见表6－12）。

表6－12　　　　　　　　　　　往来款项询证函

编号：0042

A公司：

本公司与贵单位的业务往来款项有下列各项目，其数据出自本单位账簿记录。为了清兑账目，特函请查证，如与贵单位记录相等，请在本函下端"数据证明无误"处签章证明；如有不符，请在"数据不符"处列明不符金额，并附加说明详细事项。请在回执联中盖章寄回。

往来结算款项对账单

会计科目：应收账款——A公司　　　　　　　　　　　　　　　　　金额单位：元

日期	经济事项摘要	账面余额
2024年1月15日	销售1#钢材，销货清单号123	602 894
2024年9月8日	销售2#钢材，销货清单号902	57 162

本函仅为复核账目之用，并非催款结算。若款项在上述日期之后已经付清，仍请及时函复为盼。

此致

敬礼！

华川公司

2024年11月30日

（单位签章）（日期）

结论：1. 数据证明无误。

（单位签章）（日期）

2. 数据不符，请列明不符金额及需要说明的事项。

（单位签章）（日期）

步骤2：将往来款项询证函一式两份寄发A公司。

步骤3：收到A公司确认款项的回函后，与其他单位的回函一起，编制往来款项清查报告表（本例略）。

【职业能力训练】

一、单项选择题（下列答案中有一项是正确的，请将正确答案前的英文字母填入括号内）

1. 下列项目的清查应采用询证核对法的是（　　）。
   A. 原材料　　　　B. 应付账款　　　　C. 固定资产　　　　D. 银行存款
2. 下列可以作为原始凭证据以登记账簿的是（　　）。
   A. 未达账项登记表　　　　　　　　B. 库存现金盘点报告表
   C. 结算款项核对登记表　　　　　　D. 银行存款余额调节表
3. 下列各项中，属于对往来款项进行清查时应采用的方法是（　　）。
   A. 定期盘点法　　　　　　　　　　B. 实地盘存法
   C. 与银行核对账目法　　　　　　　D. 和往来单位核对账目法

二、多项选择题（下列答案中至少两项是正确的，请将正确答案前的英文字母填入括号内）

1. 下列选项属于往来款项清查范围的有（　　）。
   A. 应收账款　　　B. 应付账款　　　C. 应交税费　　　D. 短期借款
2. 往来款项清查属于（　　）。
   A. 定期清查　　　　　　　　　　　B. 不定期清查
   C. 全面清查　　　　　　　　　　　D. 局部清查
3. 下列说法正确的有（　　）。
   A. 信誉度较好的往来单位可以不必清查
   B. 往来款项的清查核算不需要通过"待处理财产损溢"账户
   C. 核对往来款项清查的目的是及时催收债权、如期归还债务，及时处理呆账和坏账
   D. 收到"往来结算款项对账单"的往来单位，往来款项核对相符后，可以不予回复

三、判断题（正确的在括号里打"√"，错误的打"×"）

1. 往来款项的清查不包括应付款项的清查。　　　　　　　　　　　　　　（　　）
2. 往来款项的清查采用核对账目的方法。　　　　　　　　　　　　　　　（　　）
3. "往来结算款项对账单"是根据有关往来账户记录，按照每一个经济往来单位编制的。　　　　　　　　　　　　　　　　　　　　　　　　　　　　　　（　　）

任务3　存货的清查

【任务描述】

存货种类繁多，分布范围广，清查费时费力，是企业财产清查的重点。进行存货清查

时，由清查人员与保管人员共同盘点各种存货，填制存货盘存表和存货账存实存对比表，发现盘盈、盘亏及相关问题要及时查明原因分清责任并报领导审批，最后由会计人员对盘点差异进行会计处理。存货盘点差异的会计处理与库存现金盘点长、短款的会计处理方法与步骤基本相同。

【综合知识】

一、存货清查的范围

存货是指企业在生产经营过程中为销售或者耗用而储存的各种物资。工业企业的存货主要包括原材料、燃料、辅助材料、包装物、低值易耗品、在产品、产成品等。存货清查是针对上述实物财产进行的盘点核对。

二、存货的两种盘存制度

存货盘存制度是指对财产物资的收发结存进行核算和管理的制度，包括永续盘存制和实地盘存制两种。

（一）永续盘存制

永续盘存制又称账面盘存制，是指平时对各项财产物资的增减变动，都根据会计凭证连续记入有关账簿，并随时计算出账面结存数。永续盘存制是以连续完整的账簿记录为依据来确定财产物资账面结存数量的方法。在永续盘存制下，财产清查的目的是通过实地盘点查明各种存货的实际结存数量并与账面结存数量核对，揭示账实差异，保证账实相符，保护财产物资的安全完整。

采用永续盘存制，账面结存数量的计算方法如下：

$$期末结存数量 = 期初结存数量 + 本期增加数量 - 本期减少数量$$

永续盘存制的优点是可以通过账簿记录，随时了解各种财产物资的收入、发出和结存情况，便于从数量和金额两方面进行控制，有利于加强财产物资管理。缺点是核算工作量较大。企业的存货大多采用永续盘存制进行核算和管理。

（二）实地盘存制

实地盘存制又称以存计耗制或以存计销制，是指平时对财产物资的增减变动，只根据会计凭证登记增加数，不登记减少数，期末结账时，对存货进行实地盘点，将实际盘存数作为账面结存数，倒挤本期减少数，并据以登记有关账簿。实地盘存制是以实地盘点实物的结果为依据来确定财产物资账面结存数量的方法。在实地盘存制下，财产清查的目的是通过实地盘点查明各种存货的实际结存数量，并以实际结存数量作为账面结存数量，倒挤本期减少数量。

采用实地盘存制，本期减少数量的计算方法如下：

$$本期减少数 = 期初结存数 + 本期增加数 - 期末盘存数$$

实地盘存制的优点是平时对财产物资的减少数不作记录，大大简化了核算手续，减少了工作量。缺点是会计核算手续不够严密，不能随时反映财产物资的收发结存动态，难以利用账簿记录来加强财产物资管理工作。一般情况下，企业只对鲜活存货采用实地盘存制。

三、存货清查的程序与方法

存货清查要根据实物的不同特点，可分别采用实地盘点法和技术推算法。

1. 实地盘点法。实地盘点法是指通过实地点数或运用度量工具计量等，逐一确定财产物资实有数的方法。它适用于可以逐一点数、直接度量长度容积、过磅等的财产物资的清查。

2. 技术推算法。技术推算法是指按照一定的标准推算财产物资实有数的方法。其具体做法是通过量方、计尺等方法确定有关数据，然后据以推算出结存数量的方法。它适用于那些大量成堆、价廉笨重，且难以逐一点数、直接度量、过磅的财产物资的清查，如煤炭、砂石等。

在永续盘存制下，存货清查的基本程序如下：

首先，进行实地盘点或技术推算，逐一查明各种存货的实存数，填制存货盘存表。存货盘点表是记录存货清查结果的书面文件，也是反映财产物资实际结存数量的原始凭证，表中各种存货的类别、编号、名称和计量单位等，必须和核算中所采用的相一致，以便与账面记录进行核对。为了明确经济责任和保证盘点结果的可靠性，盘点人员和实物保管人员均应在盘存表上签章。

提示： 存货清查，不仅要清查实物数量，同时还要注意质量，检查有无缺损、霉烂、变质等情况。清点在产品、半成品时，还应注意其配套情况和完工程度。盘点时要防止重点或漏点，或把本企业代其他单位保管的财产物资混为本企业的财产物资等。

提示： 存货的盘点，实物保管人员必须在场，并参与盘点工作。

其次，将实际盘存数与账面结存数进行对比，根据存货盘存表和明细账簿记录，编制存货账存实存对比表（见表6-15），反映盘盈、盘亏情况。在发生盘盈、盘亏的情况下，存货账存实存对比表既是调整会计账簿记录的原始凭证，也是分析账实不符原因、划清经济责任的依据。

四、存货清查差异的责任处理

由于存货种类繁多，收发频繁，清查时出现账实不符在所难免。造成存货账实不符的原因主要有：

1. 在存货收发过程中，会计人员漏记、错记、重记而发生记账错误；
2. 财产收发时，由于计量不准确而发生品种或数量上的差错；
3. 财产保管过程中的自然损耗或自然升溢；
4. 因管理不善而出现财产的腐烂变质及毁损；
5. 贪污盗窃、营私舞弊等违法行为造成财产的短缺；
6. 因自然灾害或意外事件造成财产损失。

存货清查出现盘盈、盘亏时，应及时查明原因，按照规定程序报批处理。如果盘盈是由于计量不准或自然原因造成的，一般作为企业利得，批准后冲减管理费用。盘亏，如果是由于有关人员失职造成的，应由责任人赔偿；如果属于正常损耗和一般经营损失，作为管理费用处理；如果属于非常损失，作为营业外支出处理。

五、存货清查差异的核算程序与账户

在存货清查过程中，无论发现盘盈、盘亏还是毁损，都必须按照制度规定进行处理和核算。存货清查差异的核算包括报批前和批准后两个环节，其一般程序和账户设置，与库存现金盘点差异的核算基本相同，此处不再赘述。

【任务设计】

【例 6-4】华川公司 2024 年 11 月 30 日由清查人员王东和材料保管人员张晓峰对 1#仓库 A 类原材料进行存货清查，当日有关原材料明细账存情况如表 6-13 所示。存货盘点结果为：甲材料 360.2 吨、乙材料 120 吨、丙材料 199.4 吨。

表 6-13　　　　　　　　　　A 类原材料账存情况　　　　　　　　金额单位：元

原材料名称	计量单位	结存数量	单价	金额
甲材料	吨	360	132	47 520
乙材料	吨	120	160	19 200
丙材料	吨	200	86	17 200
合计		680		83 920

要求：1. 根据上述资料填制原材料盘存单和账存实存对比表。

2. 根据清查差异进行账务处理。（假定华川公司适用增值税税率为 13%）

工作过程如下：

步骤 1：根据盘点结果填写存货盘存表（见表 6-14）。

表 6-14 存货盘存表

单位名称：华川公司　　　盘点时间：2024 年 11 月 30 日　　　编号：1 号
财产类别：A 类　　　　　　　　　　　　　　　　　　　　　　存放地点：1#仓库

编号	名称	计量单位	数量	单价（元）	金额（元）	备注
1	甲材料	吨	360.2	132	47 546.4	
2	乙材料	吨	120.0	160	19 200.0	
3	丙材料	吨	199.4	86	17 148.4	
合计			679.6		83 894.8	

盘点人员签章：王东　　　　　　　　　保管人员签章：张晓峰

步骤 2：根据盘存表和有关账簿资料编制"存货账存实存对比表"（一式三份，见表 6-15），确定实存数与账存数之间的差异。

表 6-15 存货账存实存对比表

单位名称：华川公司　　　2024 年 11 月 30 日

编号	类别及名称	计量单位	单价（元）	实存		账存		差异				备注
								盘盈		盘亏		
				数量（吨）	金额（元）	数量（吨）	金额（元）	数量（吨）	金额（元）	数量（吨）	金额（元）	
1	甲材料	吨	132	360.2	47 546.4	360	47 520	0.2	26.4			计量误差
2	乙材料	吨	160	120.0	19 200.0	120	19 200					相符
3	丙材料	吨	86	199.4	17 148.4	200	17 200			0.6	51.6	管理不善

填表人签章：王东

步骤 3：保管人员根据留存仓库的存货账存实存对比表，在仓库保管账上分别登记盘盈、盘亏数量，使保管账达到账实相符。

步骤 4：盘点人员将存货账存实存对比表一份送交会计部门据以调账，另一份报领导审批。

步骤 5：材料会计根据存货账存实存对比表，调整账面记录，使会计账达到账实相符。

（1）编制待处理甲材料盘盈的会计分录如下：

借：原材料——甲材料　　　　　　　　　　　　　　　　　　　26.4
　　贷：待处理财产损溢——待处理流动资产损溢　　　　　　　　26.4

（2）编制丙材料盘亏的会计分录如下：

借：待处理财产损溢——待处理流动资产损溢　　　　　　　　　51.6
　　贷：原材料——丙材料　　　　　　　　　　　　　　　　　　51.6

提示：调账时，待处理的盘盈与盘亏应分别反映，不能相互抵销。

步骤 6：领导批准后，材料会计根据审批后的存货账存实存对比表，按照处理意见，对待处理的盘点差异进行结转处理。

（1）编制结转待处理盘盈的会计分录如下：

借：待处理财产损溢——待处理流动资产损溢　　　　　　26.4

　　贷：管理费用　　　　　　　　　　　　　　　　　　26.4

（2）编制结转待处理盘亏的会计分录如下：

借：管理费用　　　　　　　　　　　　　　　　　　　　58.31

　　贷：待处理财产损溢——待处理流动资产损溢　　　　51.6

　　　　应交税费——应交增值税（进项税额转出）　　　6.71

提示：这里省略了会计部门内部进行审核和登记账簿的工作环节。

知识与职业能力拓展：

固定资产清查及其核算特点。

企业应定期或者至少每年年末对固定资产进行一次全面清查盘点，以保证固定资产核算的真实性。固定资产清查，一般是根据固定资产明细账编制固定资产清单，并据以与固定资产实物进行逐一核对。在固定资产清查过程中，如果发现盘盈、盘亏，应填制固定资产盘盈盘亏报告表，并及时查明原因，按照规定程序报批处理。

固定资产盘盈、盘亏的核算程序与方法，与存货盘盈、盘亏的核算基本相似。核算上的不同之处主要有二：一是盘盈的固定资产应作为前期差错，通过"以前年度损益调整"科目核算，不通过"待处理财产损溢"科目核算；盘亏的固定资产调账时，按账面价值借记"待处理财产损溢——待处理非流动资产损溢"账户、按累计已提折旧额借记"累计折旧"账户，按账面原值贷记"固定资产"账户。二是经领导批准后，应由企业负担的固定资产的盘亏净损失转入"营业外支出"账户。

【思政案例】 中储粮集团公司的技术创新

中储粮集团公司通过加快数字化转型战略性布局，持续提升信息技术支撑保障粮食安全能力。2023年实现"技防技控"信息化建设项目中储粮直属库全覆盖，并启动分库推广实施工作。通过引入多项物联网新技术、智能化新设备及大数据和人工智能算法，优化智能出入库、数字仓储、实时粮情、AI预警等系统集成，实现粮食入库环节自动扦样、质检、检斤以及全流程可视监测和"穿透式"实时风险预警，有效避免"擅自动用""转圈粮"和安全生产问题，实现粮食收储信息化监管全覆盖。

同时，中储粮直属库外监管平台上线运行，5 000余家非直属企业储粮库点数据有效联通，数字化储粮监管效能整体提升。中储粮自主研发智能扦检设备，首次实现小麦、稻谷、玉米、大豆四大粮食品种无人智能扦检，填补国内技术空白，提高了作业效率、降低了作业强度，有效避免了"人情粮"等人为因素。

请查阅资料，了解财产物资管理、清查的新技术，思考会计管理工作如何与其有效协同。

【职业能力训练】

一、单项选择题（下列答案中有一项是正确的，请将正确答案前的英文字母填入括号内）

1. 采用实地盘存制时，财产物资的期末结存数就是（   ）。
   A. 账面结存数　　　　　　　　　B. 实地盘存数
   C. 收支抵减数　　　　　　　　　D. 滚存结余数
2. 在财产清查中填制的"账存实存对比表"是（   ）。
   A. 调整账面记录的原始凭证　　　B. 调整账面记录的记账凭证
   C. 登记总分类账的直接依据　　　D. 登记日记账的直接依据
3. 下列关于永续盘存制表述错误的是（   ）。
   A. 记账工作量较小
   B. 有利于财产物资的管理
   C. 能随时掌握财产物资的余额
   D. 手续严密，在控制和保护财产物资方面具有明显的优越性
4. 下列财产物资的盘盈、盘亏，不通过"待处理财产损溢"科目核算的是（   ）。
   A. 库存现金盘亏　　　　　　　　B. 存货盘盈
   C. 存货盘亏　　　　　　　　　　D. 固定资产盘盈
5. 关于存货盘盈转销处理的表述中正确的是（   ）。
   A. 增加管理费用　　　　　　　　B. 冲减管理费用
   C. 增加营业外收入　　　　　　　D. 冲减营业外收入

二、多项选择题（下列答案中至少两项是正确的，请将正确答案前的英文字母填入括号内）

1. 下列属于存货盘存制度的有（   ）。
   A. 技术推算法　　　　　　　　　B. 权责发生制
   C. 永续盘存制　　　　　　　　　D. 实地盘存制
2. 因意外灾害所造成的材料损失，按规定报经批准后所作的会计分录应有（   ）。
   A. 借记"管理费用"科目　　　　B. 借记"营业外支出"科目
   C. 贷记"营业外收入"科目　　　D. 贷记"待处理财产损溢"科目
3. 下列财产物资可以采用实地盘点法的有（   ）。
   A. 固定资产　　B. 应收账款　　C. 银行存款　　D. 库存现金
4. 批准转销的盘亏、毁损的存货的会计处理，可能涉及的会计科目有（   ）。

A. 原材料　　　　　　　　　　　B. 其他应收款
C. 管理费用　　　　　　　　　　D. 营业外支出

5. 下列关于实物资产清查方法的表述中正确的有（　　）。

A. 实物资产常用的清查方法有实地盘点法和技术推算法
B. 技术推算法是指利用技术方法对财产物资的账面数进行推算
C. 实地盘点法是指通过点数、过磅、量尺等方法来确定实物资产的实有数量
D. 技术推算法适用于成堆、量大、价值不高、难以逐一清点的财产物资的清查

三、判断题（正确的在括号里打"√"，错误的打"×"）

1. "待处理财产损溢"账户是损益类账户。（　　）
2. 各种财产物资发生盘盈、盘亏和毁损，在报经批准以前必须先记入"待处理财产损溢"科目。（　　）
3. 对实物财产清查时，主要清查数量，同时也要检验质量。（　　）
4. 存货盘点时实物保管人员可以不在场。（　　）
5. 存货账存实存对比表可以作为原始凭证据以调整存货账面记录。（　　）

四、业务题

宏达公司是增值税一般纳税人，适用增值税税率13%。2024年11月30日进行原材料清查，月末结账后，原材料明细账资料如下：

原材料名称	计量单位	结存数量	单价（元）	金额（元）
甲材料	公斤	455	42	19 110
乙材料	公斤	156	32	4 992
丙材料	公斤	30	65	1 950
合计		641		26 052

月末原材料盘点结果如下：

原材料名称	计量单位	结存数量
甲材料	公斤	450
乙材料	公斤	157
丙材料	公斤	30
合计		637

要求：1. 根据上述资料填制原材料盘存单和存货账存实存对比表。
　　　2. 根据清查差异进行账务处理（经查甲材料盘亏属于保管员的责任，由其赔偿；乙材料盘盈属于自然升溢；丙材料账实相符）。

项目七　会计报表的编制

项目导航

在日常会计核算中，企业对所发生的各项经济业务进行确认、计量和记录以后，都已经连续、系统、完整、分类地登记在了会计账簿之中，形成了相关会计信息。但账簿记录比较分散，不便于相关方面获取和使用这些会计信息。因此，在会计期末，还必须根据账簿记录，编制财务会计报告，据以向信息使用者提供集中、概括的会计信息。

财务会计报告是会计核算工作的最终成果，会计报表是财务会计报告的主体构成内容。会计报表集中概括地反映了会计主体在特定日期的财务状况、一定会计期间的经营结果和现金流量等重要会计信息，对信息使用者进行经济决策和经营管理具有非常重要的意义和作用。

本项目主要学习财务会计报告的基本知识、资产负债表和利润表等基本会计报表的基本知识及编制方法。学习时，要注意体会会计报表与会计账簿之间的关系，以及会计科目、会计账户与会计报表项目之间的依存关系，以帮助领会和把握资产负债表和利润表的编制原理与方法。

任务1　资产负债表的编制

【任务描述】

期末结账完毕之后，负责编制财务会计报告的会计人员，按照资产负债表项目的内涵要求，采用直接填列或分析整理填列的方法，将资产、负债、所有者权益和成本四类账户的总分类账户及相关明细账户的期末余额，转换成报表项目的期末余额，填入资产负债表项目的金额栏内，并加计报表项目金额的小类合计数和总合计数，利用会计恒等式检验资产金额总计数与权益金额总计数相等后，填写编制单位名称等基本信息，加盖单位公章，即完成资产负债表的编制工作。

【综合知识】

一、会计报表相关知识

（一）什么是财务会计报告

财务会计报告，又称财务报告，是指企业需对外提供的反映企业某一特定日期的财务状况和某一会计期间的经营成果、现金流量等会计信息的书面文件。

财务会计报告是会计核算工作的最终成果，集中、概括地反映了企业的经济活动情况和结果。企业编制财务会计报告的主要目的，是向报告使用者提供与企业财务状况、经营成果和现金流量等有关的会计信息，反映企业管理层受托责任履行情况，以帮助报告使用者作出经济决策。

财务会计报告使用者通常包括投资者、债权人、政府及其相关部门、企业管理人员、职工和社会公众等。不同的信息使用者对财务会计报告所提供信息的需求各有侧重，但都能从财务会计报告中获取各自有用的相关信息。

知识与能力拓展：上市公司信息披露

（二）财务会计报告的构成内容

财务会计报告是一个系统性的文件，包括会计报表及其附注和其他应当在财务会计报告中披露的相关信息和资料。会计报表，又称财务报表，是指企业需对外提供的、总括地反映企业某一特定日期的财务状况和某一会计期间的经营成果、现金流量等会计信息的表格式书面文件。会计报表包括资产负债表、利润表、现金流量表和所有者权益（或股东权益，下同）变动表等。会计报表附注是指对在会计报表中列示项目所作的进一步说明，以及对未能在这些报表中列示项目的说明等。

提示： 小企业编制的会计报表可以不包括现金流量表。

（三）会计报表的分类

会计报表可以按照不同的标志进行分类，每一个分类标志都从一个角度或者层面反映会计报表的特性。

会计报表按照所反映经济内容的不同，可分为财务状况报表和经营成果报表。财务状况报表是指反映企业财务状况的报表。财务状况指企业特定日期资产与权益构成情况及其相互关系，以及资金的使用与分布状况。资产负债表、现金流量表和所有者权益变动表是反映企业特定日期财务状况的报表。经营成果报表是指反映企业经营成果的报表。经营成果指企业在一定会计期间内所获得的利润或发生的亏损。利润表是反映企业一定期间经营成果的报表。

会计报表按照编报时间的不同,可分为中期报表和年度报表。中期报表是指按短于一个完整会计年度的会计期间编报的报表,包括月报、季报和半年报。中期报表主要包括资产负债表和利润表。年度报表是指按会计年度编报的报表,企业所有的报表都需要按年度编报。

会计报表按照所反映的资金运动状态的不同,可分为静态报表和动态报表。静态报表是指反映资金运动在某一时点上的相对静止状态的报表。资产负债表是静态报表。动态报表是指反映资金运动在一定时期内的动态情况的报表。利润表、现金流量表和所有者权益变动表都是动态报表。

会计报表按照编报主体的不同,可分为个别报表和合并报表。个别报表是指企业根据自身的账簿记录及相关资料编制而成的报表。合并报表是指企业集团的母公司,根据母公司自身和所属子公司的个别报表合并编制而成的报表。个别报表反映单个企业的情况,合并报表反映整个集团的情况。

(四)财务会计报告的归档与管理

财务会计报告是重要的会计档案,必须按照《会计档案管理办法》的相关规定进行归档保管。

二、资产负债表的相关知识

(一)什么是资产负债表

资产负债表是反映企业在某一特定日期财务状况的报表,即反映企业在某一特定日期所拥有或控制的经济资源、所承担的现时义务和所有者对净资产的要求权。该报表是根据"资产=负债+所有者权益"这一会计平衡式编制的。

(二)资产负债表的结构

资产负债表一般包括表头和表体两个部分。表头包括报表名称、编制单位、编制日期、报表编号、货币名称、计量单位等内容。表体是资产负债表的主体部分,由表明企业财务状况的若干报表项目构成。这些报表项目按照其流动性的大小进行排列,流动性大的项目排列在前,流动性小的项目排列在后。

资产负债表的表体有账户式和报告式两种结构。报告式资产负债表是上下结构,上半部列示资产项目,下半部列示负债和所有者权益项目。账户式资产负债表是左右结构,左边列示资产项目,右边列示负债和所有者权益项目,与会计恒等式的表现形式相一致。我国现行资产负债表采用的是账户式结构,如表7-2所示。

(三) 资产负债表的作用

资产负债表提供了企业资产、负债和所有者权益等有关财务状况的总括信息,是企业和企业利益相关者进行经济分析、评价和决策极为重要的基本资料。例如,根据当期的资产负债表,可以了解和评价企业的资产规模、构成与运用效率、财务结构、偿债能力及支付能力等财务状况;将当期的资产负债表与以前期间的资产负债表进行对比分析,可以了解和评价企业财务状况的发展变化趋势和企业经营管理绩效;将资产负债表与利润表结合,可以了解和评价企业的获利能力等。有关资产负债表的具体作用将在后续专业课程中进行学习。

(四) 资产负债表的编制方法

资产负债表各项目的金额包括"年初余额"和"期末余额"。各项目的"年初余额",根据上年末资产负债表的"期末余额"直接填列。反映会计要素各单项项目的"期末余额",根据资产、成本、负债、所有者权益四类账户的本期期末余额填列。由于账户的核算内容与报表项目的内涵不完全是一一对应关系,所以,不是所有的项目都直接按账户余额直接抄录填列。资产负债表各单项项目"期末余额"的填列方法,一般有以下几种:

1. 根据总分类账户余额直接填列。例如,"短期借款""实收资本"等项目就是根据同名的总分类账户的期末余额直接填列的。

2. 根据总分类账户余额计算填列。例如,"货币资金"项目要根据"库存现金""银行存款""其他货币资金"账户的期末余额合计数填列等。

3. 根据明细账户余额计算填列。例如,"应付账款"项目要根据"应付账款"和"预付账款"账户所属有关明细账户的期末贷方余额合计数填列等。

4. 根据总分类账户和明细账户余额分析计算填列。例如,"长期借款"项目要根据"长期借款"总分类账户期末余额,扣除所属明细账户中将于一年内到期的长期借款余额后的净额填列。扣除的将于一年内到期的长期借款则填列"一年内到期的非流动负债"项目。

5. 根据总分类账户余额减去其备抵账户余额后的净额填列。在资产类账户中,除了货币资产有关账户以外,其他资产账户基本上都设置有备抵账户,都要采用这种方法计算填列。例如,"固定资产"项目就是根据"固定资产"账户(借方)余额减去"累计折旧"和"固定资产减值准备"账户（贷方）余额后的净额填列的。

【任务设计】

【例7-1】华川公司2024年12月31日有关账户期末余额如表7-1所示。

表7-1　　　　　　　　　　　账户期末余额表　　　　　　　　　　　单位：元

科目	借方余额	贷方余额	科目	借方余额	贷方余额
库存现金	9 360		短期借款		500 000
银行存款	350 144		应付票据		12 250
应收账款	127 549		应付账款		65 520
坏账准备——应收账款		1 035	应付职工薪酬		8 286
其他应收款	6 200		应付利息		10 000
原材料	28 440		实收资本		1 000 000
库存商品	680 655		盈余公积		1 808
存货跌价准备		976	利润分配		1 455
固定资产	405 346				
累计折旧		5 040			
固定资产减值准备		1 324			
合计	1 607 694	8 375	合计		1 599 319

（补充信息：假定"应收账款"明细账户中没有贷方余额的明细账户；"坏账准备"贷方余额全部是"应收账款"提取的坏账准备金；"应付账款"明细账户中没有借方余额的明细账户；"预付账款"和"预收账款"总账和其明细账户均无余额；年初余额略）

要求：根据上述资料编制企业2024年12月31日资产负债表（假定不考虑年初余额）。

工作过程如下：

步骤1：按照报表项目的内涵，根据账户余额确定报表项目期末余额。

（1）需要分析计算的项目如下：

第一，"货币资金"项目，反映企业库存现金、银行存款、其他货币资金的合计数。本项目应根据"库存现金""银行存款""其他货币资金"账户的期末借方余额合计填列，即：

"货币资金"项目期末余额 = 9 360 + 350 144 = 359 504（元）

第二，"应收账款"项目，反映企业预期可收回的实际的应收账款净额。"预期可收回的净额"要求扣除预计可能发生的坏账损失，即抵减已计提的坏账准备金；"实际的"要求剔除"应收账款"某些明细账户内因简化核算而可能包含的预收账款，即贷方余额，还要求加上"预收账款"某些明细账户内因简化核算而可能包含的应收账款，即借方余额。所以，本项目应根据"应收账款"和"预收账款"账户所属明细账户的期末借方余额合计数，减去"坏账准备"账户贷方余额中按应收账款计提的坏账准备金额后的净额填列。根据本例账户余额和补充信息，"应收账款"项目的期末余额计算如下：

"应收账款"项目期末余额 = 127 549 – 1 035 = 126 514（元）

请注意：如果"应收账款"账户所属明细账户期末有贷方余额，应与"预收账款"明细账户的期末贷方余额加在一起，在本表负债中的"预收账款"项目填列。这时，实际的应收账款余额就会相应增加。如本例，假如"应收账款"明细账户中有一个是贷方余额为 10 000 元，则这 10 000 元要填列到负债的"预收账款"项目中去，而"应收账款"项目的期末余额就相应增加为 136 514（126 514 + 10 000）元。与此相类似的还有"应付账款"和"预付账款"两个项目，前项根据"应付账款"和"预付账款"两个账户所属有关明细账户期末贷方余额合计数填列；后项则根据这两个账户所属有关明细账户期末借方余额合计数，减去"坏账准备"账户贷方余额中的相应部分后的净额填列。

第三，"其他应收款"项目，反映企业除应收票据、应收账款、预付账款等经营活动以外的其他各种应收、暂付的款项。本项目应根据"应收利息""应收股利""其他应收款"账户的期末余额合计数，减去"坏账准备"账户中关于相关坏账准备期末余额后的金额填列。本例"其他应收款"项目期末余额计算如下：

"其他应收款"项目期末余额 = 6 200（元）

第四，"存货"项目，反映企业期末库存、在途和加工中的各项存货的实际成本，包括各种材料、商品、在产品、包装物、低值易耗品等。本项目应根据"在途物资""原材料""库存商品""周转材料""生产成本"等账户的期末借方余额合计数，减去"存货跌价准备"账户期末贷方余额后的净额填列。本例"存货"项目期末余额计算如下：

"存货"项目期末余额 = 28 440 + 680 655 – 976 = 708 119（元）

第五，"固定资产"项目，反映企业的固定资产净值。本项目应根据"固定资产"账户的期末借方余额，减去"累计折旧"和"固定资产减值准备"账户的期末贷方余额后的净额填列。本例"固定资产"项目期末余额计算如下：

"固定资产"项目期末余额 = 405 346 – 5 040 – 1 324 = 398 982（元）

第六，"其他应付款"项目，反映企业除应付票据、应付账款、预收账款、合同负债、应付职工薪酬、应交税费等经营活动以外的其他各种应付、暂收的款项。本项目应根据"应付利息""应付股利""其他应付款"账户的期末余额合计数填列。本例"其他应付款"项目期末余额计算如下：

"其他应付款"项目期末余额 = 10 000（元）

（2）直接填列的项目。本例中，除了上述项目以外，其余单项项目的期末余额都根据相应账户的期末余额直接确定。其中，"未分配利润"项目根据"利润分配"账户期末贷方余额直接填列。

请注意：编制中期报表时，"未分配利润"项目应根据"本年利润"账户和"利润分配"账户的余额计算填列。如果是亏损，以"–"号填列。

步骤2：将步骤1确定的报表项目余额填入资产负债表相应项目"期末余额"栏内。

步骤3：根据表内已填报表项目余额，加计表内"流动资产合计"等6个类别项目的合计或总计数，并填入相应项目"期末余额"栏内。

步骤4：加计表内最末一行两个"总计"数，填入表内，并核对相等。

步骤5：将上年末资产负债表"期末余额"抄入表内相应项目的"年初余额"栏内（本例略）。

步骤6：填写表头各要素，并在"华川公司"处加盖公章。

编制完成华川公司2024年12月31日资产负债表（见表7-2）。

表7-2　　　　　　　　　　　　　　资产负债表　　　　　　　　　　　　　　会企01表
编制单位：华川公司　　　　　　　　　2024年12月31日　　　　　　　　　　　　单位：元

资产	期末余额	年初余额	负债和所有者权益	期末余额	年初余额
流动资产：			流动负债：		
货币资金	359 504		短期借款	500 000	
交易性金融资产			交易性金融负债		
应收票据			应付票据	12 250	
应收账款	126 514		应付账款	65 520	
预付款项			预收款项		
其他应收款	6 200		应付职工薪酬	8 286	
存货	708 119		应交税费		
合同资产			其他应付款	10 000	
持有待售资产			一年内到期非流动负债		
一年内到期非流动资产			其他非流动负债		
流动资产合计	1 200 337		流动负债合计	596 056	
非流动资产：			非流动负债：		
债权投资			长期借款		
其他债权投资			应付债券		
长期应收款			长期应付款		
长期股权投资			预计负债		
投资性房地产			递延收益		
固定资产	398 982		递延所得税负债		
在建工程			非流动负债合计		
生产性生物资产			负债总计	596 056	
油气资产			所有者权益：		
无形资产			实收资本（或股本）	1 000 000	

续表

资产	期末余额	年初余额	负债和所有者权益	期末余额	年初余额
开发支出			资本公积		
商誉			减：库存股		
长期待摊费用			其他综合收益		
递延所得税资产			盈余公积	1 808	
其他非流动资产			未分配利润	1 455	
非流动资产合计	398 982		所有者权益合计	1 003 263	
资产总计	1 599 319		负债和所有者权益总计	1 599 319	

知识与能力拓展：

资产负债表其他有关项目的填列方法如下：

1. "交易性金融资产"项目，反映资产负债表日企业分类为以公允价值计量且其变动计入当期损益的金融资产，以及企业持有的指定为以公允价值计量且其变动计入当期损益的金融资产的期末账面价值。该项目应根据"交易性金融资产"科目的相关明细科目的期末余额分析填列。自资产负债表日起超过一年到期且预期持有超过一年的以公允价值计量且其变动计入当期损益的非流动金融资产的期末账面价值，在"其他非流动金融资产"项目反映。

2. "债权投资"项目，反映资产负债表日企业以摊余成本计量的长期债权投资的期末账面价值。该项目应根据"债权投资"科目的相关明细科目的期末余额，减去"债权投资减值准备"科目中相关减值准备的期末余额后的金额分析填列。自资产负债表日起一年内到期的长期债权投资的期末账面价值，在"一年内到期的非流动资产"项目反映。企业购入的以摊余成本计量的一年内到期的债权投资的期末账面价值，在"其他流动资产"项目反映。

3. "应付职工薪酬"项目，根据"应付职工薪酬"账户期末贷方余额填列，该账户如为借方余额，以"－"号填列。

4. "一年内到期的非流动负债"项目，根据"应付债券"等非流动负债账户余额中将于一年内到期的金额计算填列。

5. "长期借款"项目，根据"长期借款"账户期末余额减去将于一年内到期偿还数后的余额填列。

【职业能力训练】

一、单项选择题（下列答案中只有一项是正确的，请将正确答案前的英文字母填入括号内）

1. 会计报表是根据（　　）定期进行归集、加工和汇总而编制的。

A. 原始凭证 B. 记账凭证
C. 会计凭证 D. 会计账簿记录

2. 编制资产负债表所依据的会计等式是（ ）。

A. 收入－费用＝利润 B. 资产＝负债＋所有者权益
C. 借方发生额＝贷方发生额 D. 资产－负债＝所有者权益

3. 我国资产负债表的格式是（ ）。

A. 账户式 B. 报告式 C. 单步式 D. 多步式

4. 资产负债表的下列项目中，直接根据一个总分类账户填列的项目是（ ）。

A. 货币资金 B. 应收账款 C. 短期借款 D. 预收款项

5. 下列资产项目中属于非流动资产项目的是（ ）。

A. 应收票据 B. 长期投资
C. 存货 D. 一年内到期的非流动资产

6. 最关注投资的内在风险和投资报酬的会计报表使用者是（ ）。

A. 投资者 B. 债权人
C. 企业管理人员 D. 政府

7. 在编制资产负债表时，需根据若干总账科目余额相加计算填列的项目是（ ）。

A. 应收账款 B. 货币资金 C. 短期借款 D. 预收款项

8. 下列资产负债表项目中，应根据多个总账科目余额计算填列的是（ ）。

A. 应付账款 B. 盈余公积 C. 未分配利润 D. 长期借款

9. 某企业"应收账款"科目月末借方余额 20 000 元，其中，"应收甲公司账款"明细科目借方余额 35 000 元，"应收乙公司款项"明细科目贷方余额 15 000 元。"预收款项"科目月末贷方余额 15 000 元，其中，"预收 A 工厂款项"明细科目贷方余额 25 000 元，"预收 B 工厂款项"明细科目借方余额 10 000 元。该企业月末资产负债表中"应收账款"项目的金额为（ ）元。

A. 40 000 B. 25 000 C. 15 000 D. 45 000

10. 某企业"应付账款"科目月末贷方余额 40 000 元，其中，"应付甲公司账款"明细科目贷方余额 35 000 元，"应付乙公司账款"明细科目贷方余额 5 000 元。"预付款项"科目月末贷方余额 30 000 元，其中，"预付 A 工厂账款"明细科目贷方余额 50 000 元，"预付 B 工厂账款"明细科目借方余额 20 000 元。该企业月末资产负债表中"应付账款"项目的金额为（ ）元。

A. 90 000 B. 30 000 C. 40 000 D. 70 000

二、多项选择题（下列答案中至少两项是正确的，请将正确答案前的英文字母填入括号内）

1. 资产负债表的下列项目中，必须根据总账科目和明细账科目两者的余额分析计算填列的有（ ）。

A. 短期借款 B. 盈余公积 C. 应收账款 D. 应付账款

2. 资产负债表中"存货"项目应根据（　　）总账账户的期末余额之和填列。
   A. 原材料   B. 生产成本
   C. 委托加工物资   D. 库存商品

3. 资产负债表编制的资料来源有（　　）。
   A. 总分类账   B. 明细分类账
   C. 日记账   D. 科目汇总表

4. 资产负债表中属于流动负债项目的有（　　）。
   A. 预付款项   B. 应交税费
   C. 应付债券   D. 一年内到期的非流动负债

5. 资产负债表中，需要根据总账科目余额减去其备抵项目后的净额填列的有（　　）。
   A. 交易性金融资产   B. 无形资产
   C. 存货   D. 固定资产

6. 资产负债表中需要根据相关明细科目余额计算填列的有（　　）。
   A. 应收账款   B. 应付账款
   C. 货币资金   D. 未分配利润

7. 下列账户（　　）若出现借方余额，填列资产负债表有关项目时，应以"－"数填列。
   A. 应付职工薪酬   B. 应付账款
   C. 应交税费   D. 未分配利润

8. 下列关于资产负债表作用的表述中，正确的有（　　）。
   A. 可以反映所有者所拥有的权益
   B. 可以反映企业在某一期间的财务状况
   C. 可以提供某一特定日期资产的总额及其结构
   D. 可以提供某一特定日期的负债总额及其结构

9. 资产负债表中的"其他应付款"项目应当根据科目（　　）贷方余额分析填列。
   A. 应付利息   B. 应付股利   C. 其他应付款   D. 应付账款

10. 下列各资产负债表项目中，应根据明细科目余额计算填列的有（　　）。
    A. 应收票据   B. 预收款项   C. 应收账款   D. 应付账款

三、判断题（正确的在括号里打"√"，错误的打"×"）

1. 资产负债表的"年初余额"栏内各项数字，一般应根据上年末资产负债表的"期末余额"栏内所列数字填列。（　　）

2. 由于财务会计报告是对外提供，所以该信息对企业的管理者和职工没用。（　　）

3. 会计报表便于理解的要求是建立在会计报表使用者具有一定的会计报表阅读能力基础上的。（　　）

4. 资产负债表中"一年内到期的非流动负债"属于流动负债项目。（　　）

5. 财务会计报告是会计核算的最终成果。（　　）

6. 年度财务报表至少应包括资产负债表、利润表、现金流量表、所有者权益变动表和附注，上述五个部分具有同等重要的程度。（   ）

7. 我国资产负债表由表头、表体两部分组成。表头部分应列明报表名称、编制单位名称、编表日期和金额计量单位；表体部分反映组成、负债和所有者权益的内容。（   ）

8. 资产负债表中"应付账款"项目，应根据"应付账款"和"预付账款"两个科目所属的相关明细科目的期末借方余额合计数填列。（   ）

9. "制造费用"和"管理费用"都应当在期末转入"本年利润"。（   ）

10. 资产负债表中"固定资产"项目应根据"固定资产"账户余额直接填列。（   ）

四、业务题

练习资产负债表的编制。兴隆公司2024年12月31日账户余额如表7-3所示，其中，"应收票据"计提坏账准备2 000元；"应收账款"有2个明细账，"应收账款——F单位"为贷方余额5 000元，"应收账款——G单位"为借方余额85 000元；"预付款项"只有一个明细账，"预付款项——H单位"为借方余额30 000元；"应付账款"有1个明细账，"应付账款——J单位"为贷方余额70 000元；"预收账款"有2个明细账，"预收账款——C单位"为贷方余额20 000元，"预收账款——D单位"为借方余额10 000元。长期借款中没有一年内到期的款项。

表7-3　　　　　　　　　　　账户期末余额表　　　　　　　　　　单位：元

账户名称	借方余额	贷方余额	账户名称	借方余额	贷方余额
库存现金	10 000		在建工程	40 000	
银行存款	59 000		无形资产	150 000	
应收票据	60 000		短期借款		10 000
应收账款	80 000		应付账款		70 000
预付款项		30 000	预收款项		10 000
坏账准备		5 000	应付职工薪酬		40 000
原材料	70 000		应交税费		13 000
周转材料	10 000		长期借款		80 000
库存商品	136 036		实收资本		500 000
存货跌价准备		1 036	盈余公积		156 000
固定资产	800 000		本年利润		120 000
累计折旧		297 616	利润分配		80 000
固定资产减值准备		2 384			

要求：计算兴隆公司2024年12月31日资产负债表中货币资金、应收票据、应收账

款、预付款项、存货、固定资产、无形资产、应付账款、预收款项、应付职工薪酬、长期借款、未分配利润项目的列报金额。

任务2 利润表的编制

【任务描述】

期末结账完毕之后，负责编制财务会计报告的会计人员，按照利润表项目的内涵要求，采用直接填列或分析填列的方法，将损益类账户的本期净发生额，转换成报表项目金额，填入利润表项目的金额栏内，分步计算填列各项利润数据及相关指标，填写编制单位名称等基本信息，加盖单位公章，即完成利润表的编制工作。

【综合知识】

一、什么是利润表

利润表，也称损益表，是指反映企业在一定会计期间经营成果的报表。它以"收入－费用＝利润"的计算公式为理论依据，总括反映企业在一定会计期间内取得的收入和利得、发生的费用和损失，以及获得利润或发生亏损的情况。

二、利润表的结构

利润表一般包括表头和表体两个部分。表头包括报表名称、编制单位、编制日期、报表编号、货币名称、计量单位等内容。表体是利润表的主体部分，反映形成经营成果的各个项目和分步计算过程。

利润表的表体有单步式和多步式两种结构。单步式利润表是直接按照"收入－费用＝利润"的计算顺序，将当期所有的收入和利得依次排列在前，所有的费用和损失依次排列在后，一步计算出当期净利润。多步式利润表是以"收入－费用＝利润"的计算顺序为基础，按照分步计算营业利润、利润总额、净利润的要求，将当期的收入和利得、费用和损失进行归类整理排列，经多个步骤计算出当期净利润。我国现行利润表采用的是多步式结构。

三、利润表的作用

利润表提供了企业经营成果及其构成情况的总括信息，同资产负债表一样，也是企业及其利益相关者进行经济分析、评价和决策极为重要的基本资料。例如，根据当期的利润表所提供的信息，可以了解和评价企业经营情况、经营成果的构成及收入的创利水平等情况；将当期的利润表与以前期间的利润表进行对比分析，可以了解和评价企业经营情况、经营成果及企业经营管理绩效的发展变化趋势；将利润表与资产负债表结合，可以了解和评价企业资产及资本的获利能力，等等。

四、利润表的编制方法

利润表各项目的金额包括"本期金额"和"上期金额"。各项目"上期金额"根据上期利润表的"本期金额"数字填列。反映会计要素各单项项目的"本期金额"根据损益类账户结账后的本期净发生额填列。与资产负债表一样，由于账户的核算内容与报表项目的内涵不完全是一一对应关系，所以，不是所有的项目都直接按账户净发生额直接抄录填列。利润表各单项项目"本期金额"的填列方法，主要有以下两种：

一是根据账户本期净发生额加计填列。采用这种方法的有"营业收入"和"营业成本"两个项目。"营业收入"项目根据"主营业务收入"和"其他业务收入"两个账户的净发生额加计填列，"营业成本"项目根据"主营业务成本"和"其他业务成本"两个账户的净发生额加计填列。

二是根据账户本期净发生额直接填列。除了"营业收入"和"营业成本"两个项目以外，其他单项项目都是采用这种方法进行填列的。

【任务设计】

【例7-2】华川公司2024年12月损益类账户结转之前的发生额如表7-4所示（"上期金额"略）。

表7-4　　　　　　　　　损益类账户发生额　　　　　　　　　单位：万元

科目名称	借方发生额	贷方发生额	科目名称	借方发生额	贷方发生额
主营业务收入	100	3 000	管理费用	180	
主营业务成本	1 600	80	财务费用	20	
其他业务收入		20	资产减值损失	8	
其他业务成本	150		营业外收入		90
税金及附加	100		营业外支出	40	
销售费用	50		所得税费用	280	

要求：根据上述资料编制华川公司2024年12月的利润表。

工作过程如下：

步骤1：按照报表项目的内涵，根据各账户净发生额确定报表项目金额。

（1）需要加计的项目。

"营业收入"项目金额=（3 000－100）+20=2 920（万元）

"营业成本"项目金额=（1 600－80）+150=1 670（万元）

（2）直接填列的项目。除了上述两个项目以外，其余单项项目直接按账户净发生额确定报表项目金额。

步骤2：步骤1所确定的金额填入表内相应项目"本期金额"栏内。

步骤3：计算营业利润、利润总额和净利润金额，并填入表内相应项目"本期金额"栏（本例略每股收益的计算，其计算方法将在后续专业课程中学习）。

步骤4：根据上月利润表"本期金额"填列本月利润表"上期金额"（本例略）。

步骤5：填写表头各要素，并在"华川公司"处加盖公章。

编制完成的华川公司2024年12月利润表如表7－5所示。

表7－5　　　　　　　　　　　　　利润表　　　　　　　　　　　　　会企02表
编制单位：华川公司　　　　　　　　2024年12月　　　　　　　　　　单位：万元

项目	本期金额	上期金额
一、营业收入	2 920	略
减：营业成本	1 670	
税金及附加	100	
销售费用	50	
管理费用	180	
研发费用		
财务费用	20	
其中：利息费用		
利息收入		
加：其他收益		
净敞口套期收益（损失以"－"号填列）		
公允价值变动收益（损失以"－"号填列）		
信用减值损失（损失以"－"号填列）		
资产减值损失（损失以"－"号填列）	－8	
资产处置收益（损失以"－"号填列）		
二、营业利润（亏损以"－"号填列）	892	
加：营业外收入	90	
减：营业外支出	40	

续表

项目	本期金额	上期金额
三、利润总额（亏损以"－"号填列）	942	
减：所得税费用	280	
四、净利润（净亏损以"－"号填列）	662	
五、其他综合收益的税后净额		
（一）不能重分类进损益的其他综合收益		
（二）将重分类进损益的其他综合收益		
六、综合收益总额		
七、每股收益：		
（一）基本每股收益		
（二）稀释每股收益		

知识与能力拓展：

每股收益是指普通股股东每持有一股所能享有的企业利润或需要承担的企业亏损。通常被用来反映企业的经营成果，衡量普通股的获利水平及投资风险。每股收益包括基本每股收益和稀释每股收益两类。

基本每股收益只考虑当期实际发行在外的普通股股份，按照归属于普通股股东的当期净利润除以当期实际发行在外普通股的加权平均数计算确定。

稀释每股收益是以基本每股收益为基础，假设企业所有发行在外的稀释性潜在普通股均已转换为普通股，从而分别调整归属于普通股股东的当期净利润以及发行在外普通股的加权平均数计算而得的每股收益。

【思政案例】康美药业财务舞弊案

康美药业的中国证券集体诉讼第一案被评为新时代推动法治进程2021年度十大案件。2016~2018年，康美药业连续3年有预谋、有组织、系统性地实施财务造假，涉案金额巨大，性质特别严重。2020年3月，修改后的《证券法》明确规定建立代表人诉讼制度。2021年11月，广州中院判决康美药业等相关被告承担投资者损失总金额约24.59亿元，赔偿金额创下了国内A股市场同类案件之最。康美药业案入选，充分肯定了我国第一起特别代表人诉讼案件的示范意义，对中国资本市场深化改革与发展，切实维护投资者合法权益具有法治里程碑意义。

请查阅康美药业舞弊案资料，结合《会计法》《证券法》中关于财务舞弊的处罚条款，思考如何遏制财务造假行为。

【职业能力训练】

一、单项选择题（下列答案中有一项是正确的，请将正确答案前的英文字母填入括号内）

1. 采用权责发生制编制且反映企业经营成果的会计报表是（　　）。
   A. 资产负债表　　　　　　　　　B. 利润表
   C. 现金流量表　　　　　　　　　D. 会计报表附注

2. 利润表中不影响营业利润计算的项目是（　　）。
   A. 营业收入　　　　　　　　　　B. 财务费用
   C. 管理费用　　　　　　　　　　D. 营业外收入

3. 企业编制2024年12月利润表，表中"上期金额"所指的会计期是（　　）。
   A. 2024年11月　　　　　　　　　B. 2024年12月
   C. 2023年11月　　　　　　　　　D. 2023年12月

4. 某公司本会计期间的主营业务收入为1 700万元，主营业务成本为1 190万元，税金及附加为170万元，销售费用为110万元，管理费用为100万元，财务费用为19万元，营业外收入为16万元，营业外支出为25万元，其他业务收入为200万元，其他业务成本100万元，应交所得税按利润总额25%计算，其营业利润、利润总额、企业净利润分别为（　　）万元。
   A. 111、232、174　　　　　　　　B. 211、202、151.5
   C. 356、232、74　　　　　　　　D. 111、202、151.5

5. 某企业本月主营业务收入为1 000 000元，其他业务收入为80 000元，营业外收入为90 000元，主营业务成本为760 000元，其他业务成本为50 000元，税金及附加为30 000元，营业外支出为75 000元，管理费用为40 000元，销售费用为30 000元，财务费用为15 000元，所得税费用为75 000元。则该企业本月营业利润为（　　）元。
   A. 170 000　　　B. 155 000　　　C. 25 000　　　D. 80 000

二、多项选择题（下列答案中至少两项是正确的，请将正确答案前的英文字母填入括号内）

1. 多步式利润表可以反映企业的（　　）利润要素。
   A. 毛利润　　　B. 营业利润　　　C. 利润总额　　　D. 净利润

2. 下列报表中能够反映企业一定期间内经营成果，表明企业运用所拥有资产获利能力的有（　　）。
   A. 资产负债表　　　　　　　　　B. 利润表
   C. 现金流量表　　　　　　　　　D. 利润分配表

3. 关于利润表表述正确的有（　　）。
   A. 利润表可以反映企业一定期间的生产经营活动的成果
   B. 利润表的编制原理是"收入－费用＝利润"这一会计等式
   C. 利润表是反映企业经营成果的静态报表
   D. 我国利润表采用单步式结构
4. 下列各项中，影响利润总额计算的有（　　）。
   A. 营业收入　　　　　　　　　　　B. 销售费用
   C. 营业外收入　　　　　　　　　　D. 所得税费用
5. 下列各项，影响企业营业利润的项目有（　　）。
   A. 销售费用　　B. 管理费用　　C. 投资收益　　D. 所得税费用

三、判断题（正确的在括号里打"√"，错误的打"×"）

1. 利润表是反映企业某一特定日期经营成果的报表。（　　）
2. 利润表中"上期金额"栏内各项数字，应根据上年同期利润表"本期金额"栏内所列数字填列。（　　）
3. 利润表"营业收入"项目反映企业主营业务收入的金额。（　　）
4. 利润表各项目的金额均来源于当期损益类账户的发生额。（　　）
5. 利润表中的"利润总额"是由收入减去费用后的净额、直接记入当期利润的利得和损失两部分构成的。（　　）

四、业务题

练习利润表的编制。锦华公司2024年12月损益类账户发生额如下（单位：万元）。

科目名称	借方金额	科目名称	贷方金额
主营业务成本	1 000	主营业务收入	1 600
其他业务成本	30	其他业务收入	50
税金及附加	150	营业外收入	30
管理费用	120		
财务费用	50		
销售费用	140		
营业外支出	26		

要求：编制锦华公司2024年12月的利润表（"上期金额"略，所得税费用的计算采取简化方式：利润总额×25%＝所得税费用，不考虑其他因素）。

项目八 账务处理程序的应用

📚 项目导航

通过前面各项目的学习,我们已经从总体上知道经济业务发生后,会计人员是通过审核原始凭证、填制记账凭证、登记会计账簿、编制财务会计报告,将经济业务加工处理成会计信息,提供给信息使用者的。审核原始凭证、根据审核无误的原始凭证填制记账凭证、根据审核无误的记账凭证登记会计账簿、根据核对无误的会计账簿编制财务会计报告,这是会计核算工作中账务处理的基本程序。在实际工作中,不同规模的企业,在账务处理程序的具体设计和操作上存在着一些比较大的差异,由此形成了几种具体的账务处理程序。

账务处理程序是指会计凭证、会计账簿、会计报表相互结合的方式,是由会计凭证和账簿的种类、格式,会计凭证与账簿之间的组合方式,从审核原始凭证到填制记账凭证、登记会计账簿、编制会计报表的工作程序和方法所构成的一个系统。

常见的账务处理程序有记账凭证账务处理程序、科目汇总表账务处理程序和汇总记账凭证账务处理程序等。各种账务处理程序的主要区别在于登记总账的依据和程序不同。

为了连续、系统、全面地反映会计主体的经济活动情况,为管理和决策提供及时有效的会计信息,除了要及时正确地填制会计凭证、登记会计账簿和编制财务会计报告以外,会计部门还应当根据本单位的实际情况,选择适当的账务处理程序来进行会计核算。

适当的账务处理程序,应符合以下基本要求:

(1)适应本单位的经济活动特点、经营规模和经济业务的繁简程度,以便于会计工作的分工和岗位责任制的实施。

(2)能及时、准确、全面、系统地提供会计核算资料,满足会计信息使用者的需求。

(3)在保证核算资料正确、及时、完整和有效监督的前提下,尽可能地简化会计核算手续,提高会计工作效率。

本项目主要讲述记账凭证账务处理程序、科目汇总表账务处理程序和汇总记账凭证账务处理程序的构成内容及其应用方法。通过本项目的学习,要能够合理选择适合不同企业的账务处理程序,掌握常见账务处理程序的操作过程和要领,能够熟练地运用科目汇总表账务处理程序。学习时,要注意体会不同账务处理程序的主要不同之处。

任务1 记账凭证账务处理程序的应用

【任务描述】

采用记账凭证账务处理程序时，经济业务发生后，根据审核无误的原始凭证或原始凭证汇总表填制记账凭证并审核无误后，由出纳人员和明细账会计分别据以逐笔登记日记账和有关明细账，然后交由总账会计据以逐笔登记总账。期末，进行账账核对和账实核对相符后，根据总账和明细账编制会计报表。直接根据记账凭证逐笔登记总账，是记账凭证账务处理程序的显著特点。

【综合知识】

一、什么是记账凭证账务处理程序

记账凭证账务处理程序是指填制记账凭证后，所有账簿都直接根据记账凭证进行逐笔登记的一种账务处理程序。记账凭证账务处理程序是会计核算中最基本的一种账务处理程序，其他各种账务处理程序基本上都是在记账凭证账务处理程序的基础上发展演变形成的。

二、记账凭证账务处理程序的操作步骤和内容

记账凭证账务处理程序的基本操作步骤和内容如下：
1. 根据原始凭证或原始凭证汇总表填制记账凭证；
2. 根据记账凭证中涉及的收、付款业务及其所附原始凭证或原始凭证汇总表，逐笔登记库存现金日记账和银行存款日记账；
3. 根据记账凭证及其所附原始凭证或原始凭证汇总表，逐笔登记各种明细账；
4. 根据记账凭证逐笔登记总账；
5. 库存现金日记账和银行存款日记账定期与库存现金和银行存款总账核对相符；
6. 各种明细账定期与相关总账核对相符；
7. 期末，根据总账和有关明细账编制会计报表。

记账凭证账务处理程序如图8-1所示。

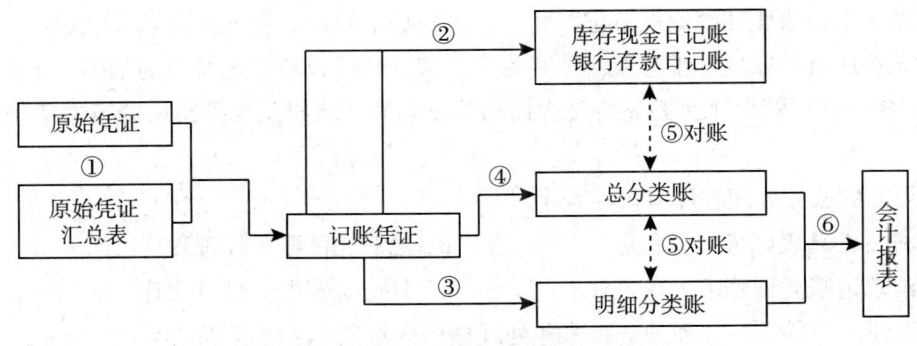

图 8-1 记账凭证核算程序

三、记账凭证核算程序的特点、优缺点及适用范围

记账凭证账务处理程序的主要特点是直接根据记账凭证逐笔登记总账。

记账凭证账务处理程序的优点是手续简便，易于理解和掌握，总账的记录可以详细反映经济业务情况，便于利用账簿资料为经济管理服务；缺点是根据记账凭证直接登记总分类账，在业务量较大时，工作量较大，也不便于会计人员的分工。

记账凭证账务处理程序一般适用于规模较小、经济业务量较少、会计凭证不多的单位。

【职业能力训练】

一、单项选择题（下列答案中只有一项是正确的，请将正确答案前的英文字母填入括号内）

1. 从填制凭证，登记账簿，以及编制会计报表一系列程序和方法是指（   ）。
   A. 账簿组织   B. 记账程序
   C. 财务处理程序   D. 会计方法体系

2. 各种账务处理程序的区别主要在于（   ）。
   A. 填制记账凭证的依据不同   B. 登记明细账的依据和方法不同
   C. 登记总账的依据和程序不同   D. 编制会计报表的依据和方法不同

3. 在记账凭证账务处理程序下，根据（   ）登记总账。
   A. 记账凭证   B. 科目汇总表   C. 汇总记账凭证   D. 原始凭证

4. 最基本的账务处理程序是（   ）。
   A. 科目汇总表账务处理程序   B. 记账凭证账务处理程序
   C. 汇总记账凭证账务处理程序   D. 日记总账账务处理程序

5. 下列各项中，属于记账凭证账务处理程序的特点的是（   ）。
   A. 直接根据原始凭证对总分类账进行登记
   B. 直接根据记账凭证对总分类账进行逐笔登记

C. 先根据记账凭证编制汇总记账凭证，再根据汇总记账凭证登记总分类账

D. 先将所有记账凭证汇总编制成科目汇总表，然后以科目汇总表为依据登记总账

二、多项选择题（下列答案中至少两项是正确的，请将正确答案前的英文字母填入括号内）

1. 常见的账务处理程序有（　　）。

　A. 科目汇总表账务处理程序　　　　B. 记账凭证账务处理程序

　C. 汇总记账凭证账务处理程序　　　D. 日记总账账务处理程序

2. 下列关于科学、合理的选择账务处理程序的意义，表达正确的有（　　）。

　A. 有利于会计工作程序的规范化　　B. 有利于增强会计信息的可靠性

　C. 有利于提高会计信息的质量　　　D. 有利于保证会计信息的及时性

3. 在不同的账务处理程序下，可以作为登记总账依据的有（　　）。

　A. 记账凭证　　　　　　　　　　　B. 汇总记账凭证

　C. 科目汇总表　　　　　　　　　　D. 原始凭证

4. 选择适合于企业的账务处理程序，应考虑的因素有（　　）。

　A. 单位的经济活动的特点　　　　　B. 企业的规模

　C. 经济业务的繁简程度　　　　　　D. 以提高工作效率为目的

5. 账务处理程序的基本内容包括（　　）。

　A. 根据原始凭证填制记账凭证

　B. 登记总分类账

　C. 根据记账凭证登记各种日记账和明细分类账

　D. 账与账之间的核对

三、判断题（正确的在括号里打"√"，错误的打"×"）

1. 账务处理程序是指凭证的传递、账簿登记、编制报表相结合的方式。（　　）

2. 常见账务处理程序的主要区别在于登记总分类账的依据不同。（　　）

3. 采用记账凭证账务处理程序的企业，当业务量较大时会增加登记总账的工作量。

（　　）

4. 记账凭证账务处理程序是最简单的账务处理程序。（　　）

5. 记账凭证账务处理程序适用于规模较大、业务量较多的单位。（　　）

任务2　科目汇总表账务处理程序的应用

【任务描述】

采用科目汇总表账务处理程序时，经济业务发生后，根据审核无误的原始凭证或原始凭证汇总表填制记账凭证并审核无误后，由出纳人员和明细账会计分别据以逐笔登记日记

账和有关明细账,然后交由总账会计据以定期汇总编制科目汇总表,并根据科目汇总表登记总账。期末,进行账账核对和账实核对相符后,根据总账和明细账编制会计报表。根据记账凭证定期编制科目汇总表并据以登记总账,是科目汇总表账务处理程序的显著特点。

【综合知识】

一、什么是科目汇总表账务处理程序

科目汇总表账务处理程序是指填制记账凭证后,日记账和明细账根据记账凭证进行逐笔登记,然后根据记账凭证定期编制科目汇总表,最后根据科目汇总表登记总账的一种账务处理程序。

科目汇总表,也称记账凭证汇总表,是根据记账凭证,按会计科目定期汇总其借方金额和贷方金额,作为登记总账依据的汇总表。

二、科目汇总表账务处理程序的操作步骤与内容

科目汇总表核算程序的基本操作步骤与内容如下:
1. 根据原始凭证或原始凭证汇总表填制记账凭证;
2. 根据记账凭证中涉及的收、付款业务及其所附原始凭证或原始凭证汇总表,逐笔登记库存现金日记账和银行存款日记账;
3. 根据记账凭证及其所附原始凭证或原始凭证汇总表,逐笔登记各种明细账;
4. 根据记账凭证定期编制科目汇总表;
5. 根据科目汇总表定期登记总分类账;
6. 月终,现金日记账、银行存款日记账的余额,及各种明细分类账余额的合计数,分别与总分类账中有关账户的余额核对相符;
7. 月终,根据总分类账和明细分类账资料编制会计报表。

科目汇总表账务处理程序如图 8-2 所示。

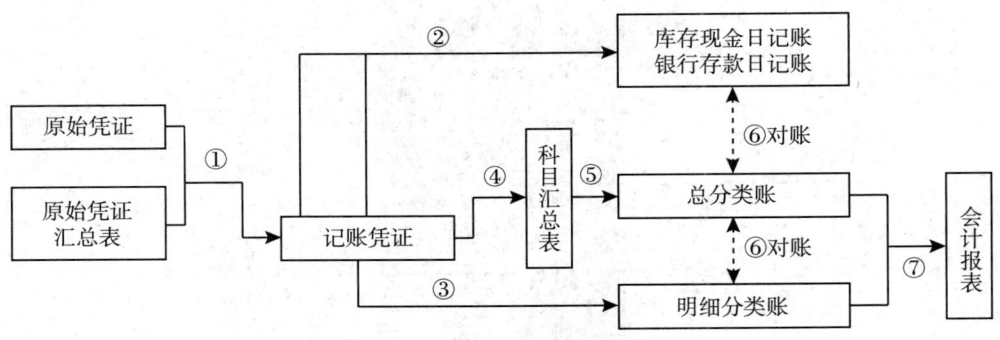

图 8-2 科目汇总表核算程序

三、科目汇总表的编制方法

科目汇总表根据记账凭证定期汇总编制,按会计科目分别汇总本汇总期内应记入各总分类账户的借方金额和贷方金额,据以登记总分类账户。科目汇总表的编制步骤和方法如下:

将本汇总期间内的经济业务所涉及的全部会计科目填列在科目汇总表的"会计科目"栏内。根据汇总期内所有记账凭证,按照会计科目分别加计借方发生额和贷方发生额。按照总账科目顺序,将各账户汇总后的借方发生额和贷方发生额抄写到科目汇总表内,然后进行发生额试算平衡,填写科目汇总表的其他项目。

提示:(1)科目汇总表编制的时间不宜过长,一般为5天、10天或者半个月,最长不超过1个月,以便及时了解资金运动状况。

(2)在手工操作的情况,可以先利用丁字账户登记汇总各总分类账户的本期发生额,然后将汇总数写入科目汇总表。

四、科目汇总表账务处理程序的特点、优缺点及适用范围

科目汇总表账务处理程序的主要特点是首先根据记账凭证编制科目汇总表,再根据科目汇总表登记总账。

采用科目汇总表账务处理程序,优点是可以简化登记总账的工作量,还可以降低总账登记环节出错的可能性;缺点是没有按对应科目汇总,总账记录不能反映账户的对应关系。同时,汇总工作本身也是一项比较繁复的工作,在经济业务不多的情况下,简化核算工作的作用不明显。

科目汇总表账务处理程序一般适用于规模较大、经济业务量较多的单位。

【任务设计】

核算资料:兴川公司2024年12月1~10日发生以下经济业务:

业务1:公司提取备用金5 000元(见图8-3)。

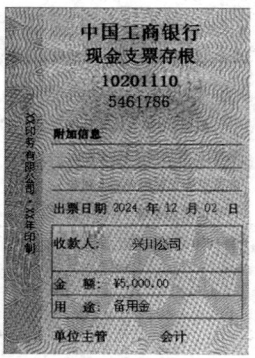

图8-3 现金支票存根

业务2：公司采购甲材料，并已验收入库（见图8-4至图8-7）。

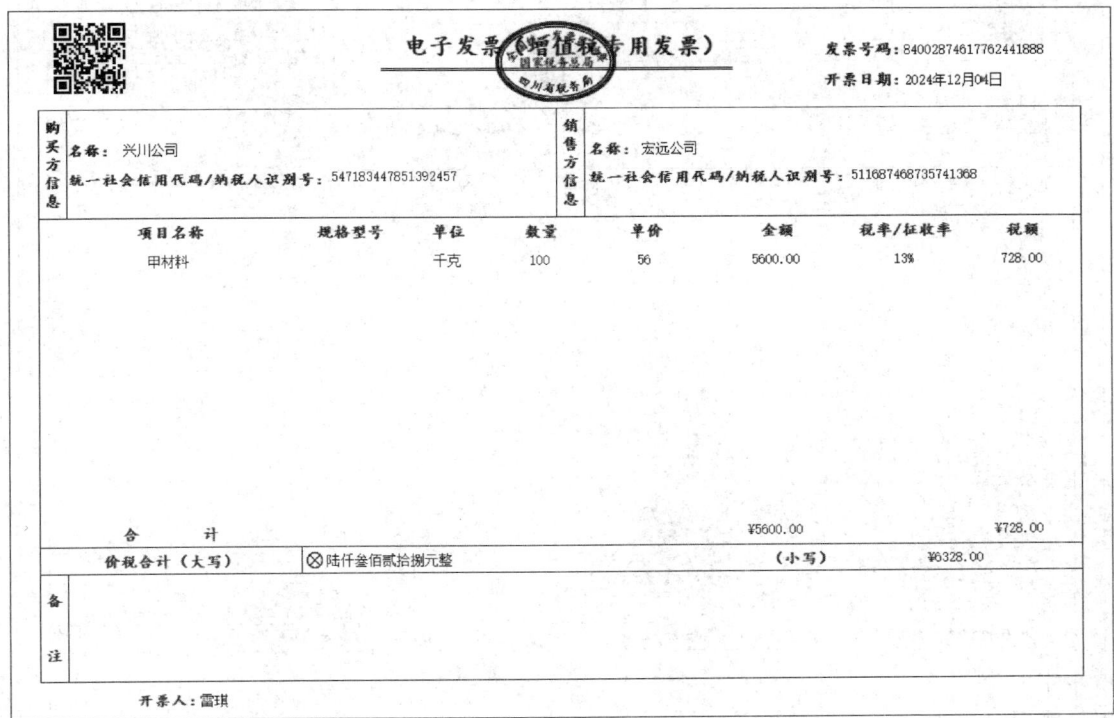

图8-4 增值税专用发票

图8-5 收料单

业务3：公司购买办公用品。

电子发票（普通发票）

发票号码：12350869066078908267

开票日期：2024年12月05日

购买方信息	名称：兴川公司 统一社会信用代码/纳税人识别号：5471834478513392475	销售方信息	名称：新元公司 统一社会信用代码/纳税人识别号：569741254789654782

项目名称	规格型号	单位	数量	单价	金额	税率/征收率	税额
*办公用品*订书机	X105	个	2	130	260.00	13%	33.80
合计					¥260.00		¥33.80
价税合计（大写）	⊗贰佰玖拾叁元捌角整				（小写）	¥293.80	
备注							

开票人：唐斌

图 8－6　增值税普通发票

费用报销单

报销部门：行政部　　2024 年 12 月 05 日填　　单据及附件共 1 页

用途	金额（元）	备注			
购买办公用品	293.80				
		部门审核	同意报销 李乐	领导审批	同意报销 杨明
合计　现金付讫	¥293.80				
金额大写：零 拾 零 万 零 仟 贰 佰 玖 拾 叁 元 捌 角 零 分		原借款：　元		应退余款：　元	

会计主管 周建　　会计 杨洋　　出纳 张平　　报销人 柳意　　领款人 柳意

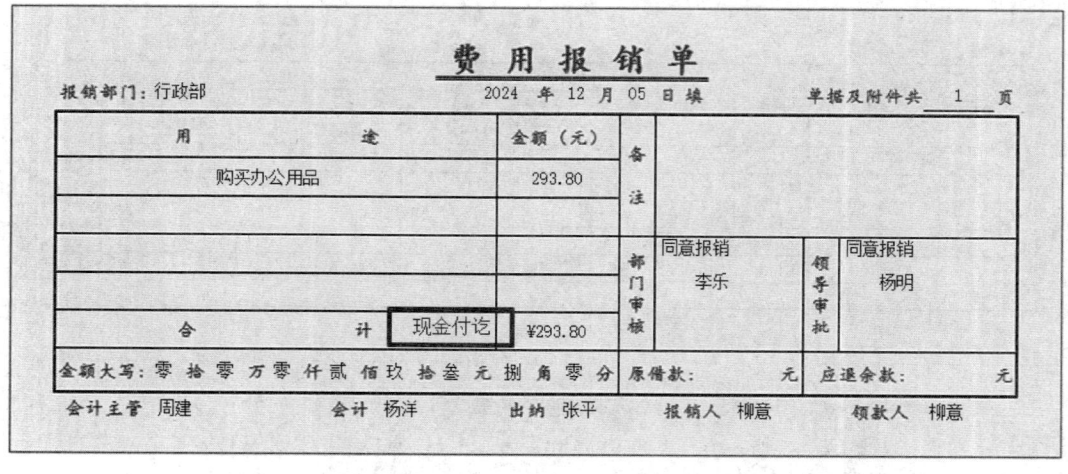

图 8－7　费用报销单

业务4：公司采购部人员出差预借差旅费（见图8-8）。

借 款 单

2024 年 12 月 06 日

资金性质：个人借款

部门	采购部		
借款理由	出差借款		
借款金额	人民币(大写) 壹仟伍佰元整	现金付讫	¥1500.00
领导批示 同意 杨明		财务主管 同意	

部门主管：霍达　　　出纳：肖妍　　　领款人：赵强

图8-8　借款单

业务5：公司一车间生产A产品领用材料（见图8-9）。

领 料 单

领料部门：一车间
用　途：生产A产品
2024 年 12 月 08 日
编号：12870

材料编号	材料名称	规格	计量单位	数量		成本	
				请领	实发	单价	金额
	甲材料		千克	85	85	56.00	4760.00
	乙材料		千克	4	4	60.00	240.00
	合计			89	89		¥5000.00

主管：杨建　　记账：李明　　仓管主管：王媛　　领料：姜明　　发料：赵强

图8-9　领料单

要求：采用科目汇总表核算程序完成下列处理：
（1）根据原始凭证填制记账凭证。
（2）根据记账凭证登记库存现金和银行存款的日记账以及明细分类账。
（3）编制科目汇总表。
（4）根据科目汇总表登记总分类账。
工作过程如下：

第（1）项目工作任务：根据原始凭证填制记账凭证（见图8-10至图8-14）。

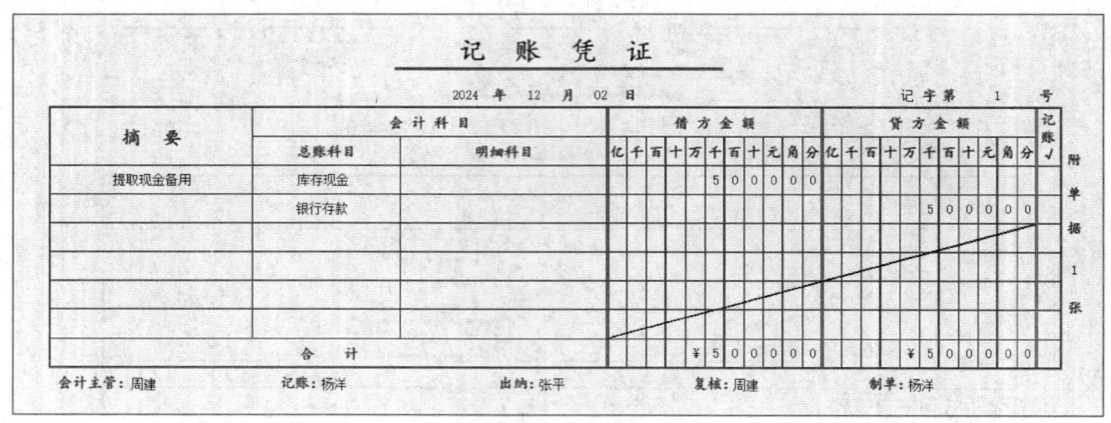

图8-10　记账凭证（2024年12月2日）

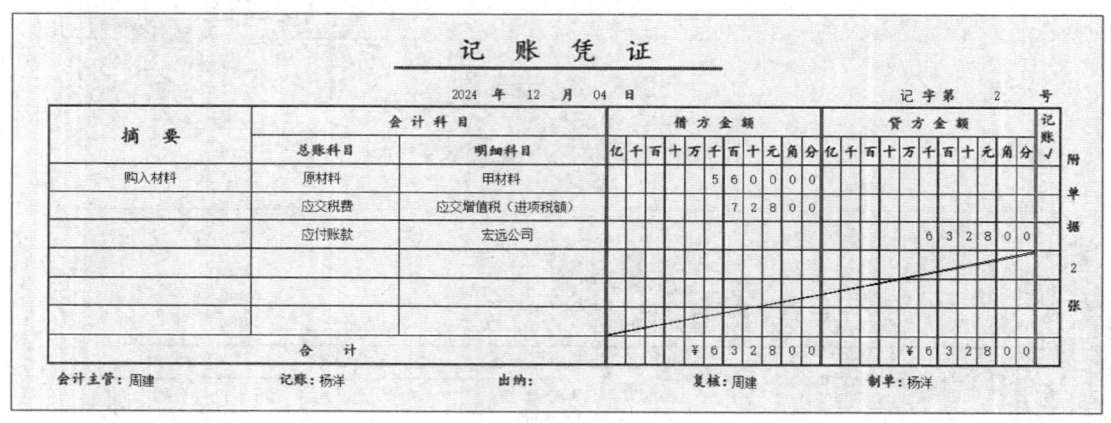

图8-11　记账凭证（2024年12月4日）

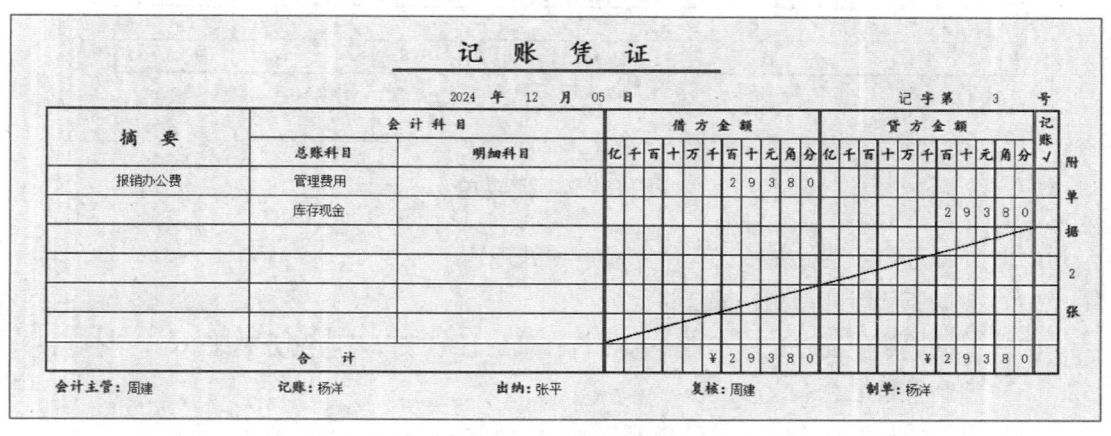

图8-12　记账凭证（2024年12月5日）

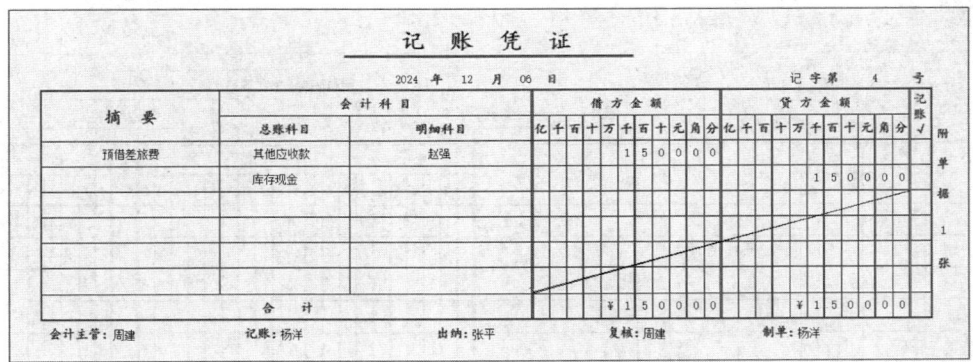

图 8-13 记账凭证（2024 年 12 月 6 日）

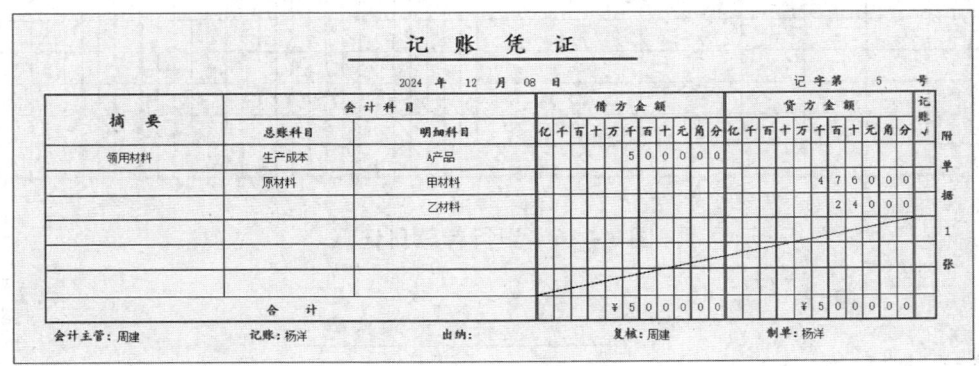

图 8-14 记账凭证（2024 年 12 月 8 日）

第（2）项目工作任务：根据记账凭证登记库存现金和银行存款的日记账以及明细分类账（见图 8-15 至图 8-19）。

库存现金日记账

2024 年		记账凭证		对方科目	摘　要	借　方	贷　方	√	余　额
月	日	字	号			千百十万千百十元角分	千百十万千百十元角分		千百十万千百十元角分
12	01				期初余额				1 1 4 0 0 0
12	02	记	1	银行存款	提取现金	5 0 0 0 0 0			6 1 4 0 0 0
12	05	记	3	管理费用	购买办公用品		2 9 3 8 0		5 8 4 6 2 0
12	06	记	4	其他应收款	预借差旅费		1 5 0 0 0 0		4 3 4 6 2 0

图 8-15 库存现金日记账

银行存款日记账

开户行：工行玉泉路支行
账号：6824763789421456382

2024年		记账凭证		结算凭证			对方科目	摘要	借方 千百十万千百十元角分	贷方 千百十万千百十元角分	借或贷	余额 千百十万千百十元角分
月	日	字	号	种类	号码							
12	01							期初余额				4 2 5 0 0 0 0 0
12	02	记	1				库存现金	提取现金		5 0 0 0 0 0		4 2 0 0 0 0 0 0

图 8-16 银行存款日记账

应付账款明细账

第___页
二级科目或明细科目　宏远公司

2024年		凭证		摘要	借方 千百十万千百十元角分	贷方 千百十万千百十元角分	借或贷	余额 千百十万千百十元角分
月	日	种类	号数					
12	1			期初余额			贷	5 0 0 0 0 0 0
12	4	记	2	购料		6 3 2 8 0 0	贷	5 6 3 2 8 0 0

图 8-17 应付账款明细账

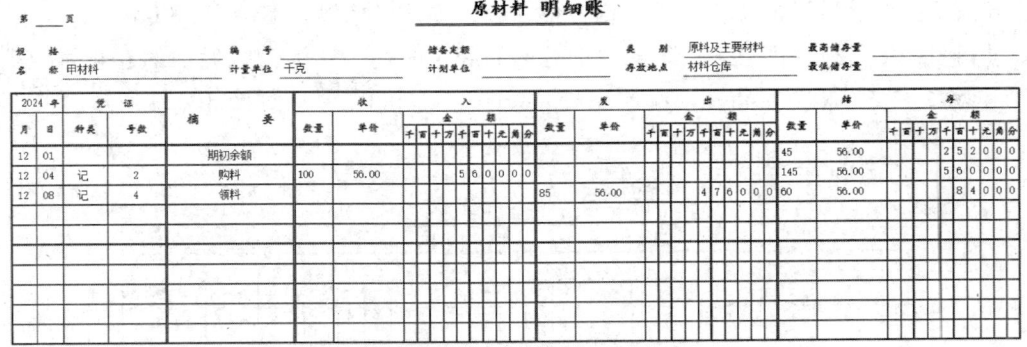

图 8-18 原材料明细账

图 8-19 应交税费——应交增值税明细账

第（3）项目工作任务：编制科目汇总表。

步骤1：开立"T"字账户。

步骤2：将记账凭证中的会计分录逐笔记入"T"字账户。

提示：同一个会计科目的借、贷方金额必须分别汇总，不能相互抵销。

步骤3：加计"T"字账户的本期借方发生额和贷方发生额。加计本期借方发生额和贷方发生额的"T"字账户记录如下：

库存现金		银行存款		其他应收款		原材料	
① 5 000	③ 293.8		① 5 000	④ 1 500		② 5 600	⑤ 5 000
	④ 1 500						
5 000	1 793.8		5 000	1 500		5 600	5 000

生产成本		应付账款		应交税费		管理费用	
⑤ 5 000			② 6 328		② 728	③ 293.8	
5 000			6 328		728	293.8	

步骤4：根据T字账户汇总的结果，编制科目汇总表。

步骤5：加计科目汇总表的借、贷方合计数，并核对相等。本例为 18 088 元。

步骤6：填写科目汇总表的编号、汇总期的起止时间、所汇记账凭证的起止号数等要素，并签章，交审核人员审核。编制完成并登账后的科目汇总表如图 8-20 所示。

科 目 汇 总 表

单位：兴川公司　　　　　　　　　　　　　　　　　　2024 年 12 月 10 日

会计科目	借方									√	贷方									√
	千	百	十	万	千	百	十	元	角	分		千	百	十	万	千	百	十	元	角	分	
库存现金					5	0	0	0	0	0						1	7	9	3	8	0	
银行存款																5	0	0	0	0	0	
其他应收款					1	5	0	0	0	0												
原材料					5	6	0	0	0	0						5	0	0	0	0	0	
应付账款																6	3	2	8	0	0	
应交税费						7	2	8	0	0												
生产成本					5	0	0	0	0	0												
管理费用						2	9	3	8	0												
合计				1	8	1	2	1	8	0					1	8	1	2	1	8	0	

图 8-20　科目汇总表

第（4）项目工作任务：根据科目汇总表登记总分类账。

步骤1：审核人员审核"科汇字第1号"科目汇总表。审核无误签章后交总账会计。

步骤2：总账会计根据"科汇字第1号"科目汇总表登记总账（见图8-21至图8-28）。登记时逐个账户进行登记，每登记完一个账户，就在科目汇总表的"账页"栏填写所登账页页码或者画"√"。全部账户登记完后签章。

总 分 类 账　　　　　　　　　　　　　科目名称 库存现金

2024年		凭证		摘要	借方									贷方									借或贷	余额								
月	日	种类	号数		百	十	万	千	百	十	元	角	分	百	十	万	千	百	十	元	角	分		百	十	万	千	百	十	元	角	分
12	01			期初余额																			借			1	1	4	0	0	0	0
12	10	科汇	1	1-10日发生额				5	0	0	0	0	0				1	7	9	3	8	0	借				4	3	4	6	2	0

图8-21　库存现金总分类账

总 分 类 账　　　　　　　　　　　　　科目名称 银行存款

2024年		凭证		摘要	借方									贷方									借或贷	余额								
月	日	种类	号数		百	十	万	千	百	十	元	角	分	百	十	万	千	百	十	元	角	分		百	十	万	千	百	十	元	角	分
12	01			期初余额																			借		4	2	5	0	0	0	0	0
12	10	科汇	1	1-10日发生额													5	0	0	0	0	0	借		4	2	0	0	0	0	0	0

图8-22　银行存款总分类账

总 分 类 账　　　　　　　　　　　　　科目名称 其他应收款

2024年		凭证		摘要	借方									贷方									借或贷	余额								
月	日	种类	号数		百	十	万	千	百	十	元	角	分	百	十	万	千	百	十	元	角	分		百	十	万	千	百	十	元	角	分
12	10	科汇	1	1-10日发生额				1	5	0	0	0	0										借				1	5	0	0	0	0

图8-23　其他应收款总分类账

总分类账

科目名称 原材料

2024年		凭证		摘要	借方	贷方	借或贷	余额
月	日	种类	号数		百十万千百十元角分	百十万千百十元角分		百十万千百十元角分
12	01			期初余额			借	3 6 0 0 0 0
12	10	科汇	1	1-10日发生额	5 6 0 0 0 0	5 0 0 0 0 0	借	4 2 0 0 0 0

图 8-24 原材料总分类账

总分类账

科目名称 应付账款

2024年		凭证		摘要	借方	贷方	借或贷	余额
月	日	种类	号数		百十万千百十元角分	百十万千百十元角分		百十万千百十元角分
12	01			期初余额			贷	5 0 0 0 0 0 0
12	10	科汇	1	1-10日发生额		6 3 2 8 0 0	贷	5 6 3 2 8 0 0

图 8-25 应付账款总分类账

总分类账

科目名称 应交税费

2024年		凭证		摘要	借方	贷方	借或贷	余额
月	日	种类	号数		百十万千百十元角分	百十万千百十元角分		百十万千百十元角分
12	01			期初余额			贷	2 0 0 0 0 0
12	10	科汇	1	1-10日发生额	7 2 8 0 0		贷	1 2 7 2 0 0

图 8-26 应交税费总分类账

总分类账

科目名称 生产成本

2024年		凭证		摘要	借方	贷方	借或贷	余额
月	日	种类	号数		百十万千百十元角分	百十万千百十元角分		百十万千百十元角分
12	01			期初余额			借	1 6 2 8 0 0
12	10	科汇	1	1-10日发生额	5 0 0 0 0 0		借	6 6 2 8 0 0

图 8-27 生产成本总分类账

总分类账

科目名称 管理费用

2024年		凭证		摘要	借方	贷方	借或贷	余额
月	日	种类	号数		百十万千百十元角分	百十万千百十元角分		百十万千百十元角分
12	10	科汇	1	1—10日发生额	2 9 3 8 0		借	2 9 3 8 0

图 8-28　管理费用总分类账

提示：按照科目汇总表账务处理程序的要求，期末应进行对账、结账，根据总账和明细账编制会计报表。相关操作程序和方法不再赘述（见项目六和项目七）。

【思政案例】机器人流程自动化的应用场景

机器人流程自动化（RPA）是以软件机器人为基础的业务流程自动化技术。RPA 机器人按照明确的业务规则执行脚本，重复人的操作，并实现与业务系统的交互。近几年，RPA 被广泛应用于多个学科领域，如金融、财务、制造和医疗等。比如，在审计工作中可以开发基于 RPA 的应收账款实质性程序审计机器人和主营业务收入实质性程序审计机器人；在财务核算工作中，可以开发银行存款余额调节表编制机器人和纳税计算与申报机器人。

请查阅资料，尝试研制简单的 RPA 机器人，并思考在会计账务处理程序中的应用场景有哪些？

【职业能力训练】

一、单项选择题（下列答案中只有一项是正确的，请将正确答案前的英文字母填入括号内）

1. 科目汇总表核算程序的主要特点是（　　）。
   A. 直接根据记账凭证登记总账　　　　B. 直接根据记账凭证登记明细账
   C. 定期编制科目汇总表　　　　　　　D. 直接根据科目汇总表登记总账

2. 关于科目汇总表编制的时间间隔，下列说法不正确的是（　　）。
   A. 经济业务量较多的企业可以每天汇总一次
   B. 经济业务量不多的企业可以一个月汇总一次
   C. 一般情况下汇总时间间隔不超过 10 天
   D. 汇总的目的是及时了解企业资金的运动情况

3. 在科目汇总表核算形式中，据以登记总分类账的依据是（　　）。
   A. 汇总记账凭证　　　　　　　　　　B. 试算平衡表
   C. 科目汇总表　　　　　　　　　　　D. 记账凭证

4. 科目汇总表的汇总范围是（　　）。

A. 全部科目的借、贷方发生额和余额

B. 全部科目的借、贷方余额

C. 全部科目的借、贷方发生额

D. 汇总收款凭证、汇总付款凭证、汇总转账凭证的合计数

5. 科目汇总表账务处理程序的缺点是（　　）。

A. 不能反映各科目对应关系及不便于查账

B. 增加登记总分类账的工作量

C. 不能反映借方发生额

D. 不能反映贷方发生额

二、多项选择题（下列答案中至少两项是正确的，请将正确答案前的英文字母填入括号内）

1. 对于科目汇总表账务处理程序，下列说法正确的有（　　）。

A. 大大减少了登记总账的工作量

B. 总账上不能反映经济业务的来龙去脉，不便于查账

C. 层次清楚、简单明了、手续简便、容易掌握

D. 适用于规模较小、业务量较少、记账凭证不多的单位

2. 编制科目汇总表的顺序为（　　）。

A. 分别计算每一总账科目的借方、贷方发生额合计数

B. 将发生额填入科目汇总表的相应栏内

C. 加总借方、贷方发生额进行试算平衡

D. 无须进行试算平衡

3. 在科目汇总表账务处理程序下，记账凭证是用来（　　）的依据。

A. 登记明细分类账 B. 登记总分类账

C. 登记现金日记账 D. 登记银行存款日记账

4. 在科目汇总表账务处理程序下，不能作为登记总账直接依据的有（　　）。

A. 科目汇总表 B. 汇总记账凭证

C. 原始凭证 D. 记账凭证

三、判断题（正确的在括号里打"√"，错误的打"×"）

1. 科目汇总表不仅能起到试算平衡作用，而且可以反映账户之间的对应关系。（　　）

2. 科目汇总表核算程序是以科目汇总表作为登记总账和明细账的依据。（　　）

3. 编制科目汇总表时，库存现金和银行存款的发生额，可以直接根据各自日记账的收支数填列。（　　）

4. 科目汇总表账务处理程序下，由于科目汇总表具备试算平衡的作用，所以不需要进行期末对账。（　　）

四、业务题

兴川公司 2024 年 11 月 1~15 日发生下列经济业务：

1. 11 月 7 日，以现金支付办公费 2 680 元。

2. 11 月 9 日，从亿力公司购入乙材料 800 公斤，单价 34 元，取得增值税专用发票上注明：价款 27 200 元，增值税 3 536 元。材料已验收入库，货款以银行存款电汇支付。

3. 11 月 10 日，生产 A 产品领用甲材料 44 800 元，乙材料 8 160 元。

4. 11 月 12 日，开出现金支票提取现金 5 000 元备用。

5. 11 月 15 日，向南通公司销售 A 产品 200 件，单价 38 元，开出的增值税专用发票上注明：价款 7 600 元，增值税 988 元，款项收到存入银行。

要求：根据上述资料，编制兴川公司 2024 年 11 月 1~15 日的科目汇总表。

知识与能力拓展：

还有一种账务处理程序叫作汇总记账凭证账务处理程序，是指填制记账凭证后，日记账和明细账根据记账凭证进行逐笔登记，然后根据记账凭证定期编制汇总记账凭证，根据汇总记账凭证登记总账的一种账务处理程序。其主要特点是定期编制汇总记账凭证，根据汇总记账凭证登记总账。

参考文献

[1] 赵丽生. 关于我国会计美学研究的若干思考 [J]. 会计之友, 2010 (1): 117-125.

[2] 秦玉熙. 将思政有机融入会计专业教材的探索——以《基础会计》为例 [J]. 财务与会计, 2022 (12): 26-30.

[3] 中华人民共和国财政部. 企业会计准则——基本准则 [EB/OL]. (2014-07-23). https://www.casc.org.cn/2018/0815/202818.shtml.

[4] 中南财经政法大学. 世界会计史学家大会 [EB/OL]. (2024-06-27). https://kjxy.zuel.edu.cn/sjhjsxjdh/list.htm.

[5] 宁德市人民政府门户网站. 世界灯塔工厂里的"碳"索 [EB/OL]. (2024-05-17). https://www.ningde.gov.cn/zwgk/gzdt/jryw/202405/t20240517_1937772.htm.

[6] 中华人民共和国财政部. 会计档案管理办法 [EB/OL]. (2015-12-11). https://jdjc.mof.gov.cn/fgzd/202204/t20220408_3801693.htm.

[7] 国家粮食和物资储备局. 5G、大数据、云计算、人工智能等新一代信息技术的推广应用，给政策性粮食监管带来颠覆性变革 [EB/OL]. (2024-03-13). https://www.lswz.gov.cn/html/mtsy2024year/2024-03/13/content_280504.shtml.

[8] 中国证券监督管理委员会. 中国证监会行政处罚决定书（康美药业股份有限公司、马兴田、许冬瑾等22名责任人员）[EB/OL]. (2020-05-13). http://www.csrc.gov.cn/csrc/c101928/c1042341/content.shtml.